广视角·全方位·多品种

U1069639

权威·前沿·原创

皮书系列为
“十二五”国家重点图书出版规划项目

慈善蓝皮书

BLUE BOOK OF PHILANTHROPY

中国慈善发展报告（2014）

ANNUAL REPORT ON CHINA'S PHILANTHROPY DEVELOPMENT (2014)

主 编 / 杨 团

社会科学文献出版社
SOCIAL SCIENCES ACADEMIC PRESS (CHINA)

图书在版编目（CIP）数据

中国慈善发展报告. 2014/杨团主编. —北京：社会科学文献出版社，2014.5
（慈善蓝皮书）
ISBN 978-7-5097-5942-4

Ⅰ.①中… Ⅱ.①杨… Ⅲ.①慈善事业-研究报告-中国-2014 Ⅳ.①D632.1

中国版本图书馆CIP数据核字（2014）第078180号

慈善蓝皮书
中国慈善发展报告（2014）

主　　编／杨　团

出 版 人／谢寿光
出 版 者／社会科学文献出版社
地　　址／北京市西城区北三环中路甲29号院3号楼华龙大厦
邮政编码／100029

责任部门／皮书出版分社（010）59367127　　责任编辑／王　颉
电子信箱／pishubu@ssap.cn　　责任校对／白　云
项目统筹／邓泳红　　责任印制／岳　阳
经　　销／社会科学文献出版社市场营销中心（010）59367081　59367089
读者服务／读者服务中心（010）59367028

印　　装／北京季蜂印刷有限公司
开　　本／787mm×1092mm　1/16　　印　　张／19.75
版　　次／2014年5月第1版　　字　　数／320千字
印　　次／2014年5月第1次印刷
书　　号／ISBN 978-7-5097-5942-4
定　　价／79.00元

2014 慈善蓝皮书编委会成员

摘　要

2013 年是中国的公益组织转型年，自上而下的社会组织改革政策与自下而上的民间慈善公益事业的转型实践终于在 2013 年交织在一起，汇聚成推动中国公益慈善新时代到来的强劲动力。

第一，对于中国公益慈善事业来说，2013 年最具深远意义的改革莫过于社会组织注册登记制度改革。年初，国家发展与改革委员会推出了允许公益慈善组织直接登记注册的改革政策，并在十八届三中全会上得到全面肯定，入列《中共中央关于全面深化改革的若干重大问题的决定》。尽管以往广东、深圳等地对于公益慈善组织直接登记制度进行了多年的改革探索，不过，各种软硬门槛一直限制着民间公益组织获得合法性，注册登记的限制是扼制中国民间公益组织发展的最主要的瓶颈。2013 年突破瓶颈的改革，是现行体制对公益慈善组织全面接纳的信号，从而带来促进中国公益慈善组织发展的热潮。

截至 2013 年年底，全国共有社会组织 54.1 万个，比 2012 年的 49.9 万个增长了 8.4%。社会团体 28.6 万个，比 2012 年的 27.1 万个增长了 5.5%。基金会 3496 个，比 2012 年的 3029 个增长了 15.4%。民办非企业单位 25.1 万个，比 2012 年的 22.5 万个增长了 11.56%。另据测算，2013 年度，纳入正式统计的志愿者总量约为 7345 万人，占全国 13 亿人口总数的 5.65%，志愿服务约 8.3 亿小时，折算价值 83 亿元。另有未纳入正式统计、参与草根民间组织志愿服务活动的 3000 多万名志愿者，其志愿服务约 3 亿小时，折算价值 30 亿元。合计全国志愿者捐赠总价值约为 113 亿元。

第二，政府购买社会组织服务已经成为一项重要政策。它既推动了政府职能的转变，又为社会组织开辟了重要的资金来源。缘起于沪、京、津、冀、浙等地政府购买社会组织服务的政策在 2012 年升格为国家政策。继 2012 年拨款 2 亿元购买社会组织服务后，在 2013 年，中央财政再次拨款 2 亿元购买社会组织服务。

据不完全统计和测算，2013 年政府购买社会组织服务的资金总量约为 150 亿元。

第三，社会组织的改革表现在募捐市场中国家与社会的关系正在发生深刻改变。在芦山抗震救灾启动时，2011 年才注册的民间公募基金会——深圳壹基金公益基金会一日募捐总额远超中国红十字总会。截至 2013 年 9 月 30 日，超过 600 万人次向深圳壹基金公益基金会定向捐赠雅安救灾款物高达 3.5 亿元。民间组织领跑中国公募市场，“国退民进”的迹象首次显现，这在中国公益慈善史上很可能成为一个重要的分界线，对未来产生广泛而深远的社会影响。这一行动也得到民政部的肯定，表现出鼓励民间公益组织在社会市场中成长的开放态度。2013 年，也是广州公募权开放一周年，广州的实验说明，公募权开放并没有带来募捐市场的混乱。2013 年 7 月，云南宣布，云南省政府全面退出公益募捐市场，除发生重大灾害外，云南省政府不再参与募捐。这在全国尚属首例。

2012 年，全国实际接收现金及物资捐赠量为 889 亿元。其中，货币及有价证券捐赠 685 亿元，物资捐赠折价 203 亿元。889 亿元社会捐赠总额中，基金会、慈善会、民政三个接受捐赠最多的系统分别接受了 376 亿元、268.65 亿元和 132.99 亿元。

2013 年，预计社会捐赠总量将突破 1100 亿元。这是继 2008 年 1070 亿元和 2010 年 1032 亿元之后第三次突破千亿大关且比 2012 年有大幅度增长。其中，基金会系统接受的捐赠总额预估为 390 亿元；慈善会系统的捐赠款物预估为 370 亿元；民政系统接受的社会捐赠款物实有 226.16 亿元，慈善会和民政系统的捐赠均比 2012 年有大幅度增长。加上政府购买社会组织服务的资金和全国志愿服务小时折算价值，2013 年的各类捐赠总价值预计超过 1363 亿元。

2013 年，股权捐赠成为新亮点。海航工会将其所持价值约 80 亿元的股权捐赠给慈航基金会，使得慈航基金会成为海航集团控股股东。这是中国目前最大一笔捐赠，同时也是国内最大一笔股权捐赠。

第四，一直困扰公益慈善界的老大难问题——社会组织的税收制度也在 2013 年开启了改革之门。中共中央在关于全面深化改革的决定中明确提出要

“完善慈善税收减免制度”。这是启动慈善税收改革的信号，尤其对大额股权捐赠的税收政策改革更是利好消息。2013 年年底，深圳开始实验公益信托公司。

2013 年，中国民间公益慈善事业自身的迅速变化更加震撼人心。自 2008 年汶川地震救灾开始，中国公益慈善事业就进入加速转型的进程。转型呈现出民间化、问责化和专业化三大潮流。这三股潮流又与互联网思维、市场经济改革以及公民运动相映生辉。在 2013 年，中国的民间公益慈善事业见证了公民公益新时代的到来。一年间，计划慈善的体制受到前所未有的强烈冲击，自由而多元的公民慈善展现出强大的生命力。

首先，互联网思维颠覆了计划慈善的传统思维方式。互联网不再只是公益慈善组织用来筹款或者传播的工具，而成为公益慈善事业不可缺少的生态条件，从而改变了公益慈善界以往的思维模式。网络、枢纽、去中心化、平台、众包、众筹、公益 APP 等方式在一年间席卷了整个公益慈善界，多年辛苦在社区经营的慈善组织难以得到的捐款，年轻公益人凭借创新的互联网公益就可轻易得到大量捐款和微信公益红包。创新的真实发生见证了新时代的到来。2013 年，在慈善界大放光彩的不再是明星汇集的芭莎晚宴，抑或民政部的慈善大会，而是腾讯微信、阿里巴巴的淘宝、新浪微博。它们的真正力量不在于自己做了公益，而是成千上万的人用它们做了公益，这就是互联网公益。

其次，以市场为基础的跨界公益激发了多态化生存的公益组织的活力，而将那些封闭的慈善圈子边缘化了。跨界的合作模糊了商业和慈善的界限，也模糊了政府、市场与社会的界限。2013 年年初，马云在亚布力论坛上的讲话几乎成为企业家参与公益的宣言，更多社会问题的爆发和复杂交织的态势促使马云、王石、冯仑等企业家集聚起来进入公益慈善圈。不仅企业家，慈航基金会控股海航集团、前总理朱镕基成立的实事助学基金会等都展示了跨界合作的新气象。市场思维与公（益）商（业）结盟的逻辑颠覆了传统公益慈善行业，国内第一支以社会价值为导向的股权投资基金——社会价值投资基金的设立让影响力创投和公益投资人成为公益慈善界的新时尚，也让社会企业在 2013 年登堂入室。

再次，公益慈善不再仅仅是社区渐进型的服务机构，而是开始具备了社会运动的基本形式，各阶层都被动员起来参与公益政策的改变。媒体人邓飞等在2012年发动的“免费午餐”行动，在2013年转化为“让候鸟飞”、大病救助等多种新方式的公益行动。这类与传统的规范、专业和组织很不相同的集体行动已经呈现出以往公益服务从未有过的社会效果和影响力。而在这类公益性社会运动中，2013年的昆明反PX事件无疑是最为引人注目的事件。公益维权的集体行动对政策产生了越来越明显的社会影响力。

这些颠覆性转型的后果，使得中国的公益慈善事业在一年之内就向着民间化、问责化和专业化快速推进。它与雅安地震的突发事件互为因果，在抗震救灾这个大平台上，呈现出公益界前所未有的理性、有序和有效工作的局面。来自灾区和全国各地的草根组织、行动网络、公募和非公募基金会、大学乃至中国红十字会，第一次实现了各种层级、各类领域的联合作战。

总之，2013年是中国社会各类公益慈善组织和各类公益人充满动力、快速发展的一年，是国家政策改革和公益慈善事业转型交相辉映的一年，是民间化、问责化和专业化初见成效的一年，是抛弃计划慈善的旧思维，让公民公益进入社会主流的一年。显然，在中国全面深化改革开放的历史阶段，激发市场活力和内生动力，推动经济和社会转型，都需要公民公益的长足发展。

Abstract

2013 was a transformative year for Chinese charitable organizations as top-down reform of social organization policy finally intersected with evolving bottom-up philanthropic activities and energized a new era of Chinese philanthropy.

Reform of the registration system for social organizations was the most significant change affecting Chinese philanthropy in 2013. In early 2013, the National Development and Reform Commission released a reform policy to permit direct registration of philanthropic organizations. This received full endorsement from the Third Plenum of the 18th Central Committee of the Communist Party of China (CPC) and was encapsulated in its *Decisions on Some Major Issues Concerning Comprehensively Deepening the Reform.* Shenzhen, and Guangdong Province more widely, had experimented with reform of direct registration for charitable organizations over many years. However, a range of soft and hard thresholds had blocked popular charitable organizations from attaining legal status. Registration restrictions continued to be the biggest impediment to popular charitable organization development. The 2013 breakthrough signaled that the current system fully accepted popular charitable organizations and this stimulated their development.

By year-end 2013, there were 541000 social organizations nationwide, an increase of 8.4 per cent over the 499000 in 2012. This included 286000 membership-based social organizations, an increase of 5.5 percent over the 271000 in 2012, and 3496 foundations, an increase of 15.4 per cent over the 3029 in 2012. There were 251000 private non-enterprise entities, an 11.56 per cent increase from the 225000 in 2012. The Ministry of Civil Affairs estimated that around 80 million Chinese volunteers, or roughly seven per cent of the total population, had engaged in various types of voluntary service, with an imputed value of CNY 1.1 billion.

Social organization reform was also evident in the profound changes to state-society relations in the philanthropic donations market. Shenzhen One Foundation had registered as a public foundation in late 2012, just prior to the Lushan Earthquake[①]. It subsequently received significantly more disaster relief donations in a single day than the China Red Cross Society. By 30 September 2013, Shenzhen One Foundation had received and directed over six million donations of cash or goods valued at CNY 350 million to the earthquake relief effort in Ya'an City. The preeminent position of social organizations in the China donation market gave the first sign of "State Retraction and Social Advance." This is likely to become a watershed event in the history of Chinese philanthropy, withprofound and far-reaching social significance. The Ministry of Civil Affairs affirmed this and government departments have indicated full support to the growth of popular charitable organizations in social markets. 2013 also marked the first anniversary of government-approved public fund-raising in Guangzhou and demonstrated that it did not destabilize the donation market. In July 2013, Yunnan provincial government announced its full retraction from the philanthropic donations market and participation in donation work, other than for major natural disasters. This was a national precedent.

Social donations will exceed CNY 110 billion in 2013, and top the CNY 100 billion mark for the third time, after reaching CNY 107 billion in 2008 and 103.2 billion in 2010. The 2013 figure is also anticipated to exceed the 2012 social donations of CNY 88.2 billion by 24.7 per cent. The 2013 figure includes donations from the foundation system, estimated at over CNY 40 billion; an estimated CNY 37.7 billion from the charity system; and CNY 22.616 billion in charitable donations to the civil affairs administration. Both charity and civil affairs donations increased significantly over the 2012 figure. Moreover, total donations for 2013 could exceed CNY 136.3 billion if government procurement of social organization service payments and the imputed value of hours worked by volunteers are included.

Equity donations became a new highlight in 2013. The Hainan Airlines Trade Union transferred equity valued at around CNY 8 billion to the Hainan Airlines Foundation, making it controlling shareholder in the Hainan Airlines Group. This is the largest single donation and largest equity donation in China to date.

Furthermore, 2013 saw a glimmer of reform in that chronic problem of the

---

① Lushan is a county under Ya'an City, Sichuan Province. The Lushan Earthquake occurred on 20 April 2013 and so is often abbreviated as 420.

philanthropic sector-the tax system for social organizations. The CPC Central Committee *Decisions on Some Major Issues Concerning Comprehensively Deepening the Reform* stated explicitly that " We will improve the tax reduction and exemption system for charitable donations". This signaled the start of tax reform for philanthropy and is particularly good news for large equity donations. In late 2013, Shenzhen began experimenting with a Charitable Trust Company.

These rapid changes in Chinese grassroots philanthropy in 2013 were deeply moving.

Grassroots Chinese philanthropy experienced an accelerated transformation after the 2008 Wenchuan Earthquake Disaster Relief effort. This was evidenced in three major trends; grassroots orientation, accountability, and professionalization. These three trends also intersected with, and were mutually reflected in the internet, market economic reforms and citizen movements. Grassroots philanthropy in 2013 witnessed the start of a new era-the advent of citizen charity. Within one year, the planned philanthropy system experienced an unprecedented shock and free and diverse citizen philanthropy emerged with huge vitality.

First, internet thinking overturned the traditional thinking of planned philanthropy and became the mainstream approach. The internet was no longer just a tool for philanthropic organization fund-raising or communication but became an essential operating environment. It was this specific environmental aspect that changed the mode of charity sector thinking. Within the year, networks, hubs, decentralization, platforms, crowdsourcing, group funding, philanthropic App's (computer applications) etc. captivated youth in the charity sector. The internet age enabled those young people who had just created internet based charities to garner 'red envelope' donations through We Chat. Conversely, philanthropic groups which had labored in community level operations for years were unlikely to receive any funds. In 2013, the shining lights of charity were no longer star-studded Bazaar banquets or the Ministry of Civil Affairs China Charity Conference, but Tencent's We Chat, Alibaba's *Taobao* e-commerce and Sina *Weibo*micro blogs. Their strength was not asphilanthropists themselves, but to provide a powerful way for hundreds of thousands of others to engage in charity-*this* was internet philanthropy.

Secondly, market-based, cross-cutting modes of social organization were energized and closed philanthropic circles marginalized. Cross-cutting cooperation blurred boundaries between business and charity and also between government, market and society. In early 2013, Ma Yun's speech at the Yabuli Forum appeared like a declaration of entrepreneur engagement in philanthropic activities as the eruption of even more interconnected and complex social problems prompted Ma Yun, Wang Shi, Feng Lun and other entrepreneurs to take collective charitable action.

In addition to these entrepreneurs, the new phenomenon of cross-cutting cooperation was evident in Hainan Liberation Commonweal Foundation taking hold of Hainan Airlines Group equity and past Premier Zhu Rongji establishing the Practical Education Foundation. Thismarket mood and rationale for philanthropic-commercial alliance radically transformed the philanthropic sector. Establishment of the first social valueoriented equity investment fund, The Impact Fund, in Chinabrought impact venture capital and philanthropic investors together to create a new fashion in charity and to permit social enterprises to make a formal appearance in 2013.

Thirdly, philanthropywas no longer just about progressive community service organizations. It had begun to develop basic features of a social movement with all levels energized to engage in public policy change. Print media personality Deng Fei and others had launched the "Free Lunch" campaign in 2012, and this sort of activitytransformed into "Let the Migrant Birds Fly," a wild bird protection activity, to charitable support for serious illnesses and other new style philanthropic activities in 2013. The professional structure and organizational form of these collective actions differed from the traditional mode, but proved highly effective. 2013 opposition to the Kunming PX plant was undoubtedly the most evident example of this sort of public interest social movement and collective action to defend public interest had an increasing influence on policy.

These radical changes during 2013 resulted in Chinese philanthropy moving rapidly toward a grassroots orientation, accountability and professionalism. Moreover, these changes and the Lushan Earthquake became mutually reinforcing as philanthropic organizations were able to display new levels of reasoning, order and efficiency during disaster relief work. It was also the first time for groups from different levels and fields to unite and tackle the shared challenge. This included grassroots organizations from the affected area and across the nation, action networks, public and private foundations, universities and even the Red Cross Society of

China.

Overall, 2013 saw rapid development in the power of diverse philanthropic organizations and individuals within Chinese society. National policy reform and the transformation of philanthropic endeavor reinforced each other, and a grassroots orientation, accountability and professionalism began to take effect. Old-style thinking on planned philanthropy was abandoned and citizen charity began to enter the mainstream. Clearly, in this historical stage of comprehensively deepening reform and openingin China, the stimulation of market vitality, internal dynamism, social and economic transformation all require significant development of citizen charity.

目录

𝔹Ⅰ 综论

𝔹.1 从计划慈善走向公民公益
——2013 中国慈善事业发展综述 …………………… 朱健刚 / 001
𝔹.2 2012 年度和 2013 年度慈善捐赠分析报告 ………………… 宋宗合 / 012
𝔹.3 2013 年度关乎慈善的法律政策盘点与透视 ……………… 冬子津 / 032

𝔹Ⅱ 年度领域成长报告篇

𝔹.4 2013 基金会发展报告 …………………………………… 马 昕 / 049
𝔹.5 2013 中国慈善会成长报告 ……………………… 杨 刚 成易蔓 / 061
𝔹.6 2013 企业社会责任发展报告 ……………………………… 段德峰 / 074
𝔹.7 2013 中国志愿者捐赠价值报告 …………………………… 翟 雁 / 092
𝔹.8 2013 中国宗教慈善报告 …………………………………… 郑筱筠 / 113
𝔹.9 2013 媒体生态变局与媒体人的自我救赎 ……… 师曾志 杨 睿 / 132
𝔹.10 2013 全民问诊环境治理的制度障碍
………………………………………… 李 波 霍伟亚 杨方义 / 149

𝔹Ⅲ 年度专题报告篇

𝔹.11 2013 中国大额捐赠发展报告 ……………………… 张其伟 章高荣 / 164
𝔹.12 灾害应对中的社会组织参与
——从 2008 年汶川地震到 2013 年芦山地震的演进 …… 张 强 / 174

B.13 联合行动、平等合作：4·20芦山地震紧急灾难救援中的社会参与 …………………… 郭 虹 / 192

BⅣ 年度十大热点事件篇

B.14 4·20芦山抗震 促进民间应急与联合机制成型 …………………… / 208
B.15 袁厉害事件 折射儿童福利困境 …………………… / 213
B.16 昆明反PX事件 民间组织联合行动开辟公众环保监督新途径 …………………… / 218
B.17 百家NGO评价基金会 以榜单促平等互信 …………………… / 225
B.18 救助公益人马克 公益界成立首个自救基金 …………………… / 229
B.19 首个社团法人业委会成立 推进社区自治探索 …………………… / 234
B.20 民间公益组织基础数据库面世 促进公益资源对接 …………………… / 239
B.21 首支社会价值投资基金设立 金融助力公益 …………………… / 243
B.22 新媒体筹款全面开花 激活公众参与 …………………… / 248
B.23 主流媒体传播公益 公益成主流话语 …………………… / 253

BⅤ 境外慈善篇

B.24 英国社会企业的制度框架 …………………… 黄西谊 / 258

BⅥ 附录

B.25 2013年公益慈善年度大事记 …………………… / 273
B.26 2013年公益慈善政策法规摘要 …………………… / 285

B.27 后 记 …………………… 杨 团 / 293

皮书数据库阅读使用指南

CONTENTS

𝔹 I Overview

𝔹.1 From Planned Philanthropy Toward Citizen Charity: Philanthropic Development in China in 2013 *Zhu Jiangang* / 001

𝔹.2 Annual Analysis of Charitable Donations in 2012 and 2013 *Song Zonghe* / 012

𝔹.3 Taking Stock of Philanthropy-related Laws and Policies in 2013 *Dong Zijin* / 032

𝔹 II Report on Annual Sector Growth

𝔹.4 2013 Annual Analysis of Foundation Development *Ma Xin* / 049

𝔹.5 2013 Annual Report on China Charity Federation Growth *Yang Gang, Cheng Yiman* / 061

𝔹.6 2013 Annual Report on Development of Corporate Social Responsibility *Duan Defeng* / 074

𝔹.7 2013 Report on the Value of Volunteering *Zhai Yan* / 092

𝔹.8 2013 Annual Report on Religious Charity *Zheng Xiaoyun* / 113

𝔹.9 2013 Decline of Traditional Media and the Self-salvation of Journalists *Shi Zengzhi, Yang Rui* / 132

B.10 Everyone's Asking: Overcoming Barriers to Environmental Governance in 2013
Li Bo, Huo Weiya and Yang Fangyi / 149

BⅢ 2013 Annual Feature Articles

B.11 2013 Report on Large Donation Developments in China
Zhang Qiwei, Zhang Gaorong / 164

B.12 Social Organization Participation in Disaster Response *Zhang Qiang* / 174

B.13 Unified Action, Equality and Cooperation: Social Participation in the Lushan Earthquake Emergency Relief Effort *Guo Hong* / 192

BⅣ 2013 Top Ten Topics

B.14 4.20 Lushan Earthquake Promotes a Unified Grassroots Emergency Response Mechanism / 208

B.15 Yuan Lihai Case Reflects the Sorry State of Child Welfare / 213

B.16 Joint Grassroots Organization Opposition to Kunming PX Plant Opens the Way Toward Public Environmental Supervision / 218

B.17 NGO's Publicly Post Evaluation of Foundations to Promote Equality and Mutual Trust / 225

B.18 Mark the Philanthropist Founds First Self-Help Fund / 229

B.19 Establishment of First Home Owner Association Registered as a Legal Person Membership-based Social Organization Promotes Explorations in Community Self-governance / 234

B.20 Database of Grassroots Charitable Organizations Promotes Charitable Resources / 239

B.21 Finance Boosts Philanthropy in First Social Value Oriented Equity Investment Fund / 243

B.22 Active Public Participation and the Flowering of New Media Fundraising / 248

B.23 Charity Takes Center Stage in Mainstream Media / 253

B V Overseas Philanthropy

B.24 Institutional Framework for U.K. Social Enterprises *Huang Xiyi* / 258

B VI Appendix

B.25 Major Philanthropic Events in 2013 / 273

B.26 Summary of Philanthropy Policies and Regulations in 2013 / 285

B.27 Postscript *Yang Tuan* / 293

综　论

Overview

B.1

从计划慈善走向公民公益

——2013 中国慈善事业发展综述

朱健刚*

2013 年，中国政治最重要的事件是十八届三中全会的召开，它奠定了中国政府进一步全面深化改革的战略方向。对于慈善事业而言，2013 年最具有标志性的社会事件是雅安地震救灾，在雅安抗震救灾这个大平台上，呈现出公益组织前所未有的理性、有序、高效工作的素质。来自灾区和全国各地的草根组织、行动网络、公募和非公募基金会、大学乃至中国红十字会，第一次实现了各种层级、各类领域的联合作战。志愿参与、跨界合作、联合行动、策略联盟构成了理性公益的新局面，它与 2008 年汶川地震救灾的悲情公益不同，体现出中国公益慈善事业正在转型和成熟。公益转型在推动社会的转型，成熟理性的公益也在造就一个成熟理性的社会。2013 年政府改革和民间转型交织在

* 朱健刚，中山大学社会学与人类学学院教授，中山大学中国南方公益慈善研究院执行院长。

一起，使得公益慈善正从计划慈善走向公民公益，使得社会力量的兴起已经成为不可阻挡的潮流。

从2008年汶川地震救灾开始，中国公益慈善事业的转型一直在加速。在2008年之后，公益慈善界出现分化与重组，原来小圈子的公益世界逐渐被打破，社会各阶层开始卷入。2010年以基金会为龙头的本土公益价值链开始形成，但是，2011年中国公益慈善界却经历了郭美美事件带来的行业公信力危机，全社会开始对官办慈善组织进行反省和问责，公益慈善日益往民间倾斜。2012年中国公益慈善界进行整体突围，整个公益界呈现出跨界合作、策略联盟和专业转型的新趋势，以青年人为主体的公益开始崭露头角。虽然国家的政策并没有根本性的变化，但是全民公益的趋势一直延续到2013年。在2013年，自上而下的社会组织改革政策终于出台，同时自下而上的民间慈善公益事业的转型实践也终于能和政府的社会组织的改革共舞，汇聚成推动中国公益慈善新时代到来的强劲动力。这个新时代的重要标志是自上而下的计划慈善正逐渐被上下互动的公民公益所替代，来自民间或者民间化的公益慈善组织及其创新成为中国慈善事业的主力军。

一　政策转变：扶持与激活

最近几年的中国慈善事业改革主要集中在官办慈善组织的去行政化、去垄断化方面。我国的官办公益慈善组织是从改革开放后逐步建立的，这些非营利组织设立后，往往由政府领导人担任负责人，由编制部门核定编制，由组织部门任免干部，并设置了一定的行政级别和工资级别。这样一来，官办慈善机构从一开始就处于政社不分的状态。这些由党政机构主导下兴办的慈善组织普遍存在着管理混乱，效率低下，容易滋生腐败等弊病。受郭美美事件等官办慈善组织丑闻的影响，当前社会公众对红十字会、慈善会等政府举办的公益慈善机构普遍缺乏信任，官办社会组织去行政化逐渐成为改革的共识。

2013年，中国政府也开始意识到官办社会组织去行政化会直接触及利益集团的利益，大部分官办组织长期以来过度依赖行政体系动员和行政资源赋予，缺乏独立的社会资源动员和项目运行体系。如果切断这些组织与相关政府部门的联系，而它们又没有能力从社会上获取资源的话，它们将很难逃脱被淘汰的命运，所以不少这类官办组织都拒绝改革。2013 年红十字会继续遭到媒体的质疑，同时连带新成立的红十字会监督委员会。而红十字会监督委员会部分委员提出重新调查郭美美事件也遭搁浅。这些都说明改革官办慈善组织的艰难不易。这个时候，决策者意识到改革政策如果往民间公益组织倾斜，推动民间公益组织发展壮大，形成倒逼体制，反而有可能从外部推动官办慈善组织的去行政化和去垄断化。正是在这样的背景下，2013 年中国的公益慈善政策改革在扶持和激活民间公益组织方面有了重要的突破，主要表现在注册登记制度的改革、慈善资源市场的国退民进以及加大政府购买服务的力度上。

（一）社会组织注册登记制度改革

2013 年，最具深远意义的改革莫过于社会组织注册登记制度改革。长期以来，中国的大量民间公益组织由于双重管理体制而难以登记注册，从而在现有体制中缺乏正当性，这已成为阻碍民间公益组织发展的首要障碍。“双重管理”体制是指社会组织的登记管理机关是各级民政部门，但在登记之前需要首先自行找到一个“业务主管单位”。但相关职能部门出于规避自身风险的考虑，往往不愿意充当社会组织的“婆婆”，这就导致我国大量公益组织处于“非法”行善状态。经过 2009 年以来的多地实践和探索，年初，国家发展与改革委员会而不是民政部门，率先推出了允许公益慈善组织直接登记注册的改革政策。这一政策在 2013 年下旬的十八届三中全会上得到全面肯定，入列《中共中央关于全面深化改革的若干重大问题的决定》（以下简称《决定》）。尽管以往广东、深圳等地对于公益慈善组织直接登记制度进行了多年的改革探索，但是，探索都还局限在地方，这次改革却是全国性的，它释放出体制对公益慈善组织全面接纳的信号，而随着各地政府的落实，相信登记注册制度的改革注定会带来中国公益慈善组织纷纷“洗脚上岸”的热潮。

然而我们也要看到，在去除“硬门槛”后，对民间公益慈善组织仍然存在着大量“软约束”，包括组织名称、业务范围、注册资金、办公场地等方面的问题，继续限制着社会组织的登记注册，而且这种限制更加隐蔽。此外，一些敏感的类似劳工服务的机构，以及涉外公益组织的登记仍然没有放开，这些条款本来在2013年很多地方改革的文件中出现，但是随后又被删掉。这些都值得我们期盼在2014年看到进一步的改革和突破。

在登记制度改革的背景下，截至2013年年底，全国共有社会组织54.1万个，比2012年的49.9万个增长了8.4%。社会团体28.6万个，比2012年的27.1万个增长了5.5%。基金会3496个，比2012年的3029个增长了15.4%。民办非企业单位25.1万个，比2012年的22.5万个增长了11.56%。

（二）慈善资源的国退民进

民间公益慈善组织发展的第二个障碍来自资源缺乏，资源缺乏使得在很长一段时间，民间公益慈善组织只能寻求国际资助机构的支持，但是国际资助机构长期得不到中国相关部门的信任，这就使得国际资助机构和民间公益慈善组织放不开手脚，2008年以后，本土的基金会开始支持中国的民间公益组织，不过本土基金会因为资助NGO的资金规模不大，支持的力度仍显不足。根据我们2012年的调查，中国本土的基金会开展项目资助的只占41.1%，而且主要集中在“教育科研”和“扶贫济困”方面，资助环境保护和社区发展的都很少。另外，政府也严格限制公益组织的募捐资格。募捐市场基本被红十字会和慈善会所主导。更加令人忧虑的是，民间的慈善捐赠还缺乏税收减免政策的放开，这使得私人捐赠难以得到激励，慈善事业寸步难行。

为了改善这一局面，2008年以来，很多政府和民间的力量都在努力探索改革。从量变到质变，2013年，募捐市场中国家与社会的关系正在发生深刻改变。在芦山抗震救灾刚启动时，2012年年底才注册的民间公募基金会——深圳壹基金一日募捐总额远超中国红十字总会。截至2013年9月30日，超过600万人次向深圳壹基金公益基金会定向捐赠雅安救灾款物高达3.5亿元。民间组织领跑中国公募市场，“国退民进”的迹象首次显现，这在中国公益慈善史上很可能成为一个重要的分界线，对未来产生广泛而深远的社会影响。值得指出的是，这一行动不但没有遭到民政部门的阻挠，反而得到了民政部的肯定，而且这也是民政部首次没有鼓励慈善总会参与。政府部门表现出鼓励民间公益组织在社会市场中成长的开放态度。2013年，也是广州公募权开放一周年，广州的实验说明，公募权开放并没有带来募捐市场的混乱，相反开放的力度还需要更大，才能使得更多的公益组织愿意参与申请募款牌照，并主动接受政府和社会的监督。

正是在这样的背景下，2013 年 7 月，云南宣布，云南省政府全面退出公益募捐市场，除发生重大灾害外，云南省政府不再参与募捐。这在全国尚属首例。虽然政府完全退出募捐市场在操作上还有很长的路要走，但是云南的改革也指明了未来募捐事业发展的方向，那就是国退民进。

但是这只是方向，现实仍然是官办慈善机构占据主要的资金收入，2013 年，预计全年社会捐赠总量将突破 1100 亿元。这是继 2008 年 1070 亿元和 2010 年 1032 亿元之后第三次突破千亿大关。比 2012 年社会捐赠总额 889 亿元有将近 1/4 的大幅度增长。其中，基金会系统的捐赠总额预估在 390 亿元左右；慈善会系统的捐赠款物合计预估为 370 亿元；民政系统接受的社会捐赠款物合计 226. 16 亿元，慈善会和民政系统的捐赠均比 2012 年有大幅度增长。加上政府购买社会组织服务的部分约 150 亿元，2013 年中国捐赠总量约为 1250 亿元。

捐赠数据总额的变化虽然展示了中国慈善事业在逐步成长，但是受赠主体的结构变化却表明，基于现代慈善发育起来的基金会遭遇了发展瓶颈，个体总量增加而收入体量却首次下降。相反，依托于政府体系的以民政系统为代表的政府接收捐赠数额逐年上升，慈善会系统的捐赠收入也高速增长，政府和靠近政府的社会组织仍然主导着中国的捐款市场。

与捐赠制度改革相一致的，一直困扰公益慈善界的老大难问题——社会组织的税收制度也在 2013 年开启了改革之门。十八届三中全会关于全面深化改革的决定中明确提出要“完善慈善税收减免制度”。这是启动慈善税收改革的信号，尤其对大额股权捐赠的税收政策改革更是利好消息。2013 年年底，华民基金会与深圳民政局洽谈成立公益信托公司，随后签订了备忘录。

（三）加大政府购买服务力度

十八届三中全会的《决定》多处出现了“政府购买服务”的内容，政府购买服务在 2013 年逐渐常规化，成为一种新型政府提供公共服务方式。政府购买服务的关键是将政府本来承担的社会和公共服务职能交给有资质的社会组织来完成，并按照市场标准订立服务合约，社会组织根据合约提供公共服务产品，政府按照一定的标准邀请第三方进行评估履约情况，并支付服务费用。虽然也有不少社会组织质疑其中自身担负的成本过高以及购买过程中出现的寻租行为等，但是政府购买服务本身俨然成为趋势，在2013年，广东、上海、江苏、山东等省市制定了政府购买服务的有关意见，广东、山东、河北等省还陆续出台了政府购买服务指导目录及专项管理规定。同时北京、河北、重庆、青海等大部分省市也正在制定本地区指导意见。2013年全国政府购买社会组织服务的资金达到150多亿元，比2012年有大幅度增长。而在广东等地，政府购买服务已经超越社会工作机构，覆盖到整个社会组织领域。据财政部消息，2014年政府购买社会组织服务在不增加预算的情况下，将在全国全面铺开。

加大购买服务的力度很大程度上促进了社会组织，尤其是社会工作机构的发展，虽然目前的购买服务还不能真正给草根性社会组织雪中送炭，因为这些草根组织常常因为达不到资质而没有申请的资格，但是购买服务能为很多社会组织提供与政府合作对话的机会。随着社会组织能力的日趋增强，基于市场契约关系的服务关系将使得社会组织逐渐加强自己的地位，走向更加平等的伙伴关系。

不过，我们也要看到，2013年在各地推动政府向社会组织购买服务的过程中，普遍出现了政府方面资金管理混乱、购买服务专项资金流向不明、社会组织之间进行恶性竞争等乱象。在广州还出现了政府购买服务打白条的困窘情况。一方面，政府向社会组织购买服务过程管理混乱的局面使大量购买服务专项资金可能回流到相关政府部门及其附属机构，造成政府职能转移只在政策文本上进行。另一方面，快速的政府职能转移和购买服务改革过程中也出现很多社会组织纯粹为了获得政府资金而成立的现象，在缺乏理念、经验和技术的情况下，社会组织一味地迎合政府的需求，忽略了提供服务本身的质量和效能，使得大量社会组织成为政府的伙计，而不是伙伴，这一过程中伴随着严重的组织等级化，服务官僚化以及体制建制化等乱象。这些都值得政府和社会加以反思，并找到解决的办法。

总之，新中国成立以来的很长时间内，政府主导是中国公益慈善活动的主要特征。然而，近年来，民间背景、公民自发成立的公益组织和社会服务机构大量涌现并逐渐成为主流。从渐渐崛起的以互联网为基础的微公益，到雅安救灾的公民行动，民间自发的公益行动越发显现针对性、有序性与策略性，这些都意味着中国公益慈善正逐步由政府化和计划性走向社会化和务实性。更重要的是，2013 年政府出台的一系列政策都不但认可了这类公民公益，而且还鼓励和支持其运作。这预示着，中国的公益慈善正在从政府主导、指令摊派，同时被过度政治化的计划慈善逐渐走向民间为主、志愿参与以及去行政化的公民公益。现代公益慈善组织的发展成为公民公益最核心的议题。建立政社分离、依法自治和权责明确的现代社会组织制度成为十八届三中全会改革的重要内容。改革的方向就是要“激活社会组织的活力”。在十八届三中全会的《决定》中这句意味深长的话说明，社会组织不再像以往那样被当做对手和敌人，它现在应该是政府的伙伴和政府改革的关键动力。社会组织如果被整体激活，那将是未来中国社会改革最令人激动的一页。

二　民间实践：颠覆与转型

在上述政府改革的背景下，2013 年，中国民间公益慈善事业本身的迅速变化更加震撼人心。自 2008 年汶川地震救灾以来，中国民间公益慈善事业呈现出民间化、问责化和专业化三大潮流。这三股潮流又与互联网思维、市场经济改革以及公民运动交相辉映，在 2013 年，中国的民间公益慈善事业见证了一个新时代——公民公益时代的到来。公益不再是以往自上而下的单方面的施舍，而是成为平等的公民主体之间的礼物交换，公益慈善呈现出理性、契约和自下而上的民间组织化的特征。一年间，自由而多元的公民慈善展现出强大的生命力。

（一）互联网思维带来的颠覆性变化

首先，互联网思维颠覆了计划慈善的传统思维方式，并在 2013 年成为主流。这种思维首先表现在互联网募捐上，过去的计划慈善思维关注的是大额捐赠，但是在互联网思维下，哪怕是每人捐款一元钱，在互联网的网聚效应下也会带来可观的捐款收入。这一方面是因为网络支付平台、网络银行等快捷支付方式逐步被大众接受，另一方面也是因为电子数据处理的精准性、大数据分析的合需性得到广泛应用。据《2013 中国网络捐赠报告》的不完全统计，截至 2013 年 9 月 10 日，中国网络捐赠平台总共筹集善款超过 5.2 亿元。阿里巴巴平台、腾讯网络捐款平台、新浪微公益平台以及支付宝 E 公益平台的筹款总额均超过 1 亿元，成为中国网络捐赠的主要通道。而在网络捐赠参与度方面，仅在腾讯网络捐款平台，参与人数超过 1600 万人。同时，代表网商参与的公益宝贝数据显示：2011～2013 年 8 月，公益宝贝成交超过 3.7 亿笔。虽然在总量上，大部分捐赠仍然是走传统的方式，但是网络捐赠已经成为新一代年轻人热捧的方式。

但是，互联网已经不只是公益慈善组织用来筹款或者传播的工具，它成为公益慈善事业不可缺少的生态条件。正是这种生态条件的出现改变了公益慈善界的思维模式。网络、枢纽、去中心化、平台、众包、众筹、公益 APP 等方式在一年之间席卷了整个公益慈善界的年轻人，多年辛苦在社区经营的慈善组织在互联网时代可能得不到任何捐款，而年轻人可能仅仅因为创新的互联网公益实践就可以得到多多的微信公益红包。创新的真实发生见证了新时代的到来。

新的思维方式催生出新的公益组织，真爱梦想基金会、让候鸟飞等行动都在用互联网思维来运营组织和项目，2013 年，在慈善界大放光彩的不再是明星汇集的芭莎晚宴，抑或民政部的慈善大会，而是腾讯微信、阿里巴巴的淘宝、新浪微博。它们的力量不在于自己做了公益，而是成千上万的人用它们做了公益，这就是互联网公益。

（二）跨界合作模糊了商业与慈善的界限

2013 年，商业大规模地进入公益和企业公益成为企业社会责任战略的重要组成部分，使得商业与慈善的界限日益模糊。以市场为基础的跨界公益激发了多态化生存的公益组织的活力，而将那些封闭的慈善圈子边缘化了。跨界的合作模糊了商业和慈善的界限，也模糊了政府、市场与社会的界限。2013 年年初，马云在亚布力论坛上的讲话似乎成为了企业家参与公益的宣言，更多社会问题的爆发和复杂交织的态势促使以马云、王石、冯仑等企业家集体性进入公益慈善圈。2013 年，他们发表的很多观点都引起热烈的传播和讨论。人们在他们的头上开始冠以“公益企业家”的称号。

不仅企业家，慈航基金会控股海航集团、前总理朱镕基成立实事助学基金会都展示了跨界合作的新气象。2013 年，股权捐赠成为新亮点。海航工会将其所持价值约 80 亿元的股权捐赠给慈航基金会，使得慈航基金会成为海航集团控股股东。这是中国目前最大一笔捐赠，同时也是国内最大一笔股权捐赠。市场思维与公（益）商（业）结盟的逻辑颠覆了传统公益慈善行业。

2013 年还有一个跨界概念引人瞩目：影响力投资概念。它经过摩根斯坦利的研究报告，正式成为投资和慈善两个领域的分类概念。影响力投资的影响力如此之大，以至于北京一周有四次研讨会和论坛讨论的都是影响力投资。

“影响力投资”也称为“公益创投”或“社会投资”。在西方也只有二三十年的历史。它倡导资本通过有经济效益的投资来做公益。瑞士信贷认为，影响力投资是以创造可测量的社会影响为主要目的且具备财务增值潜力的投资。徐永光指出，影响力投资就是义利并举、公益与商业相融合的投资。2013 年，国内第一支以社会价值为导向的股权投资基金：社会价值投资基金（The Impact Fund）的设立让影响力创投和公益投资人成为公益慈善界的新时尚，也让社会企业在 2013 年逐渐被年轻人广泛使用，走向主流。

（三）公益慈善的社会运动化

社会运动是公众为了实现某项政策改变，而采取的有组织的持续性的集体行动。社会运动首先来自社会各阶层的参与。在公益慈善领域，人们最重要的参与方式就是在社区中的志愿参与。志愿精神仍然是公益组织的最重要的精神。虽然社会工作专业在最近几年近乎拔苗助长似的兴起，但是这仍然不能掩盖志愿精神和志愿者的光芒。据测算，2013 年度，纳入各类机构正式统计的志愿者总量约为 7345 万人，占全国 13 亿人口总数的 5.65%，志愿服务约 8.3 亿小时，折算价值 83 亿元。而志愿者对于民间公益慈善组织是至为关键的。根据惠泽人每年对中国数百家草根公益组织和志愿服务的观察，平均每个民间组织年度所使用的志愿者人数大约在 100 名，按照全国有 30 万家草根公益组织计算的话，每年大约有 3000 万人自愿参与民间志愿服务。另外还有自发组织的志愿者社群以及通过互联网开展微志愿服务和线下志愿服务的社会各界人士，大约有数百万，他们利用个人休息时间，经常性开展各类志愿服务。按照志愿者平均服务时间10小时/年来计算，民间志愿者在2013年度捐赠的志愿服务约为3亿小时，折合价值为30多亿元。鉴于参与民间组织活动的志愿者与参与有政府背景的社会活动志愿者之间可能有重叠部分，人数不能贸然相加，不过，其志愿服务小时是不重复的，所以，2013年全国志愿者服务小时约为113亿小时，总价值约为113亿元。

2013年，志愿者被广泛动员参与公益政策的改变，媒体人邓飞等在2012年发动的“免费午餐”行动，在2013年转化为“让候鸟飞”、大病救助等多种新方式的公益行动。这类与传统的规范、专业和组织很不相同的集体行动已经呈现出以往公益服务从未有过的效果和影响力。而在这类公益性社会运动中，2013年的昆明反PX事件无疑是最为引人注目的事件。公益维权的集体行动对政策产生了越来越明显的影响力。2013年，我们看到很多公益维权被寓于社会服务之中，同时也看到很多社会服务转化为公益维权。

以上这些民间公益组织的变化产生的颠覆性转型的后果，使得中国的公益慈善事业在一年之内就向着民间化、问责化和专业化快速推进。我们称之为公民公益。它指的是公民通过志愿行动来实现公共利益或者公共价值。它有着自愿性、平等性、公共性、理性与合作性的特点。公民公益既包含着人们的社区服务和社会组织，也包含着公益倡导和公益文化的传承和传播。中国正处于市场改革之后的社会急剧转型过程中，发展公民公益，除了有利于突破目前公益慈善体制的诸种问题，还有利于培育公民社会从而降低社会转型风险。

公民公益可能是突破目前官办公益和民间公益双轨并行的诸种问题的路径；对于处于市场改革后剧烈转型的中国社会而言，它也是培育公民社会从而降低转型风险的可能方式。

总之，2013年是中国社会各类公益慈善组织和各类公益人充满动力、快速发展的一年，是国家政策改革和公益慈善事业转型交相辉映的一年，是民间化、问责化和专业化初见成效的一年，是抛弃计划慈善的旧思维，让公民公益进入社会主流的一年。这些都见证着中国社会的转型。中国当下的社会转型可以说是梁启超所预言的“三千年亘古未有之大巨变”的关键部分。中国正在崛起，但是未来还难以预测，不确定仍然是今天中国的重要特征。不过，不确定也就意味着积极的可能性。大多数人仍然期待一个更加“民主法治、公平正义、诚信友爱、充满活力、安定有序、人与自然和谐相处”的社会。公民公益的意义正在于此，它能成为一种重要的力量，推动渐进的民主，成就中国真正的和平的复兴。虽然如前所述，有什么样的国家就有什么样的公民，但从另一面看，有什么样的公民，就会有什么样的国家。未来的中国的转型正蕴藏于每个普通人的转变之中。

B.2

2012年度和2013年度慈善捐赠分析报告

宋宗合*

摘　要：

矫正后的2012年度社会捐赠数据为889亿元，而依据当期已经公开的数据测算出2013年社会捐赠总额超过1100亿元，加上政府购买社会组织服务的部分约为1250亿元。捐赠数据总额的变化虽然展示了中国慈善事业在逐步成长，但是受赠主体的结构变化却表明，基于现代慈善发育起来的基金会遭遇了发展瓶颈，个体总量增加而收入体量却首次下降。相反，依托于政府体系的以民政系统为代表的政府接收捐赠数额逐年上升，慈善会系统的捐赠收入也高速增长。另外，善款使用的透明度需要进一步加强，善款使用效率需要全社会和社会组织自身进一步推动提升。

关键词：

慈善捐赠　捐赠数据　捐赠分析

作为构筑慈善事业的政策、资源、渠道、组织、环境和文化六要素之一，慈善资源主要包含慈善捐赠、慈善资产和慈善资本等，社会捐赠作为衡量慈善事业发展的重要量化指标越来越受到社会关注。

由于中国的社会捐赠统计体系没有建立起来，在2007年以前，全国社会捐赠数据均取自民政系统统一接收捐赠数据，从2007年开始，民间机构中民慈善捐助信息中心受民政部委托开始对中国整体捐赠数据进行收集汇总，从那

---

* 宋宗合，《社会福利》杂志总编助理。

一年开始，中国获得了相对意义完整的捐赠汇总数据。事实上由于中国传统慈善和现代慈善处于交融成长状态，显性捐赠和隐形捐赠并存，很难统计汇总社会捐赠的整体形态。目前采用的社会捐赠汇总数据，依然建立在民政系统整体接收社会捐赠基础上，汇总慈善行业主体机构（包含基金会行业、慈善会系统、红十字会系统）以及日常监测数据测算所得。由于公开统计数据的滞后性，本报告中 2012 年度的捐赠数据分析主要借鉴民政部网站公开的 2012 年度社会服务发展统计公报数据、中民慈善捐助信息中心发布的《2012 年度中国慈善捐助报告》以及其他社会机构统计发布的捐赠数据，在 2013 年度的捐赠分析中主要借用民政部发布的社会服务季度数据以及当期其他社会机构公布或测算的捐赠数据。

一　2012 年度中国慈善捐赠概况

2012 年是个特殊的年份，对中国慈善事业而言尤其特殊。经历了捐赠井喷进而被人称为“慈善元年”的2008 年，走过了2011 年郭美美风暴横扫捐赠大门的“黑暗慈善”，2012 年的中国公益慈善好像是个受宠之后遭受辱骂的惊恐的孩子，在步履蹒跚中坚韧成长。

2012 年的整体社会捐赠维持了 2011 年的水平，捐赠总额达 889 亿元。由于彩票被称为“两元慈善”，其中有一定比例的资金被用于社会组织服务过程中，因此也被纳入关注视野，同时按照国际惯例，志愿者服务也可以折价计入年度慈善捐赠总量中，所以同样给予关注。不过年度捐赠数据仍以现金和物资捐赠总量为主，彩票公益金使用及志愿服务折算价值仅作参考。

1. 年度社会捐赠总量分析

2012 年实际接收现金及物资捐赠量为 889 亿元，其中现金和有价证券为 685 亿元，物资折价 203 亿元。另有彩票公益金社会公益使用量为 118 亿元。

（1）物资及现金捐赠。2012 年度，根据民政部门的数据公报显示，2012 年全年各级民政部门共接收款物 132.99 亿元，其中接收捐款 101.7 亿元（不含从其他部门转入的社会捐款 5.0 亿元），捐赠物资折价 6.3 亿元，全年各地接收捐赠衣被 12538.2 万件，其中棉衣被 1570.8 万件，这批物资另折价 24.99

亿元。[①] 截至2012年年底，我国基金会总资产已超过800亿元，获得捐赠376亿元。[②]

来自中华慈善总会和中国红十字会总会的公开数据显示，2012年度，慈善会系统接收社会捐赠268.65亿元，其中捐款总额为154.77亿元，捐赠物资折价113.88亿元；2012年度，红十字会系统接收社会捐赠21.88亿元，其中国内捐款15.07亿元，国内物资捐赠45452万元，外援款17714万元，外援物资4998万元。

中民慈善捐助信息中心依据日常监测数据和中华慈善奖报送数据抽样测算，除去民政部门接收的社会捐赠，党政机关另有接收社会捐赠数据为42.53亿元；不明单位捐赠数据为45.57亿元，其中包含部分宗教场所以及自然人直接接收捐赠等信息不详捐赠。

如此加总，我国社会捐赠总量（含接收国内外社会各界的款物捐赠）共计约889亿元（见图1）。

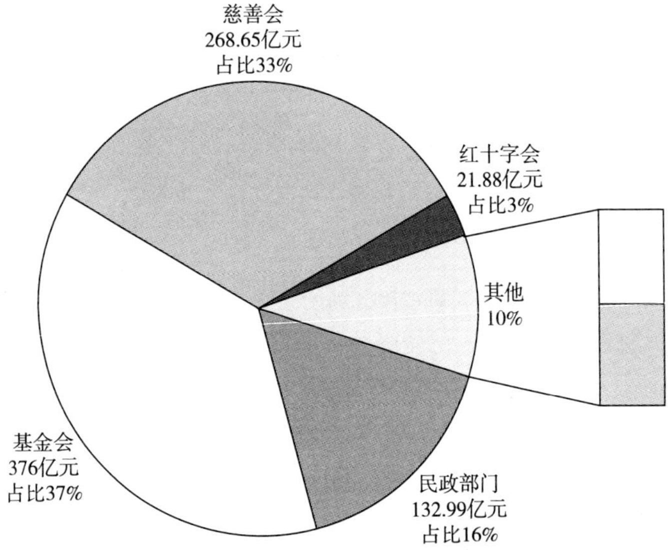

图1 2012年度接收捐赠数据构成

① 民政部：《2012年社会服务发展统计公报》，http://cws.mca.gov.cn/article/tjbg/201306/20130600474746.shtml。

② 根据民政部矫正的基金会捐赠数据显示，2012年基金会实际接收捐赠量为376亿元，高于公报统计的305亿元。

这个捐赠量，相当于去年我国国内生产总值 GDP（519322 亿元）的 0.17%，相当人均捐款 60 元。而去年我国城镇居民人均可支配收入为 24565 元，也就是说，我们的人均捐赠（未剔除境外捐赠），只占人均可支配收入的 0.25%。

（2）彩票公益基金社会公益使用量。2012 年中央财政当年收缴入库彩票公益金 3667540 万元，加上 2011 年结转收入 1051628 万元，共 4719168 万元。按上述分配政策，考虑结余结转因素，经全国人大审议批准，2012 年安排彩票公益金支出 3861708 万元。其中，分配给全国社会保障基金理事会 2412569 万元，用于补充全国社会保障基金；分配给中央专项彩票公益金 1047043 万元，用于国务院批准的社会公益事业项目，由使用彩票公益金的部门或单位向财政部提出申请，经财政部审核报国务院批准后，组织实施和管理；分配给民政部 201048 万元，按照“扶老、助残、救孤、济困、赈灾”的宗旨，由民政部安排用于资助为老年人、残疾人、孤儿、有特殊困难等人群服务的社会福利设施建设和受助对象直接受益的项目；分配给国家体育总局 201048 万元，由国家体育总局安排用于落实《全民健身计划纲要》和《奥运争光计划》等体育事业项目。彩票公益金收支相抵，结余 857460 万元。①

民政部本级 2012 年彩票公益金控制使用额度为 201048 万元，占中央集中彩票公益金额度的 5%，专项用于民政社会福利、社会公益事业。其中安排使用 20150 万元支持社会公益事业发展，推动以改善民生为重点的社会建设，提高基本公共服务水平。②

2012 年度，国家体育总局本级使用彩票公益金 201048 万元，占中央集中彩票公益金的 5%，用于实施群众体育工作和资助竞技体育工作。其中用于群众体育组织建设 8463 万元。③

---

① 财政部：《2012 中央专项彩票公益金安排使用等情况公告》，http://www.bwlc.net/info/article.jsp?id=9107。

② 《民政部 2012 年度本级福利彩票公益金使用情况公告》，http://www.mca.gov.cn/article/zwgk/tzl/201304/20130400445377.shtml。

③ 《体育总局 2012 年度本级体彩公益金情况公告》，http://www.lottery.gov.cn/news/11009924.shtml。

地方的彩票公益金用于购买社会组织服务的资金量不尽一致，上海、浙江、江苏等沿海省份近些年来福利彩票公益金的投入比例已经超过10%，而西部一些省份甚至没有任何投入。如果以2012年福利彩票公益金464亿元计，地方留成福利彩票公益金为232亿元，预计至少有10亿元的资金用于购买社会组织服务。

如果不计算彩票公益金中财政预算类资金量，仅以实施使用单位使用领域为社会组织或慈善项目计，那么彩票公益金为慈善行业注入资金量为1175656万元。

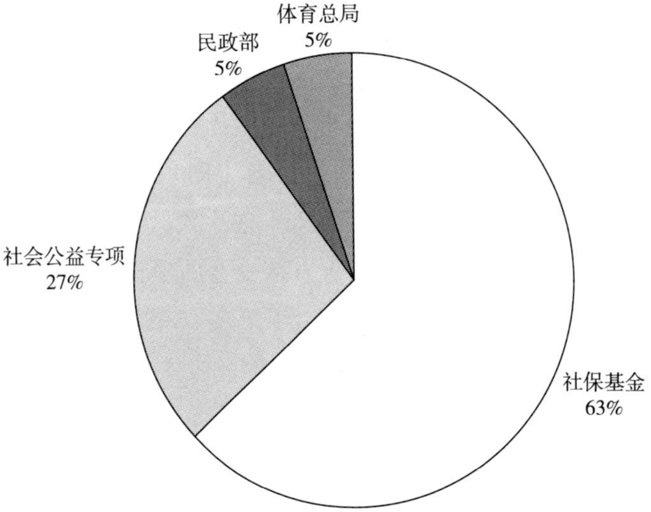

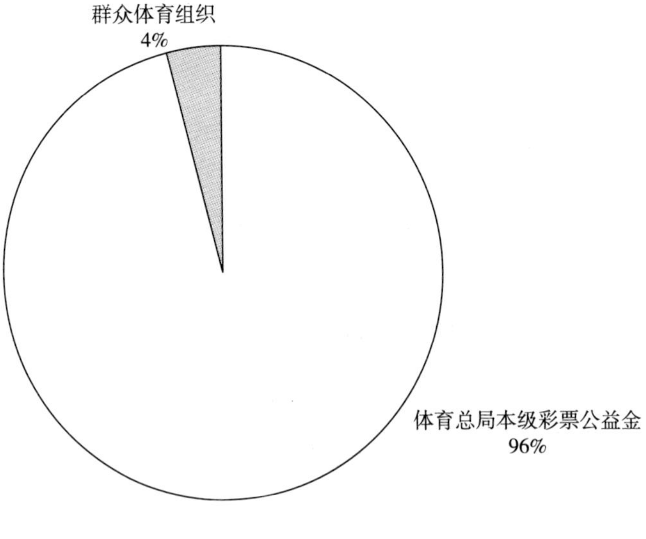

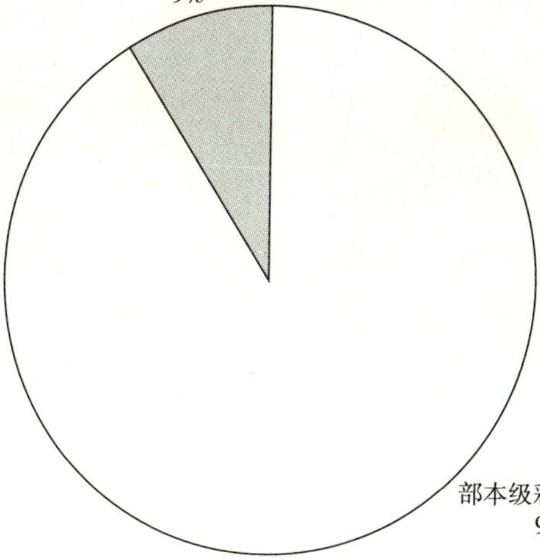

图 2　彩票公益金社会公益占比

（3）志愿服务总量。根据民政部印发的《中国社会服务志愿者队伍建设指导纲要（2013～2020 年）》，我国将进一步加快社会服务志愿者队伍建设，力争到 2020 年，注册社会服务志愿者占居民总数的比例达到 10%。

但是中国的志愿者服务体系尚未统一，从服务领域看，志愿服务逐步覆盖城乡社区建设、敬老扶幼助残、抢险救灾减灾、社会公益慈善等众多服务领域，而志愿服务的统筹单位却分散在各个部门。如共青团系统的青年志愿者、民政系统的社区志愿者、妇联系统的巾帼志愿者、残联系统的残疾人志愿者等。

据团中央公布的数据显示，注册青年志愿者达到 4000 万名。

据中华志愿者协会统计，中国社区志愿者组织已经达到 28.9 万个，注册的志愿者达到 3100 万人。

中国残联志愿者联络站在 2012 年已经达到 30 余万个，全国注册志愿者已达到 650 万人，受助残疾人 3160 万人次。

据不完全统计全国妇联统领的注册巾帼志愿者在 250 万人左右。

中国红十字志愿者在 2012 年达到 225 万人，比 2011 年增加 4.38%，预计总服务时间为 450 万小时。

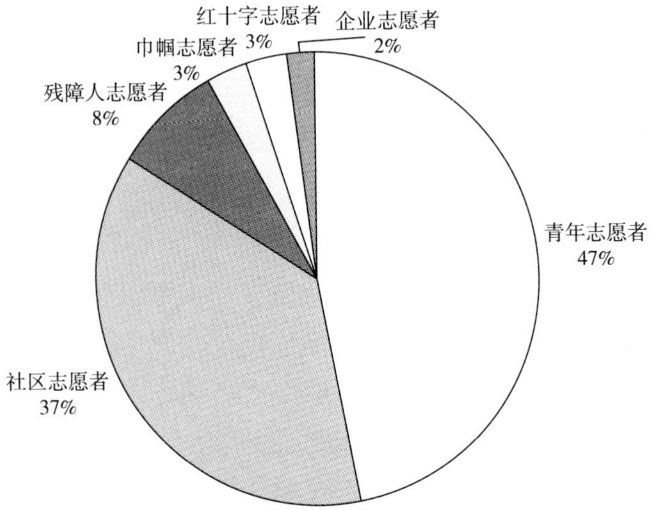

图3　志愿者分布

据不完全统计企业志愿者数量为200万人，预计服务时间为4000万小时。

因为发起部门的多元化，造成志愿者统计的多样化，其中重复统计在所难免。按照民政部门的预估数据，中国志愿者总量在8000万名左右，约占人口总数的7%。

2. 2012年度捐赠主体及善款使用分析

（1）捐赠主体。从捐赠主体来看，企业仍为主要捐赠力量，捐赠总额达到474.38亿元，占全部捐赠的58.04%；其次是个人捐赠，占现金捐赠总额的32.7%；其他捐赠主体，如政府、社会组织、人民团体和事业单位等捐赠主体占比均低于5%。

来自各类企业的捐赠达474.38亿元。企业是我国社会捐赠的第一大主体，贡献最大。根据企业控股权的不同，各类不同性质的企业，对慈善事业的贡献也有明显差异。民营企业捐赠275.06亿元，占企业捐赠总额的57.98%，中国民营企业对慈善事业贡献最大。国有企业捐赠约100亿元，占企业捐赠总量的21.08%，2012年国有企业累计实现利润总额21959.6亿元，捐赠占其利润的0.46%。港澳台企业、侨资企业与外资（合资）企业捐赠99.32亿元，占比为20.94%。

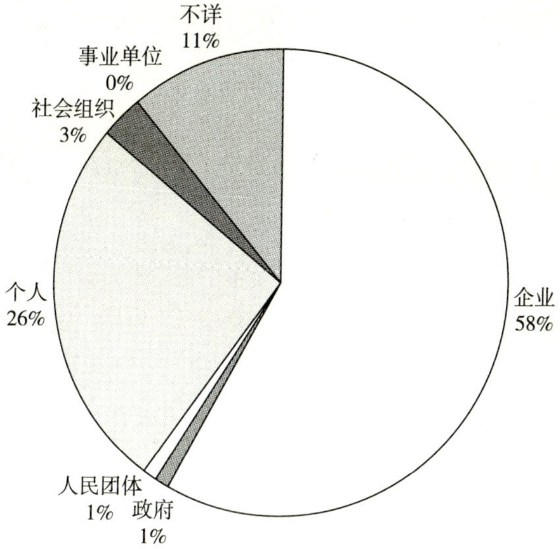

图 4 捐赠主体占比

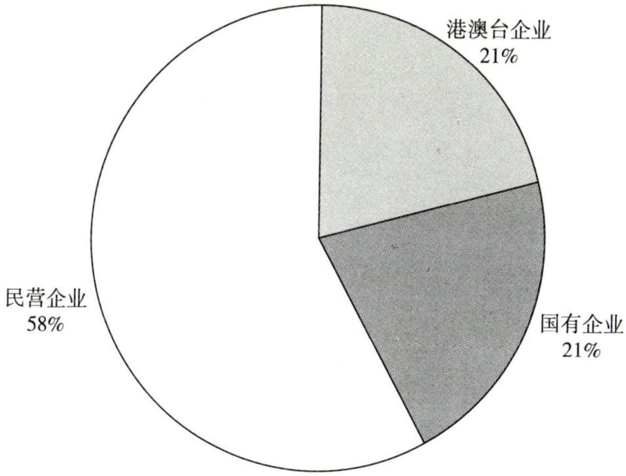

图 5 企业类型捐赠占比

来自个人的捐赠 263.36 亿元。单从现金捐赠来看，个人捐赠占比为 32.7%，比 2011 年略有增长。在个人捐赠总额中，境内个人捐赠占 95%，境外个人捐赠占 5%。

数据显示，个人捐赠的主力仍是企业家。2012 年，捐赠过亿的企业家有 9

位，其捐赠总额达到18.5亿元。这些捐赠者所在的行业主要为房地产业和制造业。

（2）受赠主体。2012年度，我国社会组织获得了全国捐赠总量的73.63%，继续成为接收社会捐赠的基本主体，政府进一步退出捐赠市场。

2012年，各主要部门接收捐赠情况如下：

①2012年全年各级民政部门共接收款物132.99亿元，其中捐款101.7亿元（不含从其他部门转入的社会捐款5.0亿元），物资折价31.29亿元，包括各地接收捐赠衣被12538.2万件。

②在捐赠分析样本中，各级党政机关接收捐赠为42.53亿元，占样本总量的16.36%。其中，县级人民政府和地市级人民政府接收的捐赠量比较大，分别占党政机关接收捐赠总额（除民政部门）的34.39%和27.74%。

③基金会获得捐赠376亿元。截至2012年年底，全国共有基金会3029家，比2011年的2614家增长了15.9%，其中公募基金会1316家，非公募基金会1694家（其中包括涉外基金会8家），境外基金会代表机构19家。这是我国基金会数量首次突破3000家。值得注意的是，非公募基金会的增长速度明显高于公募基金会的增长速度，并且有继续保持该增速的趋势。截至2012年年底，我国基金会总资产已超过800亿元，获得捐赠376亿元。与2011年相比，下降了7%左右（矫正数据：2011年基金会接收捐赠400.67亿元）。

④全国各级红十字会系统接收社会捐赠21.88亿元，占全国捐赠总量的2.68%，与2011年相比，下降了6.79亿元，同比下降23.67%。占同年我国社会捐赠减少总额的24.25%。在红十字会系统接收的21.88亿元中，国内捐款150682万元，国内物资捐赠45452万元，外援款17714万元，外援物资4998万元。

⑤慈善会系统募捐约268.65亿元。据不完全统计，2012年全国主要慈善会接收的款物捐赠总额达268.65亿元，占全社会捐赠总额的32.87%。接收款物捐赠较2011年相比上升20.94%。在慈善会系统接收的268.65亿元的捐赠总额中，捐款总额为154.77亿元，占捐赠总额的57.61%，捐赠物资折价113.88亿元，占捐赠总额的42.39%。

⑥其他部门接收捐赠约 45.57 亿元，其中包括宗教场所、困难群体等自然人接收捐赠和信息不详的捐赠。

（3）捐赠方式。由于中国社会捐赠的特征仍然是大额捐赠占据主流，且小额捐赠中的个人捐赠在传统统计中多被忽略不计，因此呈现出来的捐赠方式变化并不明显，多数是以银行转账、邮局汇款、现场捐赠等方式实现。随着技术的发展，一方面网络支付平台、网络银行等快捷支付方式逐步渗透到社会生活中，另一方面电子数据处理的精准性、大数据分析的合需性也得到广泛认可，公众应用频率开始增加，以网络支付方式为新兴捐赠方式的社会捐赠逐步被热捧。

据《2013 中国网络捐赠报告》① 不完全统计，截至 2013 年 9 月 10 日，中国网络捐赠平台总共筹集善款超过 5.2 亿元。阿里巴巴平台、腾讯网络捐款平台、新浪微公益平台以及支付宝 E 公益平台的筹款总额均超过 1 亿元，成为中国网络捐赠的主要通道。

网络捐赠参与度方面，仅在腾讯网络捐款平台，参与人数超过 1600 万人。同时，代表网商参与的公益宝贝数据显示：2011～2013 年 8 月，公益宝贝成交超过 3.7 亿笔。其中中国妇女发展基金会作为最早参与网店筹款的基金会，在 2007 年 6 月 5 日就开设了公益网店（见图 6）。

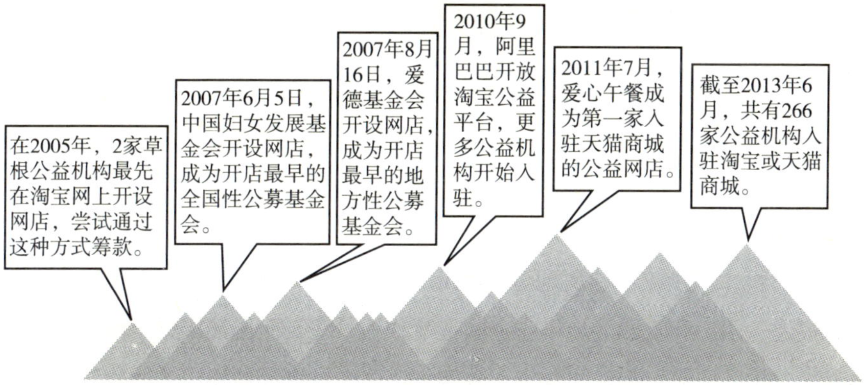

图 6　淘宝以及天猫公益网店

① 《中国网络捐赠研究报告》，由阿里巴巴集团与北京瑞森德管理顾问有限公司联合出品。

但是从社会捐赠的实际支付方式看，整体社会捐赠仍然以传统的银行转移支付、邮局汇款为主，短信捐赠和网络捐赠等新技术手段尽管新颖便捷，仍然占比较小。

（4）捐赠领域。2012 年捐赠领域呈现多元分布格局。教育和扶贫仍是最吸引捐赠资源的两大领域。2012 年，教育领域捐赠占 25.30%；扶贫与社会发展领域占 22.45%；医疗领域捐赠占 19.90%；减灾与救灾领域捐赠占 9.32%；人类服务领域（包含老人服务、残疾人服务、妇女服务、儿童服务等）占 9.18%。

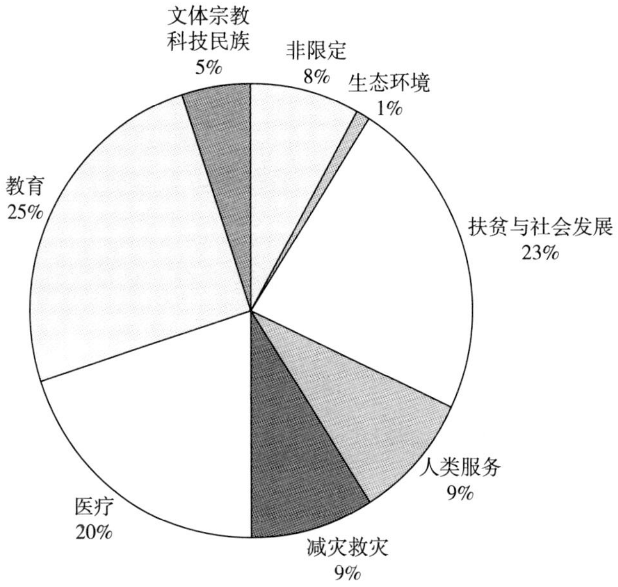

图 7　捐赠领域分布

（5）捐赠区域。依据中民慈善捐助信息中心分析样本 260 亿元（部分数据属地不详）所得，从接收单位属地分析，北京（包含中央部门及全国性慈善组织）、广东、福建、四川和陕西等地接收全国捐赠收入最多，而依照捐赠单位属地或捐赠人籍贯来分析，广东、福建、北京、陕西、江苏和重庆等地捐出的款物最多。

由于接收地尤其是北京所集中的中央部门及全国性慈善组织，多数存在转移捐赠行为，这些二次捐赠或多次转捐行为缺乏实际统计，因此实际接收捐赠区域很难从整体上体现。而民政部门所接收的捐赠（现金捐赠，不含民政部

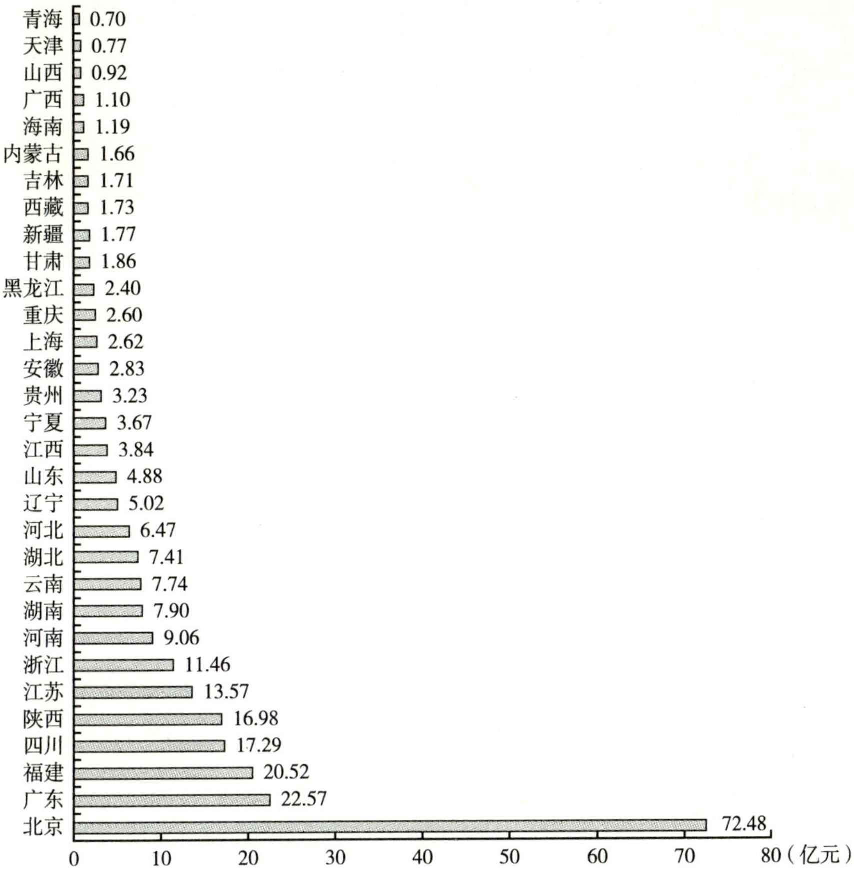

图 8　2012 年各省捐赠收入情况

本级）① 相对转移捐赠情况简单，因此更具有参考价值。

（6）境外捐赠。据中民慈善捐助信息中心不完全统计，2012 年我国内地接收境外捐赠款物 69.52 亿元，较 2011 年下降 24.79%，占比社会总捐赠额 817 亿元的 8.5%。其中物资捐赠折价 46.01 亿元，占境外捐赠总额的 66.18%。

境外捐赠的主体包括我国港澳台地区和外国的政府部门、社会组织、企业个人、国际组织和政府间组织。据不完全统计数据如下：

境外企业捐赠 602173.24 万元；港澳台侨胞、华人华侨和其他外籍个人捐

① 资料来源：民政部财务司 2012 年度分省数据。

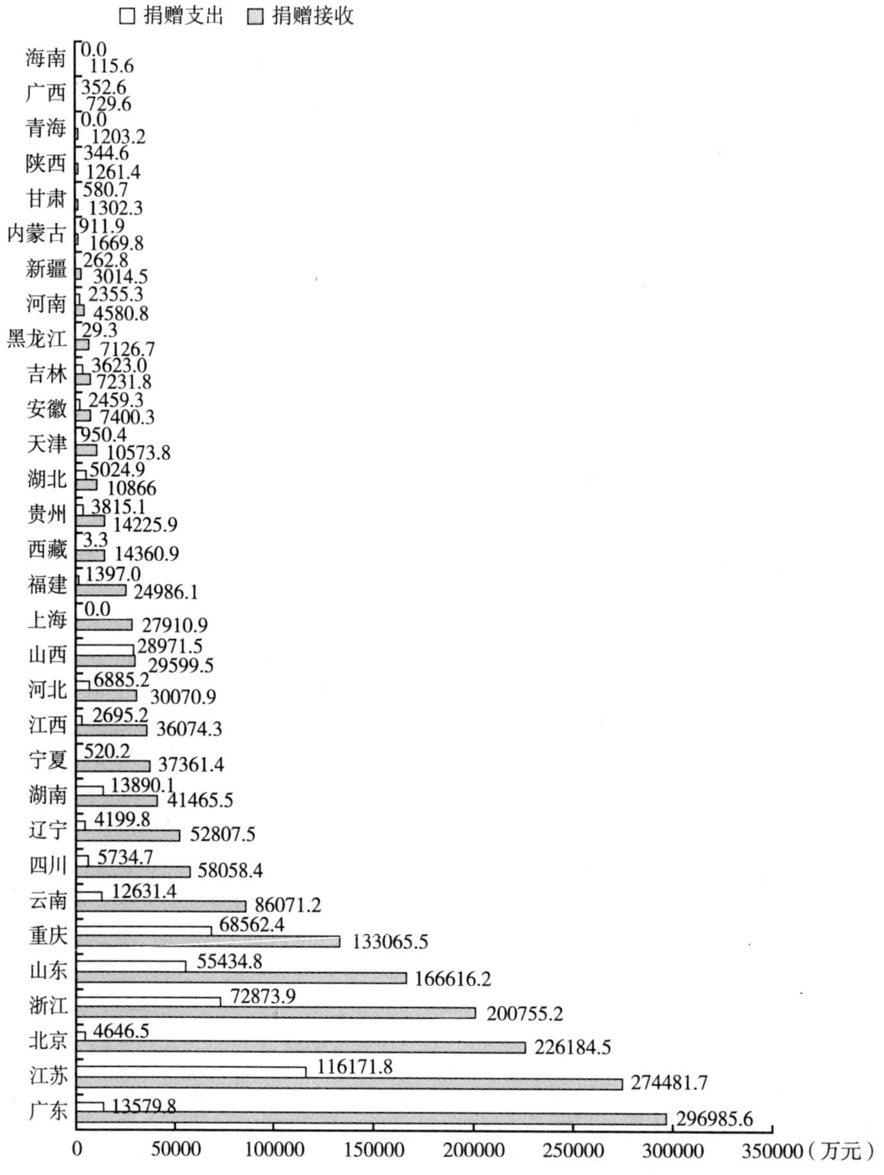

图 9　2012 年各民政系统社会捐赠收支情况

赠 31907. 55 万元；境外社会组织引入捐赠或者提供援助 60309. 84 万元；境外政府捐赠 531. 8 万元，其他捐赠 240. 63 万元。以个人捐赠为例，境外捐赠领域主要是教育、文化、扶贫与发展等（见图 11）。

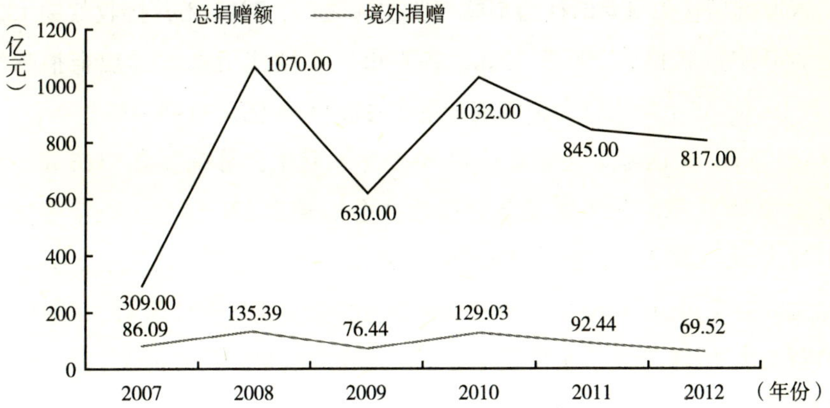

图 10　境外捐赠走势

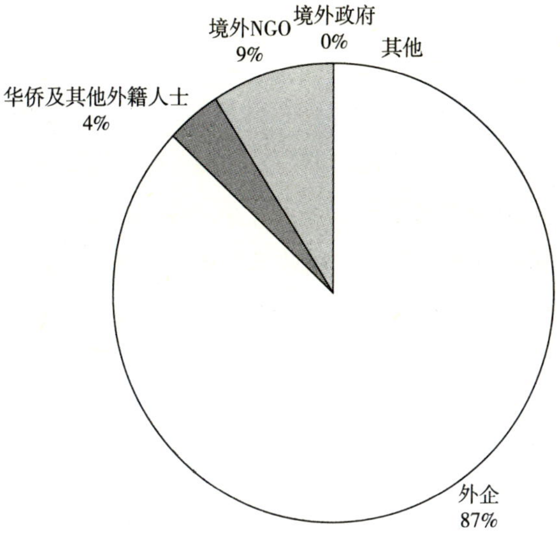

图 11　2012 年境外捐赠构成

（7）善款使用。由于国家法律对于公益支出的限制只有基金会有详细规定，公募基金会每年用于从事章程规定的公益事业支出，不得低于上一年总收入的 70%；非公募基金会每年用于从事章程规定的公益事业支出，不得低于上一年基金余额的 8%，其他组织参照执行，因此接收捐赠和善款支出这两个重要指标并无规律可循，依然按照社会捐赠收入主体的大概分类进行分析。

民政部门作为重要的社会捐赠接收主体之一，2012 年共接收款物 132.99 亿元，其中接收捐款 106.7 亿元，各省市区年度使用善款（现金捐赠）为 42.89 亿元，占上年度社会捐赠现金接收总额 96.6 亿元的 44.4%。

2012 年，中国基金会总量达到 3029 家，其中公募基金会 1316 家，非公募基金会 1694 家。该年度基金会接收社会捐赠为 376 亿元，而年度支出为 325.28 亿元。2012 年，公募基金会的公益支出合计为 227.15 亿元，占全国基金会总公益支出的 71.65%；非公募基金会的公益支出合计为 89.74 亿元，占总公益支出的 28.35%。足见基金会不仅是社会捐赠的最大接收主体，而且也是善款使用效率最高的主体。

二 2013 年度中国慈善捐赠概况

1. 年度捐赠测算

2013 年度，根据民政部门的数据统计显示，2013 年全年各级民政部门共接收款物 226.16 亿元，其中捐款 199.79 亿元（不含从其他部门转入的社会捐款 6.18 亿元），其他捐赠物资 5.23 亿元，各地接收捐赠衣被 8660.4 万件，折价 21.14 亿元。来自其他部门转入民政部门的捐款为 6.18 亿元，其他捐赠物资 2.59 亿元，转入捐赠衣被 1214.2 万件，折价 2.62 亿元（见图 12）。

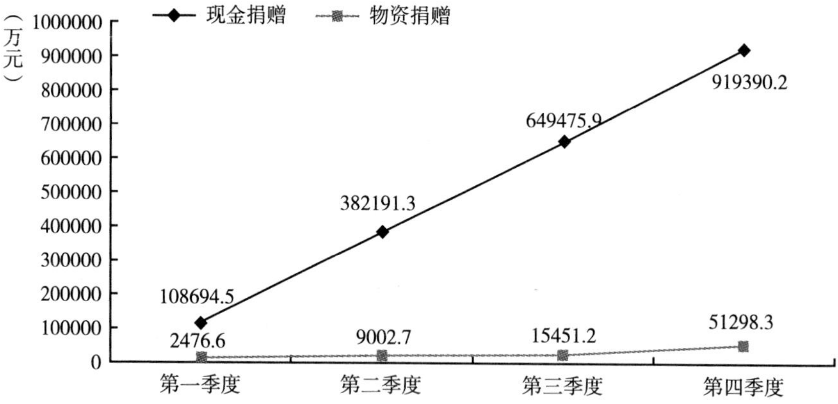

图 12 2013 年度民政部门接收捐赠统计

截至 2013 年年底，2013 年度中华慈善总会共接收社会捐赠款物 100.46 亿元，比 2012 年同期增长 33%。其中货币资金 3.69 亿元，捐赠物资折合人民币 96.77 亿元。中国慈善会系统的统计数据还没有公布，但是 2013 年已经公布数据的慈善会样本显示，慈善会系统的整体捐赠额大幅度增长。

以已经公开的数据为例，四川省慈善会系统 2013 年捐赠收入 32.19 亿元，比 2012 年增加 315%，湖北省慈善总会 2013 年捐赠收入为 3.67 亿元，比 2012 年增加 410%，重庆市慈善会 2013 年捐赠收入为 4.09 亿元，比 2012 年增加 71.9%，山东省慈善总会 2013 年捐赠收入为 14.63 亿元，比上年度增加 6.2%。即使除去因灾情接收捐赠暴涨的四川省慈善会系统，其他 8 家慈善会平均增幅也达到了 89.3%。

慈善会系统	四川	湖北	重庆	山东	新疆	河北	郑州	宁波	慈善总会
2013 年捐赠收入(亿元)	32.19	3.67	4.09	14.63	0.84	0.14	0.84	0.51	100.46
2012 年捐赠收入(亿元)	7.74	0.72	2.38	13.77	0.71	0.18	0.50	0.22	71.44
同比增幅(%)	315	410	71.9	6.2	18	-33	68	132	41

而历年慈善会系统总的捐赠额并无稳定增比，因此不具有参考价值。如果依据中华慈善总会和慈善会系统捐赠数据增比推算，2013 年度中国慈善会系统捐赠额在 370 亿元左右。

年份	款物捐赠总额(亿元)	年增长率(%)	年份	款物捐赠总额(亿元)	年增长率(%)
2008	187.9	—	2011	222.14	-8.40
2009	90.6	-51.78	2012	268.65	20.94
2010	242.5	161.77			

来自中国红十字会总会的数据显示，2013 年度，红十字会系统接收社会捐赠总额为 32.05 亿元（说明：中国红十字会总会的财务报告周期为 2012 年 10 月 1 日至 2013 年 9 月 30 日）。其中截至 2013 年 9 月 30 日，中国红十字会接收四川芦山地震社会捐赠款物 11.97 亿元，约占全国捐赠芦山地震款额总量的 40%。

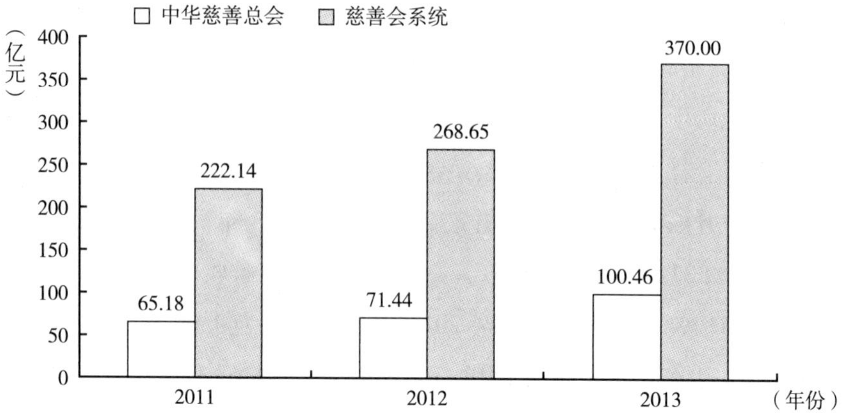

图 13　慈善会系统 2013 年度捐赠测算

年份	全国红会捐赠总收入（亿元）	年增长率（%）	年份	全国红会捐赠总收入（亿元）	年增长率（%）
2008	214. 4	—	2011	41. 98	-44. 98
2009	37. 73	-824. 02	2012	38. 03	-9. 41
2010	76. 30	102. 23	2013	32. 05	-15. 72

来自基金会行业的捐赠数据并未公布。根据历年基金会行业矫正数据测算，2011 年度基金会行业捐赠接收总额为 400 亿元，2012 年基金会行业捐赠接收总额为 376 亿元，2013 年基金会行业的总收入为 450 亿元，那么按照 2012 年基金会捐赠收入占总收入的 86. 1% 测算，捐赠接收总量在 390 亿元左右。

年份	基金会总收入(亿元)	基金会捐赠收入(亿元)	捐赠收入占比(%)
2010	330. 23	—	—
2011	447. 11	400. 67	89. 6
2012	436. 42	376. 19	86. 2
2013	450	390	86

依据 2012 年度转入民政部门的其他政府部门捐赠占比，2013 年来自其他政府部门的捐赠收入约为 41. 76 亿元。按照中国公益慈善网年度新闻监测数

据，2012 年度监测额为 104.96 亿元，2013 年度为 124.79 亿元，得出监测数据增幅为 1.19，从而测算出其他捐赠接收约为 54.19 亿元。

如此，可得出 2013 年度社会捐赠总额将突破千亿大关，预计将超过 1100 亿元（见图 14）。

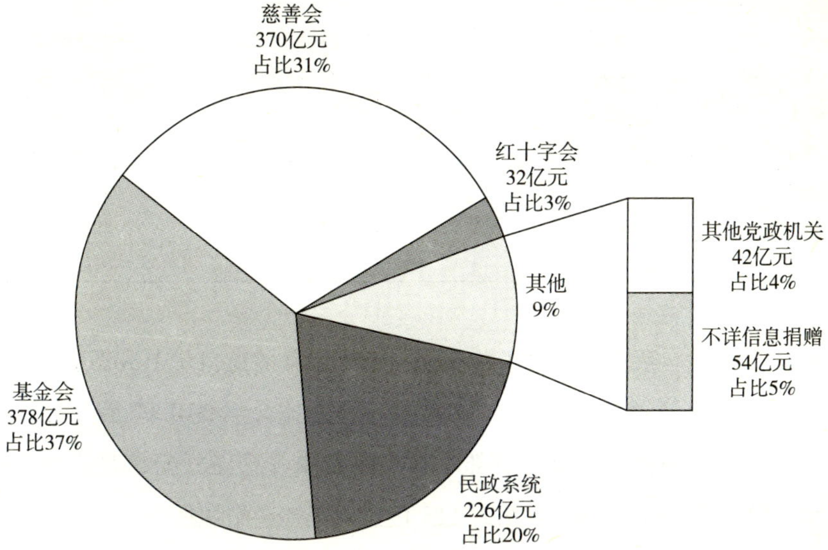

图 14　2013 年度捐赠接收总额（测算）

2. 政府购买服务资金预估

一般来说，政府购买社会组织服务的资金性质分为三类：专项资金、预算内资金和预算外资金。而资金来源主要包含财政资金和彩票公益金。

2013 年，中央财政首次划拨 2 亿元专项资金，向社会组织购买服务，支持其开展社会化服务。而地方财政购买社会组织服务如广东等地已经开展了十数年。2013 年，仅广东佛山市一个地方就拨付 2.45 亿元购买社会组织服务；广州市拨付专项资金 3.61 亿元；北京社会建设办公室专项资金为 8000 万元，另外北京市总工会也拿出 300 万元预算外资金用于购买社会组织服务。根据网络公开数据不完全统计，来自财政的专项资金、预算内资金和群团组织等的预算外资金约为 20 亿元。

2013 年部分财政支持资金例项

区　域	资金量(元)	性　　质	购买单位
广州	3.61 亿	专项资金	市级财政
佛山	2.45	预 算 内	市级财政
北京	8000 万	专项资金	市社建办
北京	300 万	预 算 外	市总工会
珠海	2000 万	专项资金	市级财政
上海静安区	4834 万	专项资金	区 财 政
四川	752 万元	预 算 外	省级群团
长春市宽城区	80 万元	专项资金	区 财 政
广东江门	3000 万元	专项资金	市级财政
江苏太仓	3000 万元	专项资金	市级财政
浙江温州	2 亿元左右	专项资金	市县财政

2013 年来自彩票公益金对于购买社会组织服务的支持呈上升态势。

2013 年体彩公益共筹集 265 亿元，福彩公益金共 510 亿元。如果按照 2012 年中央彩票公益金以及民政部本级、国家体育总局分配彩票公益金用于社会组织服务的比例，2013 年约有 113 亿元用于社会组织服务。

2013 年，地方福彩公益金留成总量为 382.5 亿元。福彩公益金已经成为购买社会组织服务的主要资金来源。上海、浙江、江苏等省用于购买社会组织服务的资金超过 10%，如浙江拿出 1.68 亿元福彩公益金购买社会组织服务，占地方留成比例的 12%。更多的省市政府开始按比例有计划地将福彩公益金用于购买社会组织服务，如江西南昌明确约定市级福彩公益金留成的 8% 要用于购买社会组织服务。据查，2013 年，东部和中部各省市的民政系统大都以千万元级别的公益金用于购买社会组织服务。根据网络公开数据不完全统计，参照 2012 年政府从公益金来源中采购社会组织服务的部分约占总量 3%，估计地方政府至少使用了 12 亿元的福彩公益金用于购买社会组织服务。

如此加总，可以测算出 2013 年政府购买社会组织服务的资金量约为 150 亿元。

3. 年度捐赠简析

如果将政府购买社会组织服务的资金计入捐赠总量，2013 年全国捐赠总量的预估值超过 1250 亿元。这将是历年捐赠的最高值。其原因既有中国社会经济发展水平提升、慈善文化逐步普及和政策向好的因素，也有灾情突发、奋起抗灾的因素。2013 年再次发生了令国人悲伤的地震灾害，4 月 20 日，四川雅安发生 7.0 级强震。社会组织再次迅速响应，而且经过四川汶川地震社会参与的洗礼，这次救援显得秩序井然，社会公众也迸发出捐赠热情，由于间接捐赠尚无统计数据，雅安芦山地震直接募集社会捐款 29.93 亿元，其中中国红十字会全系统接收社会捐赠 11.97 亿元，占此次地震灾害捐赠总额的 40%，深圳壹基金公益基金会一家就接收社会捐赠 3.56 亿元。正是此次井喷式的集中接收捐款，对于该基金会收窄项目方向，转型为专事救灾的社会组织起到了促推作用。

由于 2008 年灾害频发，年度捐赠额为 1070 亿元，其中南方雨雪冰冻灾害募捐 22.75 亿元，汶川地震募捐 751.97 亿元。2010 年同是灾难频发的一年，西南干旱、吉林洪灾、广东茂名洪灾、上海静安火灾等，这一年共募集社会捐赠 1032 亿元，其中用于救灾的捐赠为 252 亿元。

从捐赠数据分析所得，灾情期间捐赠资源高度集中于各级民政部门、红十字会、慈善会。统计显示，2008 年上述“三位一体”的募捐主体直接、间接接收款物捐赠共计 955.5 亿元，占全国接收捐赠总额的 89.26%。2010 年度，“三位一体”的募捐主体直接、间接接收款物捐赠共计 609 亿元，占全国接收捐赠总额的 60%左右。与 2008 年和 2010 年两个超过千亿社会捐赠的年份相比，尽管芦山地震放开了募捐主体，但是资源依旧集中在“三位一体”募捐主体之中，募捐格局并未被打破。

代表着慈善现代治理水平的基金会在 2013 年度遇到了发展瓶颈，尽管基金会个体总量增长速度迅猛，年度捐赠收入预计仍可维持在 390 亿元左右，但基金会总收入和平均资产规模增长迹象不明显。

B.3

2013 年度关乎慈善的法律政策盘点与透视

冬子津*

摘　要：

本文以广谱的视角盘点改革开放35年后又一个“三中全会”年中关乎慈善的法律政策，并作了透析。既有对作为政策总目标的中国梦的解读，也有对《中共中央关于全面深化改革若干重大问题的决定》重大政策的分析；有对行政许可规范和行政审批清理政策的介绍，也有对政府向社会力量购买服务政策的提炼。此外，对老年人权益保障和养老服务业新政策、社会救助制度方面的新举措、农村公益事业的保障政策、社区社会工作服务的相关政策等作了梳理。这些制度政策对中国慈善公益事业的发展，将会起到重要的作用。

关键词：

纲领方针　慈善法规　行政审批改革　公益社会政策

2013 年是中国改革开放 35 年后的又一个“三中全会”年。十八届三中全会作出的《中共中央关于全面深化改革若干重大问题的决定》，成为又一个描绘改革蓝图的里程碑文献。这个文献，成为今后十年中国经济、政治、文化、社会和生态等领域改革的总方针。《决定》全文公布后，60 项全面而具体的改革措施，让社会尤其是经济界重新振作精神，人们重新充满期待。三中全会后，中央经济工作会议、中央城镇化工作会议、中央农村工作会议、中央政法工作会议和中央纪委十八届三中全会相继召开，党和党的政策方针，在国家治

* 冬子津，中国青少年发展基金会理事。

理结构和领导力中的权重越来越大。党总揽全局、协调各方的职能，越来越需要这样的权重。

盘点 2013 年与慈善有关的法律政策，不能离开上述这样一个背景，只有在这样的大势中去观察具体的政策和法律，才能领会其实质、作用、特点和局限。

一 中国梦——作为政策总目标的倡导

2012 年年底，新一届中央领导同志参观国家博物馆《复兴之路》展览。习近平总书记在参观的讲话中提道："实现中华民族伟大复兴，就是中华民族近代以来最伟大的梦想。""实现中华民族伟大复兴的中国梦，是中国各族人民的共同愿景。""中国梦"的概念由此诞生。

这一中华集体梦想一经提出，便引起广泛关注，成为宣传上点燃激情、凝聚力量的重要范畴。中国梦的提出，将进一步提升党在中国改革与发展中的领导力。

与美国梦的个人自由发展追求卓越比较，中国梦具有强烈的集体和民族特征，如果说美国梦是个人意志努力之路，那么中国梦则是集体权力意志之路。

中国梦所具有的集体主义和民族意志的特征，将使中国梦在今后的政策目标和法律塑造中，具有越来越重要的价值优越性，与中国梦的实践不契合的理论观点，比如西方自由主义和权力制衡的宪政理论，将可能会被忽视、被否定。中国梦将成为中国共产党率领中华民族集中力量追求民族复兴的旗帜。

二 《中共中央关于全面深化改革若干重大问题的决定》确立的重大政策分析

中国改革开放后，历届三中全会释放什么信号，是人们判断新一届中央领导集体的重要依据。2013 年 11 月 12 日十八届三中全会作出的《中共中央关于全面深化改革若干重大问题的决定》提出了深化改革的思想、任务和原则，布局了全面深化改革的重点、顺序、方向、机制以及推进方式、时间表和路线图，形成了改革理论和政策的突破，这对于未来10年中国制度的塑造，将产生重大而深远的影响。

第一，市场在资源配置中起决定性作用。这是《决定》中令党自豪的理论突破，也是经济学界的兴奋点，是处理市场和政府关系中本位问题的一个宣誓。1992年的十四大提出了建立社会主义市场经济体制，提出要使市场在国家宏观调控下对资源配置起基础性作用。经过20多年实践初步建立起来的社会主义市场经济体制，在市场秩序、生产要素、市场规则、市场竞争等方面尽管巨大的成绩有目共睹，但结构性的问题依旧存在，突出地表现在市场与政府的关系上，一直没有能够实现突破。

在资源配置问题上，市场与政府的关系，核心是市场说了算还是政府说了算，或者可以这样讲：是广大民众的自由选择说了算，还是集中权力的拍板定案说了算。“决定性作用”确立了市场在资源配置中的本位，政府作用退居二线，这是对市场规律的承认和尊重，利于廓清政府和市场关系的观念、转变经济发展方式、转变政府职能、抑制消极腐败。尽管这种宣誓到底会在实践中发生什么变化，还需要随着改革的推进而观察，但这种“止于至善”的决心和导向，会对实践中具体政策措施的完善形成有力助推，会给可能出现的摇摆明确方向。

第二，公有与非公有制经济的关系格局。坚持公有制主体地位，不断增强国有经济活力、控制力和影响力，激发非公有制经济活力和创造力是完善经济体制的基本定位。这种以公有制为主体和主导，鼓励并保护非公有制经济发展、着重给力国有经济的思路，属于国家资本主导模式，这样的模式是巩固和发展中国特色社会主义制度的支柱和根基。尽管市场将在资源配置上起决定作用，作为管理者的政府退居二线，但作为市场主体主力成分的国有经济实体，仍然对市场具有主导作用。这其中，存在一种微妙的平衡。

第三，财税体制改革。财税体制改革的实质是中央和地方职权和资源的划分，是国家治理体系的重要基础、支柱和制度依托。单一制国家在中央和地方权、责、利的关系问题上，一直存在一定程度的紧张，其根本的关键，还在于权界的模糊。这种中央和地方职责权限的不清晰和不明确，对于优化资源配置、维护市场统一、促进社会公平甚至实现国家长治久安，都会有深度影响。

此次财税体制改革的重点，是改进预算管理制度，增加预算的公开透明；进一步集中和加强中央事权；完善税收制度，建立事权和支出责任相适应的制度等。这些改革举措的主要目的是明确事权、厘定税权、稳定税源、透明预算、提高效率，加快形成有利于转变经济发展方式、建立公平统一市场、推进基本公共服务均等化的现代财政制度，形成中央和地方财力与事权相匹配的财税体制，更好发挥中央和地方两个积极性。

财税体制改革需要一个相当长的周期。因为财税的问题首先是一个治理结构和政治体制的问题，在结构性的问题没有通过宪法和宪法性的法律廓清并得以真正地维护以前，财税体制也只能在维持现行基本格局的条件下作一些局部调整。

第四，关于城乡均衡发展。城乡二元结构、发展失衡失调、发展差距不断拉大的趋势，在改革开放 35 年后仍未得到根本扭转，农业、农村、农民问题，仍然是每年摆在中央一号文件之中加以着力解决的主要矛盾。“三农”问题的实质，是基本权利的平等化、均质化问题没有解决。《决定》在此方面的努力体现在以下几个重点上：①加快构建新型农业经营体系，实质是鼓励土地承包经营权的流转，将农村土地所有权、经营权和实际经营行为分开。②赋予农民土地承包经营权、集体经济组织收益权以及宅基地用益物权，并试点这些财产性权益的流转。③推进城乡要素平等交换和公共资源均衡配置。主要是保障农民工的平等缔约权以及其他社会保障权益。

在“三农”的问题上，平等赋权是最好的政策。把本来应该属于农民的基本权利赋予他们，允许他们自主支配或者联合行使他们的权利，是解决“三农”问题的治本之策。在此方面，仍然存在时间和空间的距离。

第五，司法体制改革。司法是社会正义的最后一道防线，司法机关是社会机体中营血卫气、祛邪扶正、保证社会肌体健康的免疫系统。司法体制改革的主要目的围绕提升司法公信力而展开。提升司法公信力，是任重道远的法治建设的一个重要维度，因为通过司法公信力，从一定程度上可以号脉法治建设的健康状态。公信力是任何形式公权力的生命线，丧失公信力的权力会丧失认同、信任、权威乃至合法性。司法公信力是社会公众对司法信任和服从的基础，也是衡量法治水平的标尺。中国司法公信力问题已经议论了多年，并越来越引起社会的广泛关注，这在街谈巷议、网络媒体以及人大代表对两高报告的审议中都有体现。习近平总书记也曾经指出，如果人民群众通过司法程序不能保证自己的合法权利，那司法就没有公信力，人民群众也就不会相信司法。提升司法公信力已经成为依法治国的战略任务和中心议题。毕竟，在一个公民不相信司法的社会，法治建设是不可想象的。

提升司法公信力，就像提高身体的免疫力一样，是一个需要全方位努力的复杂工程。《决定》的重点是推动省以下地方法院、检察院人财物统一管理，探索建立与行政区划适当分离的司法管辖制度；健全司法权力运行机制，完善主审法官、合议庭办案责任制，让审判者裁判、由裁判者负责；严格规范减刑、假释、保外就医程序；健全错案防止、纠正、责任追究机制，严格实行非法证据排除规则；建立涉法涉诉信访依法终结制度；废止劳动教养制度，完善对违法犯罪行为的惩治和矫正法律，等等。

作为《决定》确立的司改任务的第一个成果，2013 年 12 月 28 日，第十二届全国人民代表大会常务委员会第六次会议决定废除劳动教养制度。在劳动教养制度废止前，依法作出的劳动教养决定有效；劳动教养制度废止后，对正在被依法执行劳动教养的人员，解除劳动教养，剩余期限不再执行。这样，一项实施了 56 年的不经司法审判就可以限制人身自由长达四年的制度被废止。

第六，反腐败体制改革。腐败指数一直是衡量一个政府执政合法性的重要维度，反腐的重要性甚至被提高到亡党亡国的高度。从党的角度看，反腐目前存在的问题主要是反腐领导机制存在不足，主要表现为反腐败机构职能分散、形不成合力，有些案件难以坚决查办，腐败案件频发却责任追究力度不够。

《决定》对加强反腐败体制机制创新和制度保障进行了重点部署。主要是加强党对党风廉政建设和反腐败工作统一领导，查办腐败案件以上级纪委领导为主；体现强化上级纪委对下级纪委的领导，规定线索处置和案件查办在向同级党委报告的同时必须向上级纪委报告；全面落实中央纪委向中央一级党和国家机关派驻纪检机构，改进中央和省区市巡视制度，做到对地方、部门、企事业单位全覆盖。

《决定》确立的反腐体制机制的改革，进一步突出了反腐的体制内权力集中，没有提及社会力量的参与。反腐涉及整个政治制度的运行和经济社会的管理，不仅仅是壮士断腕和刮骨疗伤。反腐的治本之策是限制并规范权力、保障人的基本权利和自由对政府权力的监督，离开了这些广谱的抑制腐败的机制，只靠利用政治优势而不是依靠法治去打老虎和苍蝇，就可能出现两种现象：或者浅尝辄止，或者像剥洋葱一样没有休止。

第七，对互联网的管理。网络和信息安全牵涉到国家安全和社会稳定，是新技术条件下党和政府面临的新的综合性挑战。特别是面对传播快、影响大、覆盖广、社会动员能力强的微博、微信等社交网络和即时通信工具用户的快速增长，对意识形态的管理形成最直接的挑战。

在移动互联网时代，人们思想活动的独立性、选择性、多变性、差异性明显增强并被互联网放大。互联网是对党的意识形态工作的一个现实考验，能否管好互联网，直接关系到党能否牢牢掌握意识形态工作的领导权、管理权、话语权。

互联网现行管理体制存在的主要问题是多头管理、职能交叉、权责不一、效率不高。决定提出坚持积极利用、科学发展、依法管理、确保安全的方针，加大依法管理网络力度，完善互联网管理领导体制。目的是整合相关机构职能，形成从技术到内容、从日常安全到打击犯罪的互联网管理合力，确保网络正确运用和安全。

目前，政府正在互联网的管理方面规划一系列的法律和行政法规，是塑造一个类似于道路通行规则一样的规范，还是具有明确政策目标的命令，是互联网立法面临的困境。

第八，国家安全委员会和中央全面深化改革领导小组的设立。国家安全委员会的设立，是集中统一领导国家军事力量和政法力量的迫切需要。当前，中国面临对外维护国家主权、安全、发展利益，对内维护政治安全和社会稳定的双重压力，可以预见和难以预见的各种风险明显增多。维护国家安全需要搭建一个强有力的统筹平台。根据中共中央政治局的决定，中央国家安全委员会由习近平任主席，李克强、张德江任副主席。作为中共中央关于国家安全工作的决策和议事协调机构，中央国家安全委员会统筹协调涉及国家安全的重大事项和重要工作。

中央全面深化改革领导小组是党中央总揽全局、协调各方的更高层面的改革领导机制。目前已经明确由习近平总书记任组长。下设经济生态、民主法制、文化、社会、党建以及反腐六个专项组。

上述两个更高层面领导机制的设立，在中央层面，将最高权力集中在党的最高层，这对于破除既得利益格局、消除现有体制机制的掣肘以整合调动力量，将会具有直接的效果。

第九，关于社会组织的规定。《决定》中关于社会组织的规定，一共有13处，社会组织在加快转变政府职能、创新社会治理体制等方面，正发挥日益重要的作用。《决定》的第48项内容，标题是“激发社会组织活力”，其中的主要内容：一是正确处理政府和社会关系，加快实施政社分开，推进社会组织明确权责、依法自治、发挥作用。并着重提出，凡是适合由社会组织提供的公共服务和解决的事项，就要交由社会组织承担。二是要限期实现行业协会、商会与行政机关之间真正脱钩，成立行业协会商会类、科技类、公益慈善类、城乡社区服务类这四类社会组织时可以直接依法登记。三是要加强对社会组织和在华境外非政府组织的管理，引导它们依法开展活动。

此外，《决定》还在“加大政府购买公共服务力度，推动公办事业单位的去行政化”“完善慈善捐助减免税制度”“增强社会发展活力，提高社会治理水平”“鼓励和支持社会各方面参与，实现政府治理和社会自我调节、居民自治良性互动”“健全基层综合服务管理平台，及时反映和协调人民群众各方面各层次利益诉求”等方面，都直接或者间接提到了社会组织所具有的重要作用。

尽管《决定》关于社会组织发展的上述规定，还需要通过不断完善相关法律、行政法规和国家政策去具体实现。但社会组织在顶层制度设计中的权重，还是令社会尤其是公益慈善界感到欣慰的。

三　行政许可的瘦身—还权于社会

行政许可，是行政机关根据公民、法人或其他组织的申请，经依法审查，准予其从事特定活动的行为，是各级行政机关在依法管理经济社会事务过程中对公民、法人或其他组织的活动实行事前控制的一种手段。通俗地讲，只要政府不同意、老百姓就不能办事，就叫行政许可。设定行政许可，是对公民自由决策行为的限制，对人民群众生产、生活影响很大。改革开放 30 多年来，尽管与计划经济时代比较，国家在经济和社会管理领域的放松管制有了不少进步，但依靠行政许可、非许可行政审批以及与之配套的审批、发证、处罚等管理手段仍是政府进行管理的主要内容。行政许可过多过滥的问题，严重束缚了社会的活力、动力和创造力，并导致了政府管理的低效能和寻租腐败。清理并限制新设行政许可，成为十八大确立的深化行政审批制度改革的重要任务，也是新一届国务院的主要工作。

新一届政府执政伊始，根据《国务院机构改革和职能转变方案》，转变政府职能成为深化改革的“当头炮”，中央政府取消和下放了几百项行政审批事项，下决心向市场和社会放权。对各省（区、市）设立的行政事业性收费项目进行了全面清理，并相继取消了几百项行政事业性收费。

为了严格控制新设行政许可，切实防止行政许可事项边减边增、明减暗增，2013 年 9 月 19 日国务院发布了《国务院关于严格控制新设行政许可的通知》（国发〔2013〕39 号）。《通知》从严格行政许可设定标准、规范行政许可设定审查程序、加强对设定行政许可的监督等方面，系统规范和严格限制了行政许可的设定。

《通知》规定：国务院部门要制定本部门负责实施的行政许可目录并向社会公布，行政许可目录要报中央编办备案。国务院法制办要加强对国务院部门规章的备案审查，对于变相设定行政许可或违法设定行政许可收费的，要按照规定的程序严格处理、坚决纠正。

《通知》还要求地方政府、国务院各部门要对规章和规范性文件进行一次全面清理，凡是违法设定行政许可、增设行政许可条件，以备案、登记、年检、监制、认定、认证、审定等形式变相设定行政许可，以非行政许可审批名义变相设定行政许可，以及违法设定行政许可收费或借实施行政许可变相收费的，要坚决予以纠正。

对包括行政许可在内的行政审批的清理和新设行政许可的严格规范，是控制行政权力进一步扩展、为社会腾置更多自由生长空间的一项具有战略意义的努力。四类社会组织的直接登记，也是对登记前置的业务主管部门的许可的一种废止，同样体现了深化行政体制改革的精神。三中全会决定提出，进一步简政放权，深化行政审批制度改革，最大限度减少中央政府对微观事务的管理，凡是市场机制能有效调节的经济活动，一律取消审批，对保留的行政审批事项要规范管理、提高效率；能够直接面向基层且量大面广，由地方管理更方便有效的经济社会事项，一律下放地方和基层管理。这些规定将会兴起新一轮的行政审批规范清理热潮，对于社会组织的发育成长无疑是有好处的。

四　政府向社会力量购买服务

党的十八大强调，要加强和创新社会管理，改进政府提供公共服务方式。新一届国务院对进一步转变政府职能、改善公共服务作出重大部署，明确要求在公共服务领域更多利用社会力量，加大政府购买服务力度。政府向社会力量购买服务，就是通过发挥市场机制作用，把政府直接向社会公众提供的一部分公共服务事项，按照一定的方式和程序，交由具备条件的社会力量承担，并由政府根据服务数量和质量向其支付费用。

推行政府向社会力量购买服务是创新公共服务提供方式、加快服务业发展、引导有效需求的重要途径，对于深化社会领域改革，推动政府职能转变，整合利用社会资源，增强公众参与意识，激发经济社会活力，增加公共服务供给，提高公共服务水平和效率，都具有重要意义。

2013 年 9 月 26 日，经国务院同意，国务院办公厅下发了《国务院办公厅关于政府向社会力量购买服务的指导意见》。

《指导意见》确立的基本目标任务是：在“十二五”时期，各地逐步推开政府向社会力量购买服务工作，初步形成统一有效的购买服务平台和机制，相关制度法规建设取得明显进展。到 2020 年，较完善的政府向社会力量购买服务制度在全国基本建立，与经济社会发展相适应、高效合理的公共服务资源配置体系和供给体系基本形成，公共服务的水平和质量要有显著提高。

《指导意见》还明确规定了承接政府购买服务的主体，系依法在民政部门登记成立或经国务院批准免予登记的社会组织，以及依法在工商管理或行业主管部门登记成立的企业、机构等。承接主体的具体条件由购买主体会同财政部门根据购买服务项目的性质和质量要求确定。而具有独立承担民事责任的能力；提供服务所必需的设施、人员和专业技术的能力；健全的内部治理结构、财务会计和资产管理制度；良好的社会和商业信誉，依法缴纳税收和社会保险的良好记录等等，是承接主体的基本资质。这些规定对于规范社会组织起到了导向的作用。

政府向社会力量购买服务的内容，主要是公共性和公益性的公共服务。在基本公共服务领域中，如教育、就业、社保、医疗卫生、住房保障、文化体育及残疾人服务等。《指导意见》还对非基本公共服务领域也要更多更好地发挥社会力量的作用做出了规定。总之，凡是适合社会力量承担的服务，都要通过委托、承包、采购等方式交给社会力量承担。

《指导意见》还就购买机制、资金和绩效管理以及扎实推进政府向社会力量购买服务工作等做出了规范。

三中全会决定也规定：推广政府购买服务，凡属事务性管理服务，原则上都要引入竞争机制，通过合同、委托等方式向社会购买。为贯彻落实党的十八届三中全会精神和国务院办公厅上述《指导意见》，2013 年 12 月 4 日，财政部发出了《关于做好政府购买服务工作有关问题的通知》。根据《财政部、民政部关于印发 < 中央财政支持社会组织参与社会服务项目资金使用管理办法 > 的通知》，中央财政在 2012 年安排 2 亿元资金支持社会组织参与社会服务项目的基础上，2013 年再度安排 2 亿元，民政部为此专门印发了《2013 年中央财政支持社会组织参与社会服务项目实施方案》。

五　老年人权益保障和养老服务业新政策

我国已经进入人口老龄化快速发展阶段，1999 年，我国 60 周岁以上老年人口占到总人口的 10%，按照国际标准，成为老年型国家。此后，我国老龄化快速发展，2012 年年底我国 60 周岁以上老年人口已达 1.94 亿，据预测，到“十二五”期末，老年人口将达到 2.21 亿，平均每年增加 860 万，老龄化水平提高到 16%，到 2025 年突破 3 亿，2033 年突破 4 亿。在这样的背景下，应对人口老龄化，及时调整人口和计划生育政策，切实保障老年人权益，加快发展养老服务业，成为 2013 年法律政策中比较集中的内容。

1.《全国人民代表大会常务委员会关于调整完善生育政策的决议》。该决议是2013年12月28日在第十二届全国人民代表大会常务委员会第六次会议上通过的。该决议根据我国经济社会的发展和人口形势的变化，同意启动实施一方是独生子女的夫妇可生育两个孩子的政策。并要求各地根据人口与计划生育法和决议精神，结合本地实际情况，及时修改相关地方性法规或者做出规定。

2. 修订后的《中华人民共和国老年人权益保障法》实施。2012年年底修订的老年人权益保障法在自2013年7月1日起施行。修订后的老年人权益保障法在社会服务、社会优待和宜居环境等方面增加了不少内容。其中，对家庭养老作了重新定位。将“老年人养老主要依靠家庭”修改为“老年人养老以居家为基础”。在养老和医疗保险方面，在《社会保险法》关于基本养老和基本医疗保险规定的基础上，进一步规定要建立多层次的养老和医疗保险体系，逐步提高保障水平。在护理保障方面，规定国家逐步建立长期护理保障制度，鼓励、引导商业保险公司开展长期护理保险业务，对生活长期不能自理、经济困难的老年人，地方政府应视情况给予护理补贴。在社会救助方面，规定对经济困难的老年人，应当给予生活、医疗、居住等多方面的救助和照顾，还对流浪乞讨、遭受遗弃等生活无着的老年人的救助作了专门规定。在社会福利方面，规定国家建立和完善老年人福利制度，并规定了高龄津贴制度。此外，还补充了养老待遇保障的内容，增加了发展老龄慈善事业以及遗赠扶养协议的规定。

在社会服务方面，确立了“以居家为基础、社区为依托、机构为支撑”的社会养老服务体系框架，明确了政府支持养老服务事业发展的责任。各级政府应当逐步增加对养老服务的投入，并在财政、税费、土地、融资等方面采取措施，鼓励、扶持社会力量兴办养老服务设施。还规定有关部门要制定相关标准，对养老机构加强管理，建立健全养老机构分类管理和养老服务评估制度，对于养老机构的设立条件、准入许可和变更、终止等制度做出统一的明确规定。此外，在社会优待、宜居环境、参与社会发展以及法律责任等方面，也在总结经验的基础上，增加了相关内容。

根据修改后的老年人权益保障法的要求，民政部于2013年6月28日公布了《养老机构设立许可办法》和《养老机构管理办法》，并于 2013 年 7 月 1 日起，与修订后的老年人权益保障法同时施行。

3.《国务院关于加快发展养老服务业的若干意见》出台。2013 年 9 月 6 日，国务院发布了《国务院关于加快发展养老服务业的若干意见》（国发〔2013〕35 号），以解决养老服务和产品供给不足、市场发育不健全、城乡区域发展不平衡等问题。

《意见》在强调充分发挥政府作用的同时，尤为支持充分发挥社会力量的主体作用。为使社会力量逐步成为发展养老服务业的主体，成为扩大内需、增加就业、促进服务业发展、推动经济转型升级的重要力量，特别提出要通过简政放权创新体制机制和减少行政干预，加大政策支持和引导力度，以激发社会的活力。

《意见》明确了主要任务：一是设施建设；二是居家养老服务的网络建设；三是养老机构建设；四是加强农村养老服务；五是繁荣养老服务消费市场；六是推进医疗卫生与养老服务相结合。其中，与社会组织直接相关的政策，是支持社会力量举办养老机构。要求各地在资本金、场地、人员等方面，要简化手续、规范程序、公开信息，为社会力量举办养老机构提供便捷服务。在鼓励社会力量举办规模化、连锁化的养老机构的同时，也鼓励个人举办家庭化、小型化的养老机构。还提出要办好公办保障性养老机构和开展公办养老机构的市场化、民营化改制试点。对于民间资本投资养老服务业，改造企业厂房、商业设施等的做法也予以支持。

总之，为支持养老服务，在完善投融资政策、完善土地供应政策、完善税费优惠政策、完善补贴支持政策、完善人才培养和就业政策以及鼓励公益慈善组织六个方面，《意见》都做了政策规定。这些政策措施都突出强调了对于社会力量参与的平等和非歧视原则。

六　社会救助制度方面的新举措

社会救助制度是向特定困难群众提供及时、必要救助的托底性保障制度。新一届中央政府在民生保障方面，更加注重底线思维，以确保基本生活方面的兜底保障。在此方面，有两项举措值得关注：

1. 成立全国社会救助部际联席会议制度

为加强对全国社会救助工作的组织领导，统筹推进全国社会救助体系建设，2013 年 8 月 30 日，经国务院同意，建立了由民政部牵头，中央及国务院 23 个部门和单位组成的全国社会救助部际联席会议制度。

建立联席会议制度，是为继续完善社会救助这个涉及多部门、多机构、多项政策制度的重大制度体系，尤其是最低生活保障与医疗、教育、住房等其他社会救助政策需要统筹发展，促进就业、扶贫开发政策与社会救助之间需要有效衔接。此外还有信息共享和督导推进全国社会救助体系建设等项工作。

2. 出台《民政部关于建立健全社会救助监督检查长效机制的通知》

2013 年 10 月，《民政部关于建立健全全社会救助监督检查长效机制的通知》出台。将社会救助监督检查作为一项制度化的工作，要求各地要在丰富其方式方法，建立和完善其激励约束机制，建立健全其检查部门的联动协作机制，以及强化社会救助监督检查保障机制上下功夫。

3.《社会救助暂行办法》出台

为了统筹社会救助体系建设，不断完善托底线、救急难、可持续的社会救助制度，形成保障困难群众基本生活的安全网，2013 年底面向社会公开征求意见的《社会救助暂行办法》终于在 2014 年 2 月 21 日由国务院总理签署第 649 号国务院令，公布成为国务院行政法规，自 2014 年 5 月 1 日起施行。《办法》的出台，为社会救助事业发展提供了法律依据，其亮点主要体现在以下几个方面：

一是完善了社会救助制度体系。将最低生活保障、特困人员供养、受灾人员救助、医疗救助、教育救助、住房救助、就业救助、临时救助等八项制度以及社会力量参与均纳入社会救助体系的架构，将社会救助制度体系的内容第一次以法律制度形式予以明确。

二是加强了社会救助统筹协调。《办法》规定由国务院民政部门统筹全国社会救助体系建设，各部门按照各自职责做好相应的社会救助管理工作，并要求建立健全政府领导、民政部门牵头、有关部门配合、社会力量参与的社会救助工作协调机制。

三是坚持了社会救助城乡统筹发展。《办法》坚持城乡统筹发展的理念和要求，确保党和政府的关怀，广泛惠及城乡所有困难居民。

四是强化了社会救助家庭经济状况查询核对机制。《办法》要求建立信息核对平台，根据救助申请及获得救助家庭的请求、委托，由县级以上民政部门代为查核其收入状况、财产状况。这为今后科学、准确认定社会救助对象并完善退出机制，确保社会救助公平、公正实施奠定了基础。

为鼓励社会力量参与社会救助，《办法》以专门一章做出规定。提出凡单位和个人等社会力量通过捐赠、设立帮扶项目、创办服务机构、提供志愿服务等方式，参与社会救助的，都可按照国家有关规定享受财政补贴、税收优惠、费用减免。县级以上地方人民政府均可通过委托、承包、采购等方式向社会力量购买服务。此外，还要重视发挥社会工作服务机构和社会工作者作用，为社会救助对象提供专业社工服务，提供需求信息和项目，疏通渠道、培育机制等方面为社会力量参与社会救助创造条件。

七　对农村公益事业的保障政策

2013年，中央明显加大了对农村公益事业的投入力度。从政策层面，主要有以下一些具体措施：

1. 调整并完善县级基本财力保障机制

2013年12月30日，国务院办公厅转发了财政部《关于调整和完善县级基本财力保障机制意见的通知》。

根据《通知》要求，财政部统一制定了县级基本财力保障机制的国家保障范围和标准，要逐步加大奖补资金支持力度，健全激励约束机制，引导和督促地方政府切实加强县级基本财力保障工作。《通知》还明确了省级政府应在完善县级政府基本财力保障机制上作为责任主体承担责任：省级政府要逐步完善省以下财政体制，推进省直接管理县财政的改革，强化县级财政预算监督和支出绩效评价。对于县级政府，意见提出要提高其自我保障能力，强化预算管理，按照财政部、省级政府规定范围和标准落实保障责任，切实履行基层政府职能。

为从根本上解决部分地区县级财政困难问题，《通知》还提出，要加快推进财税体制改革，合理划分政府间支出责任，理顺收入划分关系，进一步完善转移支付制度。

2.《关于全面改善贫困地区义务教育薄弱学校基本办学条件的意见》发布实施

2013 年 12 月 31 日，教育部、国家发展改革委、财政部联合发布了《关于全面改善贫困地区义务教育薄弱学校基本办学条件的意见》。重点针对我国义务教育事业发展的各种薄弱环节，提出全面改善贫困地区薄弱学校基本办学条件，推进教育公平和社会公正，增强贫困地区发展后劲、缩小城乡和区域差距、推动义务教育均衡发展的一系列政策措施。

《意见》以中西部农村贫困地区为主，兼顾东部部分困难地区；以集中连片特困地区为主，兼顾其他国家扶贫开发工作重点地区、民族地区、边境地区等贫困地区，并以数量化的指标规定了 3 ~5 年内要达到基本目标和改善贫困地区义务教育薄弱学校基本办学条件的重点任务。

为保障经费供给，按照“总量控制、突出重点、动态调整、包干使用”的原则，国家对中西部贫困地区和东部部分困难地区改善薄弱学校基本办学条件予以倾斜支持。

3. 建立全国农民合作社发展部际联席会议制度

2013 年 7 月 24 日，国务院同意建立全国农民合作社发展部际联席会议制度。这是贯彻落实《中共中央国务院关于加快发展现代农业进一步增强农村发展活力的若干意见》（中发〔2013〕1 号）的重要举措。在专题调研；协调落实既有政策；制定新的政策和推动立法建议；加强对农民合作社的指导和服务等方面，联席会议都在发挥其重要作用。

4.《中央财政农民专业合作组织发展资金管理暂行办法》修订

为加强和规范中央财政农民专业合作组织发展资金使用管理，提高财政资金使用效益，财政部于 2013 年 7 月 23 日对《中央财政农民专业合作组织发展资金管理暂行办法》进行了修订。对于农民专业合作组织（农民专业合作社、股份合作社、农民用水合作组织、专业技术协会等）的扶持条件和范围、资金分配和下达、资金管理和使用、监督检查等方面予以具体规范。

5.《中央补助地方农村文化建设专项资金管理暂行办法》实施

在中央财政设立农村文化建设专项资金的基础上，2013 年财政部专门制定了《中央补助地方农村文化建设专项资金管理暂行办法》，从支出范围与标准的确定、申报与审批、管理与使用以及监督检查等方面，对专项资金进行了管理规范。

6.《中央专项彩票公益金支持农村幸福院项目管理办法》实施

为了规范和加强中央专项彩票公益金支持农村幸福院项目管理工作，根据《彩票管理条例》、《彩票管理条例实施细则》和《彩票公益金管理办法》的有关规定，2013 年 4 月 28 日财政部、民政部联合制定了《中央专项彩票公益金支持农村幸福院项目管理办法》。从资金使用范围与标准、项目申报、资金使用、公告报告、监督管理等方面，对于由村民委员会管理，为农村老年人提供就餐、文化娱乐等照料服务的农村老年人日间照料中心、托老所、老年灶、老年人活动中心等公益性服务场所的支持等，《办法》作出了规范。

2013 年 7 月，《民政部财政部关于做好 2013 年度中央专项彩票公益金支持农村幸福院项目管理工作的通知》发布。提出为推动建立形式多样、方便适用的农村居家和社区养老服务网络，帮助实现农村老年人老有所养，在 2013 年内，全国农村社区要建设 3.33 万个幸福院，为农村老年人提供就餐、文化娱乐等照料服务，使农村居家和社区养老服务覆盖率在现有基础上提高 10% 以上。各地可按照相关条件和步骤申报项目。

八　关于社区社会工作服务的相关政策

加强社区社会工作专业人才队伍建设，积极发展社区社会工作服务，进一步促进和谐社区建设，是近年来的一项重要的政策。2006 年《国务院关于加强和改进社区服务工作的意见》和 2011 年《国务院办公厅关于印发〈社区服务体系建设规划（2011～2015 年）〉的通知》及《关于加强社会工作专业人才队伍建设的意见》出台后，2013 年 11 月 15 日，民政部、财政部联合下发了《关于加快推进社区社会工作服务的意见》。

《意见》将建立健全社区社会工作服务政策制度和标准体系；形成体制机

制；加快培养社区社会工作专业人才队伍；发展一批数量充足、服务专业的社区社会工作服务组织等作为总目标提出。明确了加快推进社区社会工作服务的主要任务，包括建立社区社会工作专业人才队伍和服务平台，分类推进社区社会工作服务，以及建立健全社区、社会组织和社会工作专业人才联动服务机制和社区社会工作专业人才引领志愿者服务机制。

年度领域成长报告篇

Report on Annual Sector Growth

B.4

2013 基金会发展报告

马 昕*

摘 要：

2004～2011年，基金会在各方面有利条件刺激下快速增长以来，2012年、2013年基金会总体上增速放缓，甚至在有些方面呈现出下行的趋势。这里既有法律环境的原因，也有经济波动的影响，还有新媒体新公益发展和社会监督加强带来的挑战。近年来，基金会的使命、定位逐步厘清，基金会作为从事公益事业的社会组织，是联系各类社会主体、引导和整合社会资源的载体，发挥了重要作用，整合社会资源、探索社会创新、助力政府公共服务、推动公共政策、反哺经济发展，但基金会的发展也受到了三个方面的制约：资源流入存在障碍、政府让渡空间有限、缺乏支撑体系。在全面深入改革的方向指引下，基金会面临机遇和挑战，要进一步发挥作用需要政府、社会各界和基

* 马昕，民政部民间组织管理局基金会管理处处长。

金会自己共同打造一个良好环境：培育良性互动的社会服务生态体系，促进资源流通；发挥市场机制的决定作用，扩大服务空间；加快培育基层社会组织，构建支撑体系。

关键词：

基金会　整合资源　探索创新　构建体系

一　总体发展状况

近年来，基金会持续快速增长。2005 年，全国基金会数量为 975 个，不足 1000 个，总资产约为 47.08 亿元。到 2013 年年底，全国共有基金会 3496 个，是 2005 年的 3.5 倍；总资产超过 950 亿元，是 2005 年的 20 倍。基金会每年筹集的公益慈善捐赠大约占社会总捐赠的 1/2，而基金会每年的公益支出占当年收入的 70% 以上。基金会为公益慈善事业的发展做出了重要贡献，是政府补助和企业直接捐赠以外最重要的公益资源供应者。

（一）数量增长

基金会的数量在各类社会组织中是增速最快的，近几年的年同比增长保持在 15% 以上。到 2012 年年末，全国共有基金会 3010 个（不含境外基金会代表机构），比上年增加 415 个，增长 15.9%，其中：公募基金会 1316 个，占总数的 43%；非公募基金会 1694 个，占总数的 57%。[①] 到 2014 年 2 月底，全国共有基金会 3676 个，比 2012 年年底增加 666 个，增长 22.12%，其中：公募基金会 1424 个，占总数的 38.73%，比 2012 年年底增长 8.2%；非公募基金会 2252 个，占总数的 61.27%，比 2012 年年底增长 32.94%。[②] 2012 年，基金会数量增加最快的是浙江、江苏、北京、广东，民政部注册的基金会数量排名第五，以上 5 个登记管理机关新登记的基金会数量为 161 个，占新增总数的

① 资料来源：民政部《2011 年社会服务发展统计公报》。

② 资料来源：基金会中心网。

44.1%。这5个省市的基金会存量也同样排名在前5位。可以看出，各地基金会的数量进一步拉开差距，显现了基金会与区域经济发展的密切联系。

公募和非公募基金会的数量都有所增长，但非公募的增长速度远远超过公募基金会。在2011年非公募基金会的数量第一次超过公募基金会之后，非公募基金会与公募基金会的数量差距进一步扩大。就成立趋势来看，自2005年以来，每年新成立的非公募基金会数量均保持在公募基金会的两倍左右。[①] 2012年新成立的365家基金会中，非公募基金会达270家，占比为73.97%。

在我国的社会组织中，基金会的数量增长最快，这既有经济社会发展带来的动力，也有社会领域改革带来的机遇。一方面，经济发展带来的物质财富积累，企业和个人都具备了除自身发展所需条件之外支持社会进步的经济实力，公民不满足于仅仅作为公共服务的被提供者，需要表达自己的意愿，发挥个体的影响力，从关心社会发展到直接参与社会问题解决，热情不断增长；适应消费者、企业员工、社区居民等利益相关群体的需要，企业也越来越重视履行社会责任，参与公益慈善活动是体现企业社会价值的重要方面。另一方面，法律和政策对基金会等社会组织的鼓励发展力度不断加大。2004年颁布实施的《基金会管理条例》设立了非公募基金会这种制度类型，是我国法律上第一次明确允许公民、企业等政府以外的个体设立独立自主的法人参与社会事业。在实际注册环节，各级民政部门对非公募基金会的设立也给予了突破性支持，民政部门承担了绝大部分非公募的业务主管单位职责，也就是实施了登记管理和业务主管两个一体化，使得注册非公募基金会变得更加容易。以上海市为例，全市140家基金会中，公募基金会49家，占比35%；非公募基金会91家，占比65%。“十一五”以来，公募基金会由43家增加到49家，新注册的仅有6家；非公募基金会数量由16家增加到91家，增长了4.7倍，年平均增长率达58%。

2012年年底召开的党的十八大明确提出“加快形成政社分开、权责明确、依法自治的现代社会组织体制”，二中全会、三中全会进一步明确提出“正确处理政府和社会关系，加快实施政社分开，推进社会组织明确权责、依法自治、发挥作用”，“重点培育和优先发展……公益慈善类……社会组织”，并要

---

① 注：除特别注明外，本文数据均来自刘忠祥主编《中国基金会发展报告（2013）》。

求对公益慈善等四类社会组织进行直接登记。2013 年，在相关法律修订的过程中，各地先行试点，共有 19 个省（直辖市、自治区）开始对基金会直接登记，并将基金会的登记管理权限由省级民政部门下延到设区的市或县。因此，2013 年基金会的数量增长再一次加速。

（二）规模与能力

原始基金反映基金会成立时的规模。新成立的基金会的原始基金规模反映了基金会数量增加所带来的公益规模的增加。2012 年全国新成立的 365 家基金会，给公益慈善事业带来了 35.19 亿元的原始基金，占 2012 年全国基金会总资产增量的 25%。

新成立基金会的平均原始基金为 964.24 万元，较上一年新成立原始基金增长 24.84%。新成立的基金会中，公募基金会原始基金总额为 9.32 亿元，平均每家基金会为 981.24 万元；非公募基金会原始基金总额达 25.87 亿元，平均每家基金会为 958.26 万元。

资产是反映基金会规模的主要指标。

截至 2012 年年末，全国基金会资产总额为 923.09 亿元，比 2011 年年末增长 17.61%，但与 2011 年的 29.91% 增长率相比，增长速度明显降低（138 亿元的增量中，35.19 亿元来自新设立的基金会，其余来自基金会“盈余”的增加）。其中公募基金会资产为 481.02 亿元，占总额的 52.11%，非公募基金会资产为 442.07 亿元，占总额的 47.89%。平均每家基金会年末总资产为 3303.82 万元，和上一年度基本持平，增长率为 0.26%。公募基金会的平均资产为 3655.16 万元，非公募基金会的平均资产为 2609.62 万元。非公募基金会的数量虽然超过公募基金会，但资产规模普遍小于公募基金会。相比 2011 年的数据：公募基金会的平均资产规模是 4032.61 万元，非公募基金会的平均资产规模是 2655.89 万元，2012 年公募和非公募基金会的平均资产规模都缩小了。

收入和支出是考量基金会的能力和绩效的主要指标。

2004～2008 年，基金会的收入每年均有快速增长。2008 年以后收入增长的比率放缓，但每年增长的绝对值是稳定的。2011 年全国基金会的收入总额为 447.11 亿元，同比增长 36.14%。但 2012 年全国基金会收入总额[①]为 436.42 亿元，同比下降 2.39%，其中公募基金会总收入为 271.87 亿元，非公募基金会总收入为 164.56 亿元。平均每家基金会年收入约 1562.00 万元，同比下降 16.47%。

以民政部登记的基金会为例，自 2005 年以来每年都有大幅度的增长；2005 年的收入合计为 23.89 亿元，2006 年同比增长 50.74%；2007 年同比增长 93.11%；2008 年同比增长 83.62%；2009 年受汶川地震后捐赠回落的影响，没有增长；2010 年又增长了 52.39%，达到了 183.97 亿元；2011 年增长了 21.08%，达到 222.75 亿元；2012 年为 210 亿元，也出现了回落，比上年降低了 6.07%。

2012 年基金会捐赠收入为 376 亿元，捐赠在总收入中所占比例比上年略有降低，约为 86.17%，但仍然是最主要的收入来源，其他各项收入之和仅占 13.38%。捐赠收入排名前十位的基金会，其捐赠收入之和为 129.02 亿元，占全国基金会捐赠收入总额的 34.31%，显示出两极分化。捐赠收入排名前十位的省份（部门）均在 5 亿元以上，总和达到 326.31 亿元，占全国捐赠收入总额的 86.77%，说明全国基金会捐赠收入在各省间分布也极不均衡，东部地区要远远高于中部和西部地区。

与 2011 年相比，投资收益所占比例由 1.79% 增大到 3.39%，但仍然不是主流，有 2088 家基金会没有投资收益。681 家开展了投资的基金会平均收益为 52.99 万元。政府补助收入总额为 33.33 亿元，同比增长 16.50%，该部分收入约占基金会总收入的 7.64%。

政府补助收入所占比例也有所上升。471 家基金会获得政府补助收入，数量同比增加 25.27%，除政府拨款外也有通过政府购买服务获得。平均每家获得的政府补助收入为 119.30 万元，其中公募基金会政府补助收入总额为 28.53 亿元，占政府补助总额的 85.60%。整体上，虽然较之于上一年度基金会的政府补助收入有了较大幅度的增长，但实际上这部分资金相当集中。只有

① 基金会收入包含捐赠收入、提供服务和商品销售收入、政府补助收入、投资收益、其他收入等，其中捐赠收入在基金会收入中占比最大。

200 家基金会获得了 100 万元及以上的政府补助，有 7 家基金会获得 1 亿元以上的政府补助，最高的是中国教育发展基金会，为 8.28 亿元。排名前十位的基金会共获得政府补助 24.88 亿元，占全国总额的 74.65%。这表明，政府对基金会的购买服务和资助并不普遍。

公益支出反映基金会的产出。2012 年全国基金会支出总额为 325.28 亿元，同比增长 12.60%，与 2011 年的增长幅度基本持平，呈现出稳定的增长趋势。其中，公益支出 316.89 亿元，占总支出的 97.42%，比上年增长 12.98%。公益支出同样两极分化。排名前十位的基金会公益支出总额约为 129.09 亿元，占全国总额的 40.74%。这十家基金会中，从基金会性质来看，除清华大学教育基金会外，其余 9 家均为公募基金会；有 8 家是在民政部登记注册。从地域来看，公益支出最高的是江苏、上海、广东、浙江、北京，与基金会收入分布情况也基本一致。

与基金会的规模分布情况类似，虽然公募基金会的数量少于非公募基金会，但公募基金会的公益支出明显高于非公募基金会。2012 年，公募基金会的公益支出合计为 227.15 亿元，占全国基金会总公益支出的 71.65%；非公募基金会的公益支出合计为 89.74 亿元，占总公益支出的 28.35%。

总体来看，基金会的若干数据指标中，有些仍然呈上升趋势，但增速放缓，有的甚至比上一年有所降低。自 2004 年以来，这是第一次呈现出下行的趋势。这里面既有法律环境的原因，即 2004 年《基金会管理条例》和 2008 年所得税优惠政策出台所带来的政策红利逐渐释放完毕，新的社会组织改革箭在弦上却因立法工作没有完成而不能发挥太大的鼓励作用；也有经济发展波动引起的社会捐赠波动；还有新媒体蓬勃发展带动了民间新公益发展，在一定时间里与既有基金会形成了竞争的局面；另外，社会监督更加严苛，给部分基金会和整个行业都带来公信力的挑战，也在一定程度上影响了基金会对社会资源的动员和募集。

关于 2013 年的数据预估。2013 年全国基金会的年末资产总额、年度总收入和总支出情况，现在尚无统计数据。根据对不同规模的基金会样本的观测，在 2013 年，较大规模的基金会资产规模、收入水平均有增长，总体上体现为规模越大的基金会资产和收入增长越明显，规模越小的基金会资产和收入增长越少或有所下降。鉴于基金会的两极分化严重，较大规模的基金会对全国总数据的影响非常大，因此，可以从总体上判断，2013 年全国基金会的年末总资产、年度总收入都不再下降，而是有所增长，年度总支出也继续增长。但是，影响 2012 年度基金会发展的因素仍然在发挥作用，因此增长的幅度还是有限的。估计，2013 年全国基金会的年末总资产在 950 亿元左右；年度总收入回到 2011 年水平，在 450 亿元左右；按照上年度捐赠收入占比 86.17% 计算，2013 年度捐赠收入约为 390 亿元；年度总支出保持一贯的增长幅度，在 350 亿元左右。

二　基金会的地位和作用

（一）基金会在提供社会服务方面的作用

近年来，基金会的使命、定位逐步厘清，基金会作为从事公益事业的社会组织，是联系各类社会主体、引导和整合社会资源的载体，发挥了重要作用。

社会服务有三种供给主体：一是政府利用国家权力介入或动员公共资源供给；二是私人企业运用私人资源供给；三是社会组织利用捐赠的社会资源供给。在三类供给主体中，私人企业受利益驱动，容易忽视民众的真正诉求，“市场失灵”现象时有发生；政府追求社会服务的广覆盖和均等化，保障的是基本公共服务，不能很好地解决个体的差异化需求。因此，存在大量的社会需求，特别是那些个性化非营利的社会需求，需要由基金会等社会组织来提供服务，发挥着越来越重要的作用。

1. 整合社会资源

各个基金会基于自己的使命、定位、背景、特长，开展的公益服务丰富多样，特别是资助了政府和企业不能覆盖的社会需求。以助学为例，被调研的基金会中，分别采取了下列方式来介入：有的选择低收入家庭，有的在优等生中再选优；有的资助学费，有的补充营养，有的提供人文教育，有的培训校长和教师；有的组织志愿者支教，有的把边远山区的孩子接到大城市里开阔眼界。基金会将公益捐赠和志愿服务引入了社会服务的具体领域，整合了各类社会资源，满足了受助人和捐赠人（志愿者）双方的多样化需求。

2. 探索社会创新

调研显示，基金会特别是非公募基金会能够比政府部门承担更大的风险。很多基金会把自己比作社会领域的“风险投资人”，公益项目就是基金会提供社会服务的具体产品。有的基金会认为，寻找好的公益项目，就像企业寻找好的产品一样，就是要进行风险投入，早期介入，即便暂时没有捐赠人支持，基金会也愿意拿出可调配的资金进行投入，等项目探索成熟后再通过向社会推介来获取捐赠。相比较而言，政府购买社会组织服务，主要是针对成熟的社会问题解决方式，而企业没有经济利益的驱动不会倾向于社会创新。基金会的灵活多元和对待风险的态度，使得基金会特别是非公募基金会能够成为未来社会创新的主要推动者。

3. 助力政府公共服务

在社会服务的覆盖面上，基金会的作用无法跟政府相比，但基金会有自己的优势，在一些具体的区域、领域上可以提供更加深入、细致、个性化的服务。大部分基金会对受助人的资助不限于资金的投入，更注重受助人的可持续发展。在资助的同时，还伴有辅导、启发、陪伴成长、评估、监督以及思想理念的传播等。这些个性化、有深度的服务与政府提供的广覆盖、保基本的公共服务可以形成合力，共同构建立体的社会服务有效供给机制。例如，从汶川地震到芦山地震，在参与救灾和灾后重建中，基金会越来越注重政府投入外的拾遗补缺。如果政府在重灾区的投入比较集中，基金会就会将社会捐赠引向其他次重灾区；如果政府的应急机制已经适时启动运作，基金会就会侧重帮助解决灾区的其他问题。

4. 推动公共政策

从调研的情况来看，基金会介入的社会服务领域，比较容易引起政府部门的关注，从而推动了相关政策出台，逐步纳入政府服务的范围。如近年来纳入基本公共服务的先心病、白血病患儿救助和学生营养午餐项目，早期都是由基金会首先关注和介入，实施了有规模的救助，并建立了若干与医院、学校的合作模式，探索了比较科学高效的医疗、营养方案，积累了实践和理论成果。基金会在对具体公益领域进行投入的过程中，引起了社会和政府对相关社会问题的关注，进而扩大了基本公共服务的覆盖。同时，基金会摸索出的成熟的做法，地方政府在提供类似服务时也会直接参照甚至是平移。

5. 反哺经济发展

基金会开展的小额信贷、创业就业、城乡社区建设，乃至助学、助医等项目，提供了重要的创业、就业平台，提升了受助地区和受助群体在生活、就业、创业方面的能力，提供了公平发展的机遇。除此之外，这些公益项目还提高了基层群众对于建设美好生活的信心，引导了公众的正确价值理念，促进了社会环境的优化，直接或间接地服务于良好市场秩序的建立。

（二）基金会发挥作用中遇到的问题

尽管基金会等社会组织已经有所作为，但总体而言，受到以下几方面的制约，在作用发挥上还具有明显的局限性。

1. 资源的流入存在障碍

目前，各种资源基本上是在经济领域内循环，极少流入社会领域。近年来，虽然我国的年均社会捐赠总额已经达到800亿元左右，但也仅仅占国民生产总值的0.15%。尽管有越来越多的企业开始重视社会责任的履行，也有越来越多的个人期待参与社会服务、奉献社会，但由于缺乏健全完善的、可以将资源由经济领域引入社会领域的机制和平台，导致社会领域资源的流入和扩大面临重重阻碍，进而使得社会公众的需求得不到满足。

2. 政府让渡空间有限

在社会服务供给中，政府提供的是均等化的基本公共服务，基金会和其他社会组织主要提供非基本公共服务，也可以在政府尚未进入的领域提供基本公共服务。但是，目前基金会等社会组织提供服务的空间十分有限。很多社会组织反映，在地方开展工作，如果没有政府背景就很难获得当地政府部门的准许，为此，有的基金会专门申请“中央财政支持社会组织参与社会服务”等类似的政府资金支持，给自己的公益项目贴上政府标签。一些地方政府定位于无限责任，以有限的财力和人力意图包揽全部职能，不愿分职能、分责任给社会组织；还有的领域是民间已经以志愿服务的形式先行发展起来的，但在政府关注之后反而改由政府包揽，并限制民间参与。很多基金会提出，这些做法容易使社会创新失去其原生动力，更使得政府总是站在社会责任的最前沿，承担了过大的风险。

政府购买服务是政府转移职能、改革行政管理体制的重要举措。基金会具有较强的服务能力，在未来比较容易获得政府购买。但政府购买服务是解决政府自身能力和人力有限的问题，是就政府职责内的基本公共服务向社会进行购买。仅仅接受政府购买，还远远不能达到基金会满足差异化社会需求的目标。有不少基金会表示不会申请或依赖于政府购买，要提供多元化、个性化的社会服务，最需要依赖的是社会资源，最需要获得的是足够的空间。

3. 缺乏支撑体系

城乡基层社会组织是社会服务的主要生产者，由于贴近基层社区和乡村，对特定环境和特定领域的知情程度和介入程度都超过政府部门，也超过处在社会服务供给链中上游的其他主体。为此，基层社会组织既是政府购买服务的重要对象，也应当成为基金会和捐赠人资助和委托的主要对象，是基金会提供社会服务的支持力量。调研显示，基金会需要并且愿意与基层社会组织合作，愿意资助或者委托基层社会组织开展公益项目。

但是，我国的基层社会组织在能力建设方面还比较薄弱，基金会在寻找合适的合作伙伴时面临很大困难。调研显示，基层社会组织目前主要存在两大缺陷：一是数量少，没有形成规模；二是能力弱，拿不出好的公益项目，生产和提供的社会服务产品质量不高，受助人的满意度低，也很难得到政府、基金会以及捐赠人的认可。

由于没有基层社会组织的支持，基金会委托地方政府部门执行公益项目的情况比较常见。但这种做法存在很多问题，如基金会无法对政府部门使用资金情况进行有效监督、社会捐赠回流到政府部门后很可能变成政府的预算外收入，或形成小金库、账外账，无法公开透明，给基层政府部门的工作增加负担等，这些都不符合政府职能转变的方向，也不利于基金会的长远发展。

三　深化改革浪潮中基金会的发展方向

党的十八大、十八届二中全会、三中全会确定了“全面深化改革”的方向，将“激发社会组织活力”作为创新社会治理机制的重要方向。行政体制改革和转变政府职能的根本目标是发挥市场在资源配置中的基础性作用，发挥社会力量在管理社会事务中的作用。因此，国家提出培育发展社会组织是以发挥社会组织的作用为目标，将其作为激发市场和社会活力、增强市场和社会的内生动力的重要手段。基金会在此转折关头，应当朝什么方向发展，怎样把握机遇应对挑战？很多基金会已经开始思考和着手实践。

基金会发挥作用主要受三方面因素的影响：一是资源，二是服务空间，三是支撑体系。因此，基金会要在提供社会服务中更好地发挥作用，需要以下方面的逐步完善。

1. 培育良性互动的社会服务生态体系，促进资源流通

所谓良性互动的社会服务生态体系，是指包括政府、捐赠人、基金会、基层社会组织以及广大社会公众在内的，多方共同参与、分工协作的生态体系。在该体系中，社会服务的主要资源来自财政资金和社会捐赠；政府和基金会是社会服务的供给者，政府同时还承担着制定政策、标准和监管职责；政府和基金会可以自己生产，也可以通过向基层社会组织购买（资助）来供给服务；基层社会组织主要负责服务的生产；公众是社会服务的消费者。这样一种社会服务供给体系，既推动政府购买社会组织服务，也鼓励基金会向基层社会组织购买或资助社会服务，还可以鼓励支持基金会的发展，并利用基金会整合资源的功能，引导更多资源由经济领域流入社会领域，推动资源在社会领域内外的畅通流动，扩大社会领域的资源供给，从而增加社会服务的供给。

2. 发挥市场机制的决定作用，扩大服务空间

引入市场机制提高社会服务的供给效率和品质，是现代政府公共服务改革的趋势。在社会服务供给中，既要用好政府这只“看得见的手”，更要由政府让出空间，发挥市场这只“看不见的手”的作用，让社会组织去填补空间。具体来说，就是让社会组织根据市场供求关系来决定提供服务的规模和领域；按照价值规律形成服务产品的合理价格；通过竞争实现资源提供方和服务供给方的优胜劣汰，最终实现资源的优化配置，满足人民群众对社会服务的多元化需求。政府应当按照减少行政审批，加强事中事后监管的思路来行使自己的职能。例如，在募捐的管理上，可以更多地放开准入，让基金会等组织形成良性竞争，尊重捐赠人的选择，政府主要督促基金会落实公开透明，落实违法惩戒。

3. 加快培育基层社会组织，构建支撑体系

通过发展基层社会组织，构建基金会的支撑体系，解决基金会在基层“没有腿”的难题。在这方面，政府需要做的应当是降低准入门槛、提供资金支持和重视孵化培养，基金会等社会力量也应当积极培育基层社会组织，通过各类社会组织的有序竞争，锻炼能力，提高素质。

四 社会组织形态变化与基金会发展之间的相互影响

从世界各国的经验来看，没有哪个国家公益慈善活动占 GDP 的总量可以超过5%。无论如何发展，公益慈善对经济社会发展，对社会保障体系的构建都是一种补充，不能占据主导地位。

然而，我们观察基金会和其他公益慈善组织的作用，还要从另一个角度来看，即公益慈善的发展对社会结构、社会组织方式的影响。这方面的作用无法用数字衡量，却更为明显。近年来，除了基金会的大量设立和成长之外，借助新媒体和网络平台发展起来的网络募捐和民间公益是又一种类型的公益慈善力量。新媒体的发展拉近了空间、时间的距离，给个体参与社会提供了更多的便利，公益慈善则给个体参与社会提供了更多的机会，因此，新媒体与公益慈善相结合形成了人人参与式的新公益。新公益不仅有可能为受助群体带来更多的资源和救助，更重要的是满足普通大众“参与”的需求，这在没有新媒体的情况下是比较难做到的。新公益由于有“公益”的崇高价值观，在与商业活动争夺人们眼球的竞争中占据道德优势，能够将更多的人从单纯逐利吸引到多元发展，从一种文化引导到另一种文化，从一种价值观带领到另一种价值观，因此新公益对社会公众的改变甚至超过了对受助人的帮助。当然，新公益对受助人来说也给予了前所未有的参与机会。新公益的领导者由于集合了众多参与者的意愿正在拥有越来越多的话语权和社会影响力。而新公益的发展在追求公信力、专业化、职业化的过程中，正在与基金会合作、合流，大部分的项目得到了基金会的大力支持，或者是正在准备建立自己的基金会。

公益慈善和基金会的发展到底能够给中国社会带来多大改变，我们拭目以待。

B.5

2013 中国慈善会成长报告*

杨 刚　成易蔓**

摘　要：

2013 年，规范、诚信、机制等成为慈善会成长发展的主题词，围绕主题词，在慈善界也产生了不小的争论，促使慈善会系统在内生成长方面需更多着力，在外部运行方面，也谋求更大发展，改革、协作、联动、共助等必将成为慈善会发展的新趋势。

关键词：

慈善会　规范机制　捐助改革

2013 年，规范、诚信、机制等成为慈善会成长发展的主题词，围绕主题词，在慈善界也产生了不小的争论，促使慈善会系统在内生成长方面需更多着力，在外部运行方面，也谋求更大发展，改革、协作、联动、共助等必将成为慈善会发展的新趋势。9 月慈善会系统工作会议达成共识，“慈善会除了巩固和发展已有成果、健全自身体系的合力作用之外，必须体现开放性，加大与其他社会组织的合作力度，要充分发挥整体联动、全面覆盖的运作优势，从中发展合作伙伴。”“中华慈善总会和各地方慈善会从来就不是一个实施行业管理和行业服务的行业协会性质的社会组织，今后也不会是。中华慈善总会和各地方慈善会，是纳入全国性和地方性公募基金会管理的非营利公益社团，不但不会退出筹募领域，而且要进一步加强合作，不断探索和创新筹募方式，吸纳更多的国内外社会慈善资源，帮助社会上不幸的个人和困难群体、支持公益事业

---

* 本文资料参考了中民慈善信息中心《中国慈善会报告》、中华慈善总会 2013 年工作报告、大连市慈善总会相关资料及各地媒体有关慈善会信息，未一一陈述，特此注明。

** 杨刚，东北财经大学公共管理学院教授；成易蔓，东北财经大学公共管理学院硕士研究生。

发展。”[①] 似乎为慈善会发展方向定下基调，然而，2014 年 3 月，深圳市慈善会即将“打破官办慈善机构募捐资质和渠道垄断”，又为这一社会组织的改革涂上了浓重的一笔，何去何从，阵痛中成长、成长中阵痛，是否预示着慈善会系统新的“临盆分娩”？

一　2013 年慈善会工作成果

1. 筹募款物与项目成效

据中华慈善总会统计，2012 年度，以中华慈善总会和团体会员为主体的 136 家全国慈善会筹募款物达 268.6 亿元，占全国慈善捐赠总额的 1/3 左右，年度实施慈善项目总数为 1375 个，年度救助的困难群众人数达 1235.7 万人。2013 年，中华慈善总会在灾难救助、扶贫济困等 8 大领域展开了 68 个慈善项目和基金，覆盖全国 31 个省、区、市，惠及困难群众约 20 万人次。本年仅中华慈善总会就接收社会捐赠款物 100.46 亿元，若加上各地慈善会系统募捐款物，按照比上年同期增长约 37% 的指标计算，预计可达 370 亿元左右。据不完全统计，仅仅是雅安地震，中华慈善总会和各省级慈善会共接收地震救援捐款和物资逾 20 亿元。

2012 年，全国接收慈善捐赠 889 亿元，占我国 GDP 的 0.17%，人均捐款 60 元。款物捐赠总额中，货币及有价证券捐赠 685 亿元，物资捐赠折价 203 亿元。[②] 2013 年，慈善募捐总体上仍然呈现出增长态势，依据当期已经公开的数据测算出 2013 年社会捐赠总额超过 1100 亿元，其中，慈善总会及其团体会员为主体的全国慈善会筹募款物继续呈现迅速上升的态势，在募集款物及项目运作方面都有新的进展。以已经公开的数据为例，四川省慈善会系统在 2013 年捐赠收入 32.19 亿元，比 2012 年增加 315%，湖北省慈善总会 2013 年捐赠收入为 3.67 亿元，比 2012 年增加 410%，重庆市慈善会 2013 年捐赠收入为 4.09 亿元，比 2012 年增加 71.9%，山东省慈善总会 2013 年捐赠收入为 14.63

① 李本公：《当前慈善会发展需解决五个问题》，《人民政协报》2013 年 10 月 10 日。

② 参见本书宋宗合《2012 和 2013 年度慈善捐赠分析报告》。

亿元，比上年度增加6.2%。即使除去因灾情接收捐赠暴涨的四川省慈善会系统，其他8家慈善会平均增幅也达到了89.3%。[①]

从项目与发展来看，2013年，中华慈善总会的项目依旧以贫困人群救助、医疗救助、灾害救助为主线来开展。救助项目中资助贫困妇女及其家庭、子女的“贫困母亲”项目、为贫困人群提供年终温暖的“慈善情暖万家”项目、为疾病人群提供的“春立阳光计划”“格列卫”“达希纳”“恩瑞格”等项目少则已经进行了三年，多则已经发展了十年，这些传统项目在原有基础上进一步扩大了资助力度与资助人群，要更为成熟，并将作为品牌继续推广下去。另外，在中国慈善公信力缺失与资讯传递更为迅速的前提下，注重新媒体与推广慈善理念，让弱势人群得到更多的社会关注也成为2013年中华慈善发展的新方向，比如2013“萤火虫”罕见病公益音乐会的开办，中华慈善新闻网的上线等。

紧急项目运作。2013年，在灾难救助方面，“4·20”雅安芦山地震发生后，总会迅速启动特大自然灾害救助应急机制，为灾区提供紧急救援，汇集各界捐款9214万元，并派遣专业志愿者赴灾区提供服务。在常规项目方面，微笑列车项目为2.6万名唇腭裂患者免费提供了矫正手术；“千名少数民族贫困家庭先心病儿童救助行动”成功为600余名先心病儿童实施手术；格列卫、易瑞沙、特罗凯等药品援助项目为近3万人提供了赖以维护生命的药品援助；周大福慈善基金、IDO儿童基金等在10多个省区市捐建音乐教室、电脑教室、放映室、图书室260余间，受益学生过万；衣恋圣秀慈善基金、宝马爱心基金、慈福行动、德源希望基金等为近3000名学生提供了助学金；贫困母亲、慈善情暖万家、饮水工程等扶贫项目为2万多个家庭送去资金和物资援助；LDS慈善会、行走渴望项目为近5000名残障人士提供了轮椅和助行器等。

2. 慈善会系统组织和队伍建设

截至2013年6月，全国慈善会数量已增加至1966个，慈善会合作网络覆盖全国，“目前，全国慈善会的网络，主要是在县一级扩张，并逐步向乡镇、

---

① 参见本书宋宗合《2012和2013年度慈善捐赠分析报告》。

社区、企事业单位一级基层拓展。这与整个中国公益慈善事业向基层发展的大趋势完全一致”。比如，2010 年 4 月，晋城市人民政府办公厅就曾发布“关于尽快成立县级慈善总会的通知”，要求各县全部成立慈善会，选举责任心强、热心慈善事业的县（市、区）级领导担任会长，具体落实慈善会工作人员、办公场地和必要的工作经费等问题，保证工作正常开展。各县（市、区）民政局要做好具体的指导督促工作，逐步健全、完善市、县（市、区）、乡（镇）三级慈善募捐救助网络，形成基层慈善会既是独立的社团法人，又是上级慈善会团体会员的工作格局，实现救助和募捐的纵向联动效应。这些县级慈善会的发展，一方面不断扩充慈善会系统的支撑力量，另一方面，又延续着慈善会这个官办慈善机构的特殊性。2013 年 6 月 16 日，辽宁省绥中县慈善总会正式成立并举行启动仪式。该慈善总会举行了第一届会员大会第一次会议。会议听取了首届会员大会工作报告，审议通过了《绥中县慈善总会章程》《慈善总会接收、管理、使用捐赠款物暂行办法》，选举产生了县慈善总会首届理事会理事、常务理事、会长、副会长、秘书长。县政协原主席当选为县慈善总会首届理事会会长，在组织机构和队伍建设上仍然延续着慈善会系统与政府之间剪不断理还乱的惯习。

将“慈善队伍建设纳入就业规划”，“通过社会工作队伍建设促进慈善人才建设”等显示，慈善队伍和人才建设仍是慈善事业发展的重中之重，而作为公益慈善重要载体之一的慈善总会系统队伍建设在专业化运作、团体协作、志愿服务网格化等方面都需要进一步突破。

依据 2012 年中国慈善会报告，全国 30 家慈善会专职人员 486 人中，公务员编制占 3.09%，事业单位编制占 29.22%，社会招聘的占 65.84%（其中返聘人员占 15.23%），其他占 1.85%；而兼职人员 74 人中，社会招聘人数为 22 人，占兼职人员总数的 29.73%，公务员编制 20 人，占 27.03%，事业单位人员占 17.57%，其他人员占 25.67%。29 家慈善会会长中有 19 人为退休国家公务员，占总数的 65.52%，有 10 人为现任国家公务员，占总数的 34.48%。在行政级别方面，享受省部级待遇的 25 人，占总数的 86.21%，享受厅局级待遇的 4 人，占总数的 13.79%，从某个侧面也反映出历史渊源对于慈善会治理结构的影响。专职人员构成年龄年轻化，具有一定专业基础，下设机构分为工作站或分会形式、投资公司形式、杂志社形式等多种多样的组织结构。① 2013年，慈善会系统切实加强慈善组织建设，不断提高规范化建设水平，如吉林省9个市（州）、60个县（市、区）已经全部建立了慈善组织，70%以上的乡镇、街道建立了慈善工作站；各类志愿队伍达到150多支，有55万志愿者活跃在农村、企业、学校和社区。

3. 慈善志愿者与义工队伍建设

2013年，慈善会系统愈加重视志愿者与义工队伍的作用。地方慈善会纷纷在街道、乡镇等基层建立了慈善志愿者与义工队伍，并积极发展义工项目与志愿者服务活动，以吸引志愿者与义工深入、持久地投身于慈善事业。以大连市慈善总会为例，截至2013年年底，大连市全市城乡注册义工约为59万人，占全市669万人口的8.8%；建立了1779个义工站，形成了遍布全市城乡的义工志愿服务网络。一些义工站还纷纷建立了以义工站名称命名的慈善基金，这无论是对义工站的日常运作，还是对于慈善活动的宣传以及活动展开的规范性都起着正面的影响。当然，如何发展使之更加规范和成熟仍然是慈善系统面临的重大课题。

慈善队伍的建设内涵是极其丰厚的，它包括了组织建设、制度建设、项目活动、嘉奖激励和保障服务等各个方面。依旧以大连市慈善总会为例，在组织建设上，大连市形成了覆盖全市城乡的四级义工组织网络化管理服务模式，从市级延伸至街道乡镇与社区村屯有义工项目组；在制度建设上，大连市建立并健全了义务工作登记注册、工时累计和立项制度，并搭建起了考核与培训的框架；在项目活动上，大连慈善义工在慈善救助、社会服务和紧急救援三大方面，以项目为中心，以稳定的长者义工和流动的学生义工相结合的模式为依托，围绕“安老、抚幼、助残、济困、助医、助学”等内容，开展服务项目408个，组织社会公益活动15万余次，约有284万人次参与，累计奉献时间998万余小时，累计无偿献血约222.1万毫升，帮助困难群众234万余人次；在嘉奖激励上，大连市积极保障义工的合法权益，为其提供必要的活动经费与福利，并制定了《大连市慈善总会星级义工晋星和嘉奖评定办法》，对表现突

① 参见中民慈善捐助信息中心主编《中国慈善会发展报告》。

出的义工进行表彰与嘉奖。

4. 信息交流与外部联合方面的进展

为建立健全信息沟通和分享交流，中华慈善总会举办了《全国社会组织舆情摘报》《全国社会组织每周要情》，并印发了《中华慈善总会内部参考》，向相关部门、团体会员及时转发。为加强慈善宣传和舆论引导，通过网站、《慈善公益报》《人民政协报·慈善周刊》《慈善》杂志等媒体进行宣传，并出版发行了《中华慈善年鉴》。主动接受《京华时报》《人民日报》等媒体采访，回应舆论质疑，维护总会及全国慈善会良好的社会形象。积极参加中国公益慈善项目交流展示会、CCTV 慈善之夜、全国政协委员慈善展等活动，借助社会平台增强总会社会影响力。2013 年，慈善会广泛开展对外交流合作。总会与合作伙伴“全球联合之路”展开了频繁互动，试图借鉴全球联合之路经验强内联外、不断学习借鉴国外先进经验，提升员工素质，总会派员赴德国参加由团中央主办的第二届中德未来之桥青年领导者研修班等涉外交流活动，对于慈善会系统的内外兼修都起到良好作用。各地慈善会也在加强外部联合方面不断积累经验，如湖北省接待香港长者服务武汉社福考察团，主要考察省会慈善工作的开展、慈善功能、慈善项目及慈善运作模式。河南省荥阳市按社会需求，分类收集全市求助对象基本信息，建立慈善信息库，为符合条件的求助者征求社会支持，为爱心单位和爱心个人提供公益咨询、公益策划等服务，已成为连接求助者和捐赠者的桥梁；建立慈善项目库，从扶贫救济、健康医疗、文化教育、社会服务、生态环境等多个方面策划慈善救助项目，丰富慈善项目内容，创新慈善项目形式，延展慈善项目效应，强化慈善救助效果的做法也为慈善会联合发展提供借鉴，在对接、整合资源方面寻求更大的发展空间。

5. 加强慈善传播提高全民慈善意识

提高全民慈善意识不仅仅是与企业建立合作伙伴关系，而且是到家庭、企业、学校、驻军等各种组织进行全方位的联合劝募，企业中除大企业外，中小企业也可以成为慈善会努力的重点，而居民、个人及其家庭都是重要的慈善力量之源。在提高全民慈善意识方面，通过网络平台、通信、微信等各种传媒手段提高全民慈善意识。从生命降临到死亡来临，是一个完整的过程，而这一过程都需要慈善之泉的浇灌和呵护，临终关怀项目直接影响到每个家庭成员的身心，开设这一项目并给予相应的支持，是慈善会的力量体现。如荥阳市为提升全民慈善意识，宣传全民慈善理念，开通了荥阳慈善网站，创办了《荥阳慈善报》，印制了《慈善地图》《慈善扑克》，并免费发放给社会各界；荥阳电视台、荥阳有线电视台开播了 2 个慈善频道，每天 13 个栏目宣传慈善，乡、镇电视插转台每天定时播放慈善栏目；举办“世界旅游小姐走进慈善荥阳”大型公益宣传活动，展示荥阳魅力；举行以“慈善·爱”为主题的“打造慈善城市，让生命充满爱”大型演讲会、举办慈善集体婚礼等，在社会上引起强烈反响，不仅弘扬了中华民族传统美德，更进一步加大了慈善文化的宣传；同时，老年大学开办慈善讲堂，文化部门编排了慈善文艺节目，荥阳广播电台、《荥阳宣传》《荥阳学习》《荥阳老年报》等党政群媒体开设了慈善栏目，荥阳党校编著《慈善论坛》对慈善典型事例进行广泛宣传；在市区显要位置设立了慈善宣传大型喷绘标语，郑州日报社还免费设置了 40 多个多媒体信息港，宣传慈善；省慈善总会、郑州慈善总会将荥阳市贤孝村命名为“慈善文化教育基地”，并设立贤孝文化教育宣传版面及文化长廊，将慈善与贤孝文化相结合，弘扬慈善贤孝文化，在社会上形成关心慈善，参与慈善，崇尚慈善的良好舆论氛围，号召大家身体力行参与慈善公益，形成了一个全民关心慈善的城市环境。

二　慈善会运作平台及其发展机制

慈善会作为我国慈善组织的重要组成部分，自诞生伊始，便承担了政府功能补充的角色，经过近 20 年的发展，已经在全国、省、市、县各级建立了基本覆盖全国的组织网络，重视慈善事业在构建和谐社会中所发挥的重要作用，已经成为社会各界共识，关键是如何高效、透明、规范、诚信发挥作用，慈善会系统如何通过指导、协作，将各地、各业、各家资源形成合力？如何动员更多社会力量积极参与慈善，创新运行机制和管理模式，确保慈善项目顺利实施，真正把慈善公益事业办好，依旧是 2013 年慈善会成长面临的重大课题。

慈善会自我评价认为“由于规范运行、诚信于民，慈善会已逐步成为社会各界爱心人士参与慈善事业的最重要、最信赖的平台之一”。但是，就慈善总会与地方慈善会之间的网络关系如何更有效地搭建，慈善会如何与企业和群众自治组织等形成合作伙伴关系，慈善会工作如何依法推进、慈善队伍建设如何保证长足发展，都在2013年慈善会工作中有所体现。

1. 加快慈善立法

慈善立法已经酝酿了8年，而慈善的立法是规范慈善事业、厘清慈善定位的最根本途径。中华慈善会一直在丰富和深化自身实践来为法律规范提供实践基础，并积极推动慈善立法。2013年，国务院在批转发改委等部门《关于深化收入分配制度改革的若干意见》中，把慈善作为收入分配制度改革的一项内容，提高了慈善的地位和作用。在推进慈善立法过程中，成立中国慈善联合会，将其作为慈善组织中的一个联合性的、枢纽性的，能够起到协调、互动、行业自律、行业维权的组织，意味着进一步推动慈善组织的发展。那么，慈善会在这方面是否也可以发挥更加积极的作用？此外，积极制定和发展慈善组织的第三方评估制度，创新慈善事业发展的体制、机制，进一步营造有利于慈善发展的氛围都需要民政部与中国慈善联合会乃至慈善会作出更积极的努力。

2. 重视社会各界力量促动慈善透明

信息透明化是慈善会事业发展中不可缺失的一环，因而2013年慈善会也将积极做好慈善捐助项目的及时通报，加强对资助项目的跟踪宣传，将定期向社会反馈捐资项目的实施情况摆在了很重要的位置。创新信息公开机制，提升慈善公信力是中国慈善必须做好的重中之重。2013年参与人数最多的芦山地震捐助活动，对捐款接收使用情况进行公示，翔实记录每一次资金流向，是透明建设中的关键环节。2012年的透明慈善联合行动、联合发起机构有中华慈善总会、中国红十字基金会、中国青少年发展基金会、中华思源工程扶贫基金会、中民慈善捐助信息中心、首都慈善公益组织联合会等112家公益慈善组织，2013年发布公开透明信息，在大连市慈善总会等各地网站上可以查到捐助的详细信息，并纵向到村级公益慈善会，如福建泉州石狮市永宁镇港边村公益慈善会等都发布信息公开年度报告。

3. 慈善总会与地方慈善会之间网络关系

中华慈善总会支持地方慈善事业发展，对地方慈善事业发展给予资金、设备等方面的援助，特别是通过先进的慈善理念和项目等方面给予指导和帮助。

慈善会系统中，中华慈善总会与地方慈善会系统之间的关系一直秉承业务指导和团体协作关系。2013 年，中华慈善总会坚持“上下联动，左右联手”，帮助和组织各地各级慈善会共同发展，使得慈善会合力逐步增强，并能够协同突破瓶颈问题。在共同做好慈善项目的同时，总会还与各地慈善会共享信息和资源，共同回应社会舆论、探讨改革创新，不断增强合作的力度和深度。

2013 年 5 月，福建省慈善总会换届及经验交流大会为慈善会系统发展提供了有益的借鉴。如福建省福州市慈善工作定位准，救助面广，从生到死的全过程中都有对特困者的救助项目。福州市慈善会提出慈善会工作要做到“上下联动、左右合作”的思路、漳州市慈善总会成立伊始就与其他社会公益组织开展横向合作，秉承开放式慈善模式，积极主动与共青团、残联等组织开展合作，以创新慈善工作的思路和方法，促使各级慈善会充分发挥综合性作用；另外，南靖县慈善组织也已形成纵向到底的完善网络，并与中华慈善总会开展了多种项目合作，取得了良好社会效果。地方慈善会的一些做法为系统总体发展提供了有益的借鉴。

4. 理事会监事会成立充分发挥效应

2013 年 7 月，中华慈善总会第四届理事会监事会成立，第四届理事会理事由 94 人组成，其中 51 人是地方慈善总会秘书长或会长，8 人为中华慈善总会会长、副会长或秘书长，有 6 人为其他专业协会领导、其他 29 人为企业家、艺术家及其他人员组成。常务理事 25 人，除两位是企业家和舞蹈家之外，其余皆为全国及地方慈善会系统内部人士。监事会监事共有 7 人，主要包括民政部分管基金会的处长、地方慈善会会长或副会长，基层慈善会秘书长等人员，没有独立的审计师事务所和专家。

监事会是中华慈善总会的内部监督机构，由总会机关和部分团体会员单位不同岗位工作人员组成。监事会履行监督、调研、咨询、建议和其他交办事项及协助部室业务工作等职责，将重点监督财务，同时对重大慈善项目和一些敏感问题全程监督，并可主持或参与对问题的查处工作。坚持慈善总会是完全纳入全国性公募基金会管理的非营利性公益社会团体的性质。要加强总会与各地方慈善会的合作伙伴关系，促进全国慈善事业的健康有序发展。自律、自觉接受社会监督。要充分发挥监事会的作用，该监事会不是第三方监督机构而是内部监督机构，如何充分发挥监事会的作用，逐步形成常态化的监督机制，是需要认真探索的重要课题。需要监督的内容很多，但要重点监督财务；同时对慈善重大项目和一些较敏感的问题全程监督；主持或参与对问题的查处工作。总会工作的情况要及时向各位监事通报。中华慈善总会监事会的主要工作是依照相关规定程序检查财务和会计资料，监督理事会遵守法律和章程的情况，参与调查处理申诉、举报事项。监事会主要听取总会财务工作汇报、讨论《监事会的职责和议事规则》，对总会下一步工作提出建议，成为发展中的重要节点。当选监事会监事的人员必须是对慈善事业做出突出贡献或在慈善领域有一定影响力的人物。但是，从目前监事成员结构看，缺少独立的审计师以及相关领域的专家，对于慈善事业的监督、调查尚缺乏专业平衡和有效的工作力度。

5. 慈善会与公众及媒体的交流和互动

无论是中华慈善总会还是地方慈善会，都开始更加注重宣传的作用。加大慈善宣传力度，提升慈善文化水平。进一步加大对慈善的宣传力度，做好宣传慈善、经营慈善、公信慈善和健全慈善，做大、做强、做优慈善事业。在宣传媒体的运用上，既注重网络等新媒体的运用，也充分发挥电视、杂志、报纸、会刊等传统媒介的作用。这些宣传既包括对慈善理念的推广，对慈善项目的宣传，也包括对慈善企业公益形象的塑造，树立慈善人物典型，等等。面对社会对中国慈善公信力的质疑，慈善会注重沟通与交流，主动接受公共媒体采访，并积极参加中国公益慈善项目交流展示会、CCTV 慈善之夜、全国政协委员慈善展等活动，借助社会平台来增强总会的社会影响力。

2013 年，慈善会在总体提升和成长的同时，也意识到不可小觑的问题：“长期战略发展规划亟待出台；募捐手段偏于单一；项目资源有待整合，品牌项目在数量和知名度上仍需提高；新闻宣传策划、理论调研、新媒体应用等方面需进一步加强；与国内外爱心人士、企业、媒体、专家学者的互动需进一步加强；对外合作领域有待拓展；为团体会员服务水平尚需要提高；自身队伍素质有待增强；尤其是在管理环节中需要引入现代的管理理念和方法。”

应该看到，地方慈善会受制于现阶段体制机制，在外部监管与内部治理方面仍存在问题。地方慈善会对于总会在项目和资金分配上仍然存在依赖性，在人事上缺乏外部协力监管，地方政府与慈善总会之间加强协作，才能打破现有格局、突破现有局限，这一点成为再发展的重点。民政部曾提出未来将推动包括慈善会等公益组织和其他社会组织“建立健全法人治理结构，独立开展活动，独立承担法律责任，并且接受社会监督”。慈善会系统因2013年5月中华慈善百人论坛上公益界人士呼吁改革社会团体、基金会一体的中国慈善会体制，而令人倍加瞩目，而可能成为中国慈善公益改革的先锋。

“2014年3月，深圳市慈善会将实现市民政局和市慈善会的政社分开，同时还要将市慈善会分离，分别成立深圳经济特区慈善公益事业联合会和深圳市慈善基金会。这种‘政社分开、会会分离’管理体制的改革，将有利于促进市各类慈善主体平等竞争，使慈善回归民间属性并真正迸发出无限生机。”① 深圳的改革思考和实践是否会引领全国，这是回眸2013年慈善会改革绝不可忽视的课题。作为慈善会系统的改革先锋，深圳市民政局局长在2011年就辞去了深圳市慈善会法定代表人职务。因为“大部分慈善会与政府关系密切，丧失了一定的独立自主性。依法自治是慈善会面临的一个主要问题”。而政府有意识的退出，正是让社会组织回归其本来的民间属性。目前，深圳市慈善会改革仍在进行中，秘书长房涛表示：“（深圳市慈善会）将分别注册为慈善公益联合会和基金会，联合会主要做行业自律、培训、评奖、政策推动，类似于慈善公益组织的行业协会，基金会主要做筹款和救助，完全做基金会的工作。”

“（深圳市慈善会）改革也是整个中国慈善会改革的试水，希望能给整个民政系统对慈善会的改革提供一些借鉴。”按照社会团体还是基金会发展？各地做法不一，在2004年《基金会管理条例》出台后，此前因无此条例而注册成社会团体的公益组织，逐渐按照自己的实际工作内容转型，如上海市慈善基金会就将身份从社会团体变更为基金会。但是，大多数地区仍然是按照两个机构一班人马的方式在运作。督促和推动包括慈善会等公益慈善组织和其他社会组织建立健全法人治理结构，独立开展活动，独立承担法律责任，并且接受社会监督，出台相关法规和政策，发布相应行为规范和监督措施，则是政府的重要责任。

---

① 《深圳：打破官办慈善机构募捐资质和渠道垄断》，《深圳特区报》2014年3月3日。

三　对2013年中国慈善会成长发展的基本判断

1. 慈善会系统合力逐步增强、协同突破瓶颈问题

截至2013年6月，全国慈善会数量增长到1966个，范围覆盖我国大陆所有省、区、市，总体上形成了广泛高效的社会救助网络，对于社会保障体系起到了重要补充作用，并将进一步对收入分配制度改革、贫富差距改善、社会协作改变起到重要作用。2013年，中华慈善总会团体会员增加到351家（包括全国各省、自治区、直辖市级慈善会，以及部分地级和县级慈善会），与总会在扶贫、救灾等各个领域开展了密切合作。如总会与各地慈善会共同启动了“慈善情暖万家”活动，号召社会各界为困难群众捐款捐物，并由会领导带队开展慰问活动。据不完全统计，2013年度总会和各地慈善会通过“慈善情暖万家”活动，共筹集款物1亿余元，救助困难群众10万户次。在共同做好慈善项目的同时，总会还与各地慈善会共享信息和资源，探讨改革创新，不断增强合作的力度和深度，协同突破瓶颈问题，探讨自身发展的清晰路径，应对公益慈善界及外界质疑，作出进一步的发展规划。

2. 慈善会性质定位需要进一步清晰、运作机制有待进一步完善

2013年是中国慈善的问题在大灾之前暴露得尤为突出的一年。红十字会社会公信力经由前些年“郭美美”事件的酝酿与发酵，遭受了巨大的冲击。由此带来的是公众对于整个慈善系统的公开性与透明性的高要求。慈善会作为与政府有着千丝万缕联系的系统，公众对其要求将更加严格。芦山地震款项及时进行说明以及公示财务报告体现了慈善会对此的敏感性。而慈善会性质定位直接与其自身组织建设和监督管理有关。这一性质定位是否诚如慈善会所澄清“是纳入全国性和地方性公募基金会管理的非营利公益社团”，发展路径和运行机制有待更加深入调查和更加全面规划。

3. 自组织建设与监督管理

2013年的慈善会，还是展现了一种与政府千丝万缕、无法割裂的联系。从领导班子的任命到慈善项目中政府官员对于“慰问”的积极参与，无一不在表明这个“非营利公益社团”的特殊性。2013年，慈善会多次回答了对于

其性质的质疑，也强调了自身的定位，既不是“一个实施行业管理和行业服务的行业协会性质的社会组织”，也不是“游离在规则法理之外的基金会”，而“是纳入全国性和地方性公募基金会管理的非营利公益社团”。那么，如何让公众正确理解这种定位，这种定位能否说服公众对于慈善会背靠政府虹吸民间资源的质疑，这就是现在慈善会必须考虑的问题。慈善会的捐赠必须摆脱依靠政府号召捐、派捐等，慈善会理事会监事会还需要进一步加大改革力度，真正体现民间慈善、社会监督的力量。虽然，慈善会的改革已经迈出了步伐，然而，总会与政府部门之间的关系，特别是与民政部门之间的关系依然无法摆脱官办机构的苑囿，连中华慈善总会网站的相关信息都未能独立，慈善会和基金会合二而一所体现的“双重性”，还需要在新的年度边成长边反思，在批判中反思，在反思中成长，增强慈善会自主筹集社会资源能力，动员民间力量真正参与慈善的自组织，规范、监督，让慈善经济在全民中运作起来，缓和贫富差距，增进社会和谐，从而在社会治理中发挥特有的作用。

B.6

2013 企业社会责任发展报告

段德峰*

摘　要：

国际社会的倡导与地区政府的政策立法，是企业社会责任自上而下发展的外部推动力量。独立的公众事件演变为社会话题，并逐渐形成公众意识，企业社会责任也获得了自下而上的动力。两股力形成合力，资本运作则帮助建立理性的市场机制。如今，企业履行社会责任已经成为社会发展的应有之义。另外，可持续发展的实践经验，价值创造机遇的前沿理念的导引，以及中国企业家公民意识的觉醒，均已成为企业社会责任发展的内生动力。

在此基础上，2013 年，中国企业社会责任的实践进入持续平稳的发展阶段。一方面，社会责任报告发布数量继续快速增长，报告质量尚待改善，而新一轮更具有实操性的国内外报告指南的发布，将有可能促进报告质量的显著提升。

4 月 20 日发生的“芦山地震”，再次体现企业在公益慈善参与中的积极性和重要性；从另一角度看，一定时期内，公益慈善仍将是中国企业履行社会责任的重要实践领域。未来，当公益实践更具有专业性时，企业也将深刻认识到公益慈善与企业社会责任之间的关系，从而进一步优化对这两方面的投入。

在企业“走出去”的过程中，国际背景下的社会责任，已成为中国企业跨国经营的基本战略之一。当下，中国企业已不再局限于为响应国际供应链或国际市场合规要求，而涉足社会

* 段德峰，北京瑞森德管理顾问有限公司总裁。

责任领域，而是更主动地将社会责任的话语体系作为重要的国际语言展开主动的对话与交流。或可期待，中国企业将在理念和实践层面，成为真正意义上的世界企业公民。

关键词：

企业社会责任　可持续发展　企业公民　信息披露　企业社会责任报告　公益慈善

事实上，自2006年中国企业发布第一份社会责任报告以来，每年的总结对于中国企业在社会责任领域的发展，都显得尤为重要，2013年当然也不例外。这种重要性主要表现为外部推动力量的加强，理念与战略的演变；也表现为实践特色的形成与巩固。而当新兴行业崛起带来社会变革时，中国企业的社会责任也正发生改变。

一　多方力量推动企业社会责任发展

1. 国际标准

2013年，国际社会对可持续发展与企业社会责任的关注持续提升，呈现出注重战略制定、加强经营管理等一系列特点。总体来看，业界已就履行符合行业与企业特色的社会责任，同时进行规范化、常态化披露，达成基本共识。

2013年5月24日，国际报告倡议组织（GRI）① 发布了最新版可持续发展报告指南G4。

GRI报告指南为目前使用最广泛的国际框架，新指南的出台将信息披露重点，从披露指标应用程度，导向披露管理过程中实质性议题的选择，从而提倡编制符合行业和企业特色的报告，不求“面面俱到”，同时也推动企业将可持续发展战略融入经营管理过程。而宣布与GRI深度合作的国际综合报告委员

① G4（2013），GRI：https：//g4. globalreporting. org/Pages/default. aspx。

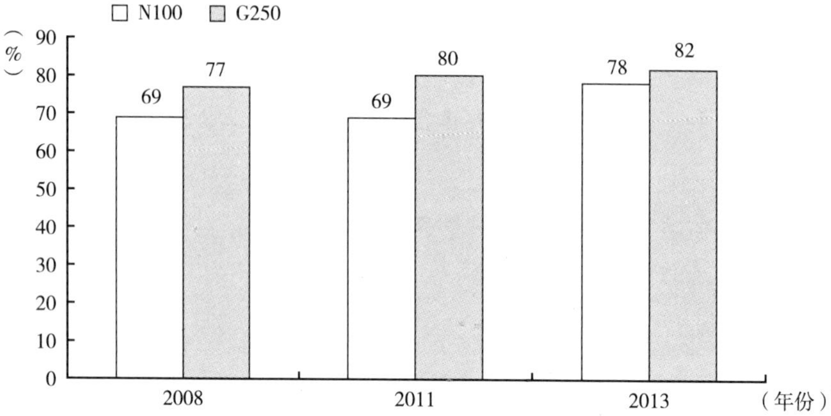

图 1　GRI 框架使用情况

* 现已有超过 3/4 的各国最大的 100 个企业（"N100"）采用 GRI 框架编制其社会责任报告，与 2011 年数据相比上升 9%。2013 年，全球最大的 250 个企业（"G250"）中有 82% 的企业采用 GRI 框架编制其社会责任报告。

资料来源：*The KPMG Survey of Corporate responsibility reporting* 2013，*KPMG International*，*kpmg. com/sustainability*，2013。

会（IIRC）①，也在 2013 年年末发布了最新批准的综合报告框架，为企业与利益相关方沟通带来新思路，更为投资者提供有效信息，帮助他们做出资本流向的理性决策。

指引出台，企业社会责任领域的国际倡导，向专业化发展又迈进一步；同时，实践过程中汲取的经验正发挥出更具建设性的指导作用。

2. 国内立法

相比国际倡导的前瞻性与理论性，国家与地方立法显然更具有强制性。过去，不少观察认为，中国的企业社会责任发展缺乏公众参与基础，单纯依靠政府立法不符合国际社会惯例。然而事实上，顶层推动力量普遍存在于企业社会责任实践与信息披露领先的国家。

毕马威国际（KPMG International）发布的 2013 年《企业责任报告调查报告》② 显示，法国、丹麦、南非等国在立法推动下，企业社会责任报告发布比

① 〈IR〉(2013)，IIRC：http：//www. theiirc. org/international-ir-framework/.

② The KPMG Survey of Corporate responsibility reporting 2013，KPMG International，kpmg. com/sustainability，2013.

率接近 100%。以丹麦为例，该国最大的企业均被要求披露社会责任报告，如不披露，则需要在年报中进行解释。这种“披露或解释”的监管措施，已经成为较普遍的推动方式。

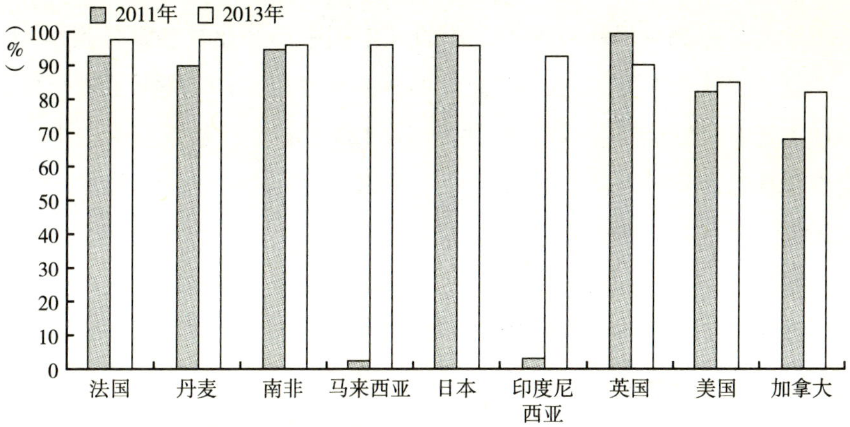

图 2　按国家企业社会责任报告完成情况图

＊由于国家法律的规定，法国、丹麦和南非的社会责任报告完成情况位列前三。

资料来源：*The KPMG Survey of Corporate responsibility reporting* 2013，*KPMG International*，*kpmg. com/sustainability*，2013。

2013 年 8 月，国务院总理李克强在主持召开国务院常务会议时再次强调，央企需切实履行社会责任。年底召开的中央企业社会责任工作会议上的报告指出，截至 2012 年年底全部央企均发布社会责任报告或可持续发展报告，完成了 2008 年国务院国资委下发《关于中央企业履行社会责任的指导意见》中提出的目标。[①] 自此，央企率先完成社会责任披露。

在此背景下，央企成为了国内不少社会责任实践或社会责任报告榜单中的领跑者。然而，对比突出的报告发布成绩，央企具有争议性的社会声誉以及社会责任负面事件带来的重大影响，却因与实际经营之间存在的差距而蒙受质疑。

另外，我国也在积极探索推动不同地区、不同行业、不同所有制，以及不

① 《截至 2012 年底全部央企均发布社会责任报告或可持续发展报告》，新华网，http：//news. xinhuanet. com/fortune/2013 - 12/13/c_ 118550182. htm。

同规模企业履行社会责任，并进行披露，力求把企业的责任行为放在同一水平上。事实上，2008 年前后，浙江省、深圳市、上海市浦东新区等各级政府，已经就企业履行社会责任出台了指导意见。包括中国银行业协会、中国工业经济联合会等在内的各行业协会，则是社会责任信息披露指引的主要发布机构。

2013 年，首部专门针对中小企业的《中国中小企业社会责任指南》[①] 发布，围绕“责任管理”，根据中小企业的核心利益相关方，提出了履行社会责任的四类要求。《指南》还特别提供了包含 120 个自我评估指标的“中小企业社会责任基础自我评估表”，帮助中小企业识别主要的社会责任风险。

国家工商总局于 2013 年 10 月，首次面向直销行业发布《直销企业履行社会责任指引》。工信部也通过指标升级、座谈研讨等形式，对钢铁行业、互联网行业企业履行社会责任提出切实要求。显示出履行社会责任对特定行业企业的突出重要性和差异性。

可以相信，未来更细致、更具针对性、贯彻要求更高的立法将陆续出台。国内立法仍将是中国企业社会责任发展最核心的推动力量。

3. 资本市场指引

除了各级政府立法以外，资本市场对上市公司履行社会责任的指导意见，也具有很强的推动作用。毕马威国际发布的调查报告显示，新加坡交易所针对上市公司可持续发展报告的指南出台，大大增加了新加坡企业社会责任报告的披露数量。

我国深交所与上交所也已分别于 2006 年与 2008 年出台了《深圳证券交易所上市公司社会责任指引》与《上海证券交易所上市公司环境信息披露指引》。并从 2009 年开始，上交所要求包括“上证公司治理板块”样本公司、境内外同时上市的公司及金融类公司在内的三类上市公司，必须随年报一起披露其社会责任报告；深交所则要求深证 100 指数成分股上市公司必须发布社会责任报告。香港联交所也于 2011 年发布《环境、社会及管治报告指引》的咨询文件，并于次年完成咨询工作，除提供详细的报告编制指南和工具以外，还

---

① 我国首次出台《中国中小企业社会责任指南》，人民网，http：//finance. people. com. cn/n/2013/1224/c70846 – 23934212. html。

计划于2015年或之前，将披露责任的程度提高至“不遵守就解释”。①

除了立法以外，社会责任投资还从资本市场运作机制上，探索履行社会责任与资本回报间的相关性。继银监会2012年发布绿色信贷政策之后，在2013年11月举行的全国银行业化解产能过剩暨践行绿色信贷会议②上，国内29家主要银行业金融机构已签署了绿色信贷共同承诺。

我国首支社会责任投资基金于2008年问世。2013年3月，财通基金发布“中证财通可持续发展100指数”，成为继兴业基金、汇添富基金等以后第九支社会责任基金。③ 从全球范围看，2013年联合国全球契约（UNGC）推出“全球契约100”（GC 100）股票指数，中国的联想、宝钢、万科三家企业入选。④

企业履行社会责任与企业财务回报之间的关系，一直是经济管理学界研究社会责任的重要切入口，但难以得到定论。与其纸上谈兵，不如清醒地意识到，当面临社会与环境的多重问题时，以单纯逐利的姿态参与市场，不但道德缺失，更可能存在经营与投资风险。

4. 消费者意识

消费者作为企业社会责任的核心利益相关方，不仅与企业的产品与服务责任直接相关，其消费行为也将受企业在社会、环境等方面的更广泛的责任，以及企业品牌所影响。在西方，消费者运动是推动企业对包括损害消费者权益、剥削劳工、环境污染等在内，不可持续的经营行为进行回应的最初推动力量，也往往是政府立法出台的重要社会基础。在这个过程中，非营利组织往往是运动的组织与发起方，大众传媒则是引爆载体。然而在中国，这样的机制仅初具雏形。

近年来，环境污染、食品安全等风险成为社会普遍关注的焦点，公众越发意识到，这些复杂的社会与环境问题，与企业经营行为紧密相关。公众开始越来越多地使用缺乏“社会责任”来评判企业的不作为。一方面，运动式的公

---

① 《环境、社会及管治报告指引》的咨询总结，香港交易及结算所有公司，2012年8月。

② 《全国银行业化解产能过剩暨践行绿色信贷会议召开》，人民网，http：//fujian. people. com. cn/n/2013/1105/c181466－19847683. html。

③ 《中国基金业责任投资调查报告（2013）》，中国责任投资论坛，2013。

④ UN Global Compact 100 IndexConstituents，United Nations Global Compact，http：//www. unglobalcompact. org/Issues/financial_ markets/global_ compact_ 100. html，2013.

众倡议在中国社会基础薄弱；另一方面，中国市场消费能力的爆炸式增长，使理性选择显得尤为重要。比起“消费者运动”，或许“可持续消费”与“责任消费”将成为消费者推动企业履行社会责任的更有效机制。

中国政府第十二个五年发展规划专篇论述“建设资源节约型、环境友好型社会”，其中特别提到“加快构建资源节约、环境友好的生产方式和消费模式”。2013 年年初出版的一本题为《中国可持续消费研究报告》① 显示，了解可持续消费确切含义的消费者所占比例不足 40%。消费者以社会责任缺失为由“用脚投票”，还有很长一段培育过程，也意味着这股推动企业履行社会责任的力量还需酝酿。

在此过程中，当中国社会相对缺乏运动式、组织化的社会参与机制，且非营利机构自身发展尚不成熟，公众媒体就成了最重要的对话媒介。而微博、微信等社会化媒体在中国的落地，将大大削减这种相互培育的时间与空间成本，也将使得在社会责任方面不作为的企业面临更大的品牌风险。另外，当更张扬个人，更强调价值认同的 80 后、90 后群体成为消费主力军，对企业产品与服务的要求将更有可能上升到可持续发展、社会责任等的理念层面。

不少企业已经认识到社交媒体在公众沟通过程中的重要性与特殊性，以及消费群体和消费习惯的演变给企业品牌价值提出的挑战，开始尝试建立更接近消费者的沟通方式和渠道，如开设企业官方账号，甚至是企业社会责任、企业公益的官方账号。即使沟通的有效性仍需探索，开始沟通，已经说明企业在履行社会责任方面，越来越多地感受到公众意识带来的影响。

相信，在这样的相互培育过程中，先行企业将占得产品创新与发掘新市场的先机。

二　社会责任新理念与新观点涌现

1. 理念创新与战略演变

当企业作为最重要的组织形态之一，更深层地卷入全球博弈过程，不仅给

① 《中国可持续消费研究报告（2012）》，经济管理出版社，2013。

人类发展带来更大的风险与机遇，也将使企业遭到这些风险与机遇的影响。从履行基本的责任到把握多元化的发展机遇，企业社会责任的理念内涵在发生变化。

从 1924 年谢尔顿（Oliver Sheldon）① 提出“公司社会责任”一词，到 1953 年被称为“企业社会责任之父”的伯文（Howard R. Bowen）② 发表《商人的社会责任》一书，对“什么是社会责任”及“为什么履行社会责任”进行探讨，再到卡罗尔（Carroll）③ 提出四层次金字塔模型、埃尔金顿（John Elkington）④ 建立“三重底线理论”，明确“企业有哪些社会责任”。现在，“企业社会责任”的基本内涵，以及企业履行“社会责任”的必要性已达成全社会的基本共识。

2011 年，波特（Michael E. Porter）与克瑞默（Mark R. Kramer）⑤ 发表在《哈佛商业评论》上的一篇论文首次提出“创造共享价值”，并指出企业价值创造的方式已经过时，而“社会责任”的心态，将社会问题视为非核心议题也已经过时。他们以“共享价值”先行企业的优秀案例分析，来说明“处理社会的需求与难题时，不但创造经济价值，也为社会创造价值”的可能性与机遇。

经过两年的实践，“共享价值”理念也被不少中国企业所知晓，并尝试通过对自身商业模式的解读诠释其“共享价值”的创造过程。2013 年，已有中国企业在社会责任报告中融入“共享价值”理念，更有将社会责任报告的名称或主题明确定义为“共享价值”。以英特尔中国为例，2013 年发布的企业社会责任报告中，再次突破其全球报告框架，突出在中国市场提出的 CSR3. 0 模型，成为实践领域具有前瞻性的理念倡导者。CSR3. 0 尤其在企业层面，将可

① Oliver Sheldon, *The Philosophy of Management*, Sir I. Pitman&sons, Limited, 1923, p. 296.

② Howard R. Bowen, *Social Responsibilities of the Businessman*, Harper&Brothers, 1953, p. 276.

③ Carroll Archie B. *A Three-Dimensional Conceptual Model of Corporate Performance*, Academy of Management Review. 1979, Vol. 4, No. 4, 497 –505. *The Pyramid of Corporate Social Responsibility: Toward the Moral Management of OrganizationalStakeholder*, Business Horizons, July-August 1991.

④ John Elkington, *Cannibals with forks: the triple bottom line of twenty first century business*, Capstone Publishing, 1999, p. 410.

⑤ Michael E. Porter and Mark R. Kramer. *Creating Shared Value.* H Review, January/February 2011, 《波特：创造共用价值》,《哈佛商业评论 - 全球繁体中文版》, 2011 年 1 月。

持续发展对于企业的价值创造，定位于从“降低并消除风险”到“巩固并扩大市场”再到“预知并创造市场”的发展过程。①

然而，对于中国企业来说，“共享价值”的理论意义尚远远大于实践意义，一定程度上停留在“看起来很美”的层面。例如，大部分中国企业社会责任实践领域与企业主营业务尚存在鸿沟，因而也谈不上真正的“共享价值”；企业缺乏对于衡量和评估商业价值和社会价值的体系，难以将单次的、短期的尝试，转变为持续的价值创造过程。

当然，不论该理念的内涵是否完善，不论学界与企业如何解读，这一理念的提出及获得的认可，更大意义在于，企业与社会的可持续发展，或将超越单纯的“责任”，成为改善经营和创新的机遇。企业或将从被动地履行义务，转变为以“可持续”视角实现商业突破。

可以预见，“社会责任”的理念与企业经营的关系正在发生改变。无论概念如何表述，可持续发展的必然性、机遇性、合作性与竞争优势的大方向是一致且确定的。中国企业必须，也必然把握这场孕育中的新变革。

2. 企业家的责任观

2013 年 2 月，马云在“亚布力”论坛上进行了一次充满危机意识的演讲，以期唤醒企业家的危机意识，关注如今面临的包括大气、水质污染等社会与环境风险，并倡议采取行动。在近年来发表的一些采访中，以马云为代表的不少中国企业家，纷纷将这种危机，以及危机意识下的责任列为其考虑最多的问题。

2013 年 7 月，王瑛就退出“正和岛”发表声明，并围绕“在商言商”的观点展开一系列论战。论战的浅层焦点在于“企业家该不该谈政治”，而究其本质则在于“企业家应该承担什么样的社会责任”，而在社会转型的背景下，企业家能否在商业领域独善其身，中国的企业家精神何在。

随着改革开放、经济发展，中国企业崛起。近年来，互联网与社会化媒体的爆发式增长，使得一批成功的中国企业家以意见领袖的身份，参与社会变革与社会问题的大讨论。而“社会责任”与“可持续发展”又是这些讨论的经

① 《2012～2013 英特尔中国企业社会责任报告》，英特尔中国，2013 年 12 月。

常议题之一。不论结果如何，企业家的探讨本身就是一种进步。

2008 年的“汶川地震”，一方面成为企业家，尤其民营企业家社会责任观发展的重要转折点；另一方面也使得慈善捐赠，成为企业家改善形象、参与社会发展的重要方式。然而在过去的 5 年中，越来越多的企业家感到，单次的、与企业经营脱节的捐赠，是企业履行社会责任的初级形式。“仅仅是拿出一些钱来做‘慈善’，谈不上是真正的‘企业社会责任’。”王石的一番言论成为这种观念转变的写照。越来越多的企业家开始将多元化的责任观，作为企业家精神的重要内涵，以及企业公民的理念核心。

以环保议题为例，从联合发起阿拉善生态协会，到纷纷设立基金会做环保，再到登顶珠峰、抵制鱼翅等行为倡导，中国企业家已经成为环保界的中坚力量。企业家正逐步将一种简单的慈善行为、企业家的个人情怀，转变为企业经营过程中的可持续发展实践。万科集团发表一系列绿皮书，成为我国房地产行业绿色建筑的先行者。

企业家也是商业机构与非营利组织跨界合作的主要推手。越来越多的企业家不仅尝试促成深度的战略性合作，还通过担任非营利组织的管理职务，来推动中国公益事业的发展，其中就包括担任阿拉善生态协会历届会长的刘晓光、王石、冯伦等，帮助壹基金实现转型的王石、牛根生、马化腾等，以及成为大自然保护协会（TNC）全球董事会中第一位中国人的马云等。

中国企业家的社会责任观，渗透了中国的商业与社会发展的不同领域，正为企业履行社会责任提供最坚实的支撑，也将进一步唤醒公众意识，让主动把握机遇的价值创造成为中国企业的竞争优势。

三　企业实践的中国特色与国际化趋势

1. 责任信息披露持续常规化发展

《中国企业社会责任报告白皮书（2013）》[①] 中的最新数据显示，2013 年我国共发布了 1231 份企业社会责任报告。

① 《中国企业社会责任报告白皮书（2013）》，经济管理出版社，2013。

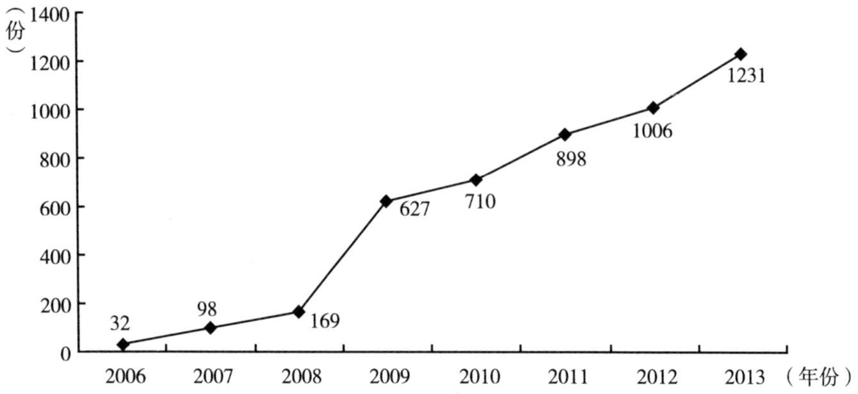

图3 中国企业社会责任报告数量

* 中国企业社会责任报告数量持续增长，2006 年被业内称为中国企业社会责任元年，当年共发布 32 份报告，以后年度该数据持续快速递增。

资料来源：《中国企业社会责任报告》，中国社会科学院经济学部编，*http：//wenku.baidu.com/link? url =fACU79TIvh3IxLcYKeXqR3Xkf2yn5dp1HDeA6mSrRnOAzESU6iqakDHNOaKMuWKKq5P7ecSIcMKcgRM5pURQ4iI1c28rEHcfJTAfX80EbSG*。

2011 年中国企业发布社会责任报告量同比增长 18%，网易财经，*http：//money.163.com/12/0526/16/82EPTJU800253B0H.html*。

社科院发布《中国企业社会责任报告白皮书（2013）》，经济参考网，*http：//jjckb.xinhuanet.com/2014 -01/17/content_ 487886.htm*。

而在另一项发布的统计数据中，2013 年前 10 个月，企业在中国内地发布的社会责任报告已达 1397 份。① 忽略统计差异，可以预见，2013 年我国企业发布社会责任报告的数量将持续 2012 年的势头，大幅增长。相比较 CorporateRegister② 于 2013 年 11 月公布的报告显示，2013 年全球发布社会责任报告的数量在 6000 份以上平稳增长，中国的企业社会责任报告发布进入下一个快速发展阶段。

可以说，定期的报告发布情况，是目前企业展示其社会责任履行水平，接受外界对企业履行社会责任进行评价最直接的途径，在未来一定时期内，这样的局面将维持不变，主要表现在以下三个方面：

首先，对信息披露的要求仍将持续增强。2013 年 10 月，国务院常务会

① 《金蜜蜂中国企业社会责任报告研究 2013》，WTO 经济导刊与中国经济信息网，2013 年 12 月。

② CRPerspectives 2013，CorporateRegister.com，November 2013.

议上明确指出，将企业年检制度改为年度报告制度，任何单位和个人均可查询。一方面，使企业相关信息透明化；另一方面，也增强了企业信息披露的主动性。同时，上交所就信息披露监管推出了不少重要举措，在成立上市公司信息披露咨询委员会的同时，还发布了房地产、石油和天然气开采、煤炭开采和洗选三个行业的分行业经营性信息披露指引。2013 年，包括深圳、广州等地在内的碳排放交易所陆续启动，是我国企业碳排放核算与信息披露的重要节点。

其次，报告质量持续提升，但仍有很大的改善空间。从报告篇幅、发布的持续性，以及一些第三方机构发布的评价来看，我国企业社会责任报告的质量稳步提升。然而，就信息披露的完整性、正面与负面信息披露的平衡性来看，质量仍普遍偏低。同时，大部分企业尚没有建立完善的社会责任信息采集制度，第三方审验意识仍然欠缺，使得信息披露的准确性存在疑问。言之无物、避重就轻的报告既谈不上质量高低，又将损害社会责任报告本身的公信力，这在一定程度上成了制约中国企业社会责任发展的瓶颈。2013 年，GRI4 报告指南与 IIRC 报告框架的发布，一方面，强化识别实质性议题的重要性，也即企业不应笼统地披露其社会责任实践，而应在可持续发展战略制定的前提下，更具针对性地进行信息披露；另一方面，信息披露需要常规、规范及可信，实现与财务信息的对接。期待这种既强调“特色”与“差异”，又追求“规范”的趋势取得平衡，或将为中国企业社会责任信息披露规模的突破性递增、实现质量的飞跃带来题解。

最后，更多中小企业加入报告发布的行列。《中国中小企业社会责任指南》从侧面体现了中小企业的社会责任意识的增强，需要符合其自身发展的方向指引。而信息披露与报告发布则是这一趋势的集中体现。行业协会是推动中小企业履行社会责任的重要力量，也是中小企业交流信息的平台。2013 年，包括工业经济行业、交通运输业、信托业等在内的不同行业，均发布了行业社会责任报告，以行业中的龙头企业为标杆，带动中小企业履行责任。同时，供应链是推动中小企业发布报告的另一个重要力量，供应链协同发展也是大型企业社会责任的一个重要议题。只有当不同类型的企业共同履行责任，形成真正意义上的行业生态，才能实现社会责任信息披露的规范发展。

2. 企业公益慈善的专业化提升

公益慈善与企业社会责任的关系一直是行业内探讨的重要话题。在卡罗尔(Carroll)①提出四层次金字塔模型中已经对此做出了阐释，他将企业的社会责任划分为底层的经济责任、高一层的法律责任、再高一层的伦理责任，以及最顶端的慈善责任。如同马斯洛需求层次理论②对人类需求的划分一样，卡罗尔对企业社会责任的划分一方面表明慈善责任是一种企业处于较高发展阶段的责任，但如果没有底层责任的支撑，也将无从谈起。

然而，企业社会责任在中国的发展初期，就有不少中国企业将公益慈善作为履行社会责任的全部内容；成立的社会责任部门，核心工作也是做公益、做慈善，部门预算则是企业的捐赠预算。虽然在一定时期内，公益慈善仍将是中国企业履行社会责任的重要实践领域，随着企业参与公益慈善的专业化水平提升，其与社会责任的关系也将更为明晰。同时，当企业以价值创造的视角来审视公益慈善的实践成果，提升对于公益慈善效率的追求，将有助于推动公益行业的发展。

2013 年 4 月的"芦山地震"是继 2008 年以后中国公益行业发展的又一重要转折点。在经历了一系列负面信息对行业公信力的冲击之后，中国公众，包括企业在内开始理性捐赠。快速响应、合理分配资源、关注灾后重建，以及选择优秀的公益合作伙伴，使得此次救灾过程有序而高效。加多宝与中国扶贫基金会、腾讯与壹基金均开展了灾害救助过程中的战略性合作。

表 1　"芦山地震"各企业捐赠情况

企业名称	捐款情况
富士康科技集团	5000 万元
茅台集团	2000 万元
恒大集团	2000 万元
吉利控股集团	2000 万元

① Carroll Archie B. *A Three-Dimensional Conceptual Model of Corporate Performance*, Academy of Management Review. 1979, Vol. 4, No. 4, 497 - 505. *The Pyramid of Corporate Social Responsibility*: *Toward the Moral Management of OrganizationalStakeholder*, Business Horizons, July-August 1991.

② Abraham Maslow*A Theory of Human Motivation*, Psychological Review. 1943.

续表

企业名称	捐款情况
中国农业银行	1200 万元
金龙鱼慈善基金会	1200 万款物
中国太平保险集团	1000 万元
中国人民保险集团	1000 万元
中国人寿保险集团	1000 万元(助养孤儿)
农夫山泉股份有限公司	1000 万元
娃哈哈集团	1000 万元及物资
蒙牛乳业集团	1000 万元及牛奶
五粮液集团	1000 万元
万达集团	1000 万元
东航集团	1000 万元

资料来源：芦山地震救援企业捐款名单，截至 2013 年 4 月 23 日，http：//news. xinhua08. com/a/20130423/1160031_4. shtml。

除了合理选择公益伙伴，自身的机制化运营同样重要。越来越多的企业通过设立专项基金，成立基金会，专业、持续、高效地投入公益行业。

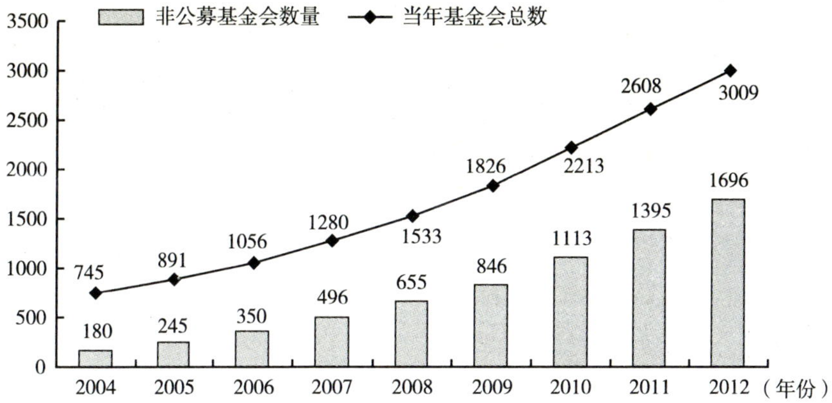

图 4　非公募基金会在基金会总数中的占比

* 在 2004 年以前，全国的基金会以公募基金会为主，占总数的 80% 以上。随着《基金会管理条例》的出台，非公募基金会的身份得到承认，其数量也呈现出较快的增长态势。2005 年以后非公募基金会的年增长率都在 20% 以上，而同期的公募基金会的年增长率则在 10% 左右，非公募基金会数量从 2004 年的 180 家增长到 2012 年的 1696 家，基金会数量占比亦从 2004 年的 24% 增长到 2012 年的 56% 。

资料来源：非公募基金会发展现状，基金会中心网，http：//news. foundationcenter. org. cn/html/2013－07/70139. html。

基金会中心网①数据显示，截至2013年12月31日，中国共有3554家基金会，非公募基金会占比达60%，企业则是非公募基金会的主要发起单位，其中民营企业更是重要力量中的重要力量。据不完全统计，在民政部注册登记，由民营企业发起设立的基金会数量远超过国有企业为发起单位的基金会数量。阿里巴巴、万科、腾讯等企业均已出资成立基金会，而这些企业的企业家正是公益慈善领域的企业界代表，也是中国企业家“社会责任观”变化的核心推动者。

当然，企业基金会运营的实际绩效与行业影响力是衡量其专业性更重要的指标。目前，企业基金会仍然存在投入形式单一、运作不规范、影响力不足、与企业边界不明晰等问题。与企业社会责任的发展一样，问题存在，发展空间同样存在。2011年成立的阿里巴巴公益基金会以环保为重点领域，通过开展具有影响力的资助项目，树立基金会品牌的同时，助力草根公益发展。而其项目评审委员会制度，更是员工公益参与的典范。

在完善运营机制的前提下，资源投入类型的延伸，将为企业带来更大的价值创造空间。不少企业从单一的资金捐赠阶段，逐步发展为包括专业人才、产品、技术等在内的，核心竞争力投入阶段。多元化的资源投入，意味着与企业主营业务真正意义上的紧密结合，也意味着公益将为主营业务创造机遇。以信息行业企业为例，较资金而言，人才、技术、数据平台才是其更具优势的核心资源，也正是这些企业投入公益的主要资源。从人才方面来看，信息行业企业一直是专业志愿者（Pro Bono）的主要输送力量；从技术方面来看，微软的“青年星火计划”通过捐助非营利组织为全球青年获得平等教育与就业机会提供技术支持，而百度则通过“急救轻应用”将公益性融入其2013年新推出的战略性产品；从数据平台方面来看，淘宝开设公益网店、设置公益宝贝，支付宝开放E公益平台，不仅让“人人公益”成为可能，更为非营利机构和公益行业带来重要发展机遇。

在探索企业向基金会发起捐赠的方式以及基金会管理运作等问题时，2013年4月海航创业团队向海南省慈航公益基金会捐赠集团价值30亿元股权，很

① 基金会中心网，http：//www.foundationcenter.org.cn/，2013年12月31日。

有必要提及。通过股权捐赠的方式参与公益慈善，向来是一个具有争议性的话题。2003 年财政部出台《关于加强企业对外捐赠财务管理的通知》，明确将企业对外捐赠其持有的股权列为禁止行为；直到 2009 年 11 月 5 日，通过发布《关于企业公益性捐赠股权有关财务问题的通知》，允许企业以持有的股权进行公益性捐赠。此后，曹德旺捐出曹氏家族持有的福耀玻璃股份中的 70% 成立河仁慈善基金；新华都集团董事长陈发树设立新华都慈善基金会的同时，捐赠价值 83 亿元的有价证券。这些慈善捐赠伴随而来的却是质疑。质疑一方面在于捐赠对于其他投资者的影响，另一方面在于捐赠的动机。股权捐赠在西方，尤其美国，是相对常见的慈善捐赠方式。典型案例是 2006 年沃伦·巴菲特将 1000 万 Berkshire Hathaway 公司 B 股股票捐赠予盖茨基金会，并通过设置相应的捐赠条件来降低对企业的风险。

事实上，股权捐赠对于社会公益发展的意义，从长远来看也许更值得探讨。股权捐赠于公益慈善事业，对于社会公众来说是获得更大可能性，来分享企业发展带来的机遇；对于基金会来说是获得了一种健康的资产。长期持有受赠股权，通过持续稳定的股权收益，基金会将以较低风险实现资产的保值增值。包括上海宋庆龄基金会、浙江大学基金会在内的部分基金会，均已有过成功尝试。

3. 中国企业的海外责任之道

在企业社会责任的发展历程中，经济全球化带来的挑战是重要成因之一，这也要求企业将其社会责任的履行置于全球可持续发展的背景中。

继 2013 年 2 月，商务部与环保部联合举办“中国企业走出去履行社会责任”专题新闻发布会后，7 月商务部研究院与波士顿咨询公司（BCG）在联合发布的《中国企业国际化操作指南》① 中，将国际化的企业社会责任作为核心内容之一。同年，中石化发布拉美和非洲地区的社会责任报告，回顾海外经营的社会责任实践成果。

当“企业社会责任”逐渐进入中国社会的话语体系时，一批在华经营的

① 《中国企业国际化操作指南》发布，企业“走出去”有了新指南，光明网，http：//economy.gmw.cn/2013 -07/10/content_ 8241588.htm。

大型外资企业一直以引领者的姿态，被业界当做战略与实践标杆。然而，受到政府、资本市场、公众与媒体等外力推动，以及理念、意识与战略的内在驱动，中国企业已经变得更为主动，并且正努力取得后发优势。

相比较外企继续将全球总部的统一责任战略框架套用于中国市场，中国企业不仅更为积极地贡献本地发展，甚至参与主导包括联合国全球契约、全球报告倡议组织等发起的前瞻性研究，更作为跨国经营与投资的企业，发布区域或国别的社会责任报告。社会责任正逐步成为中国企业“走出去”的重要战略。

事实上，中国跨国企业，尤其以跨国能源企业外代表的海外经营“合法性”曾多次受到质疑，投资与发展速度过快、企业本身的意识不到位、相关法律法规不完善、缺乏对当地的了解与合作、品牌形象不佳且影响力不足，均使得中国企业的海外经营面临争议。在此背景下，越来越多的中国企业意识到“社会责任”战略或为缓解矛盾、实现健康发展的题解。

当然，目前中国企业的海外社会责任无论从理念层面还是战略实践层面来看，均以被动的责任履行、风险规避为主，缺乏主动的机遇创造。与将被忽视的社会需求，尤其是发展中国家市场的社会需求，转化为机遇的“共享价值”论存在较大距离。

作为全球第二大进出口贸易国，最大的外资吸收国，第五大海外投资国，中国在参与全球化和海外经济的过程中，在海外履行社会责任，将与在国内一样，成为必然。下一步，中国企业应致力于探索如何在合作中提升效率，在抵御风险时形成竞争优势，把握国内外的共同机遇，树立真正意义上的中国品牌。

四　面向未来的思考

当企业面临更严峻的可持续发展挑战，履行社会责任成为企业经营过程中的应有之义，企业社会责任的探讨，将从概念、可能性、必要性，过渡到需求、机遇、创新，同时，责任的内涵也将更为丰富。

立法倡导与公众意识的外力推动，使得基本的社会责任履行和信息披露逐渐成为底线要求。新理念的提出，则使得企业履行责任的过程，成为发现新需求、新市场，从而优化经营、实现创新的过程。放眼国际趋势，以“共享价值”为代表的新型理论，或将从“企业社会责任”的概念中完全分离出来，成为真正意义上的经营与发展战略；而“企业社会责任”则将回归合法合规、责任与义务的本意之中，只是未来的底线将更高、更严谨。

值得期待的是，在越发多元化、越发有力的推动作用下，中国企业将有更多机遇与可能参与和引领理念层面的创新。而在实践层面，除了更具有国企企业公民的视角外，更专注于提高整体水平，包括提升信息披露质量、完善社会责任工作内涵、通过做更专业的公益来明确其与广义企业社会责任的关系。相信以上议题，在一定时期内，将是观察中国企业社会责任领域发展的主要切入点。

同时，中国社会的发展冲击着社会责任的内涵与边界。传统行业面临新兴行业崛起的空前挑战，而新兴行业带来的社会转型，则让目前以西方传统制造业为基石的社会责任观念捉襟见肘。当劳动力资源逐渐从生产线上解放，转化为人力资本、技术、数据，传统“劳工责任”涵盖的内容显然难以完全与现实匹配。另外，新的责任问题即将显现。2013 年，互联网金融的发展呈现井喷态势，使得互联网与移动互联的安全问题尤为突出。大数据对于掌握海量信息的互联网企业来说不仅是核心资源，更存在巨大的责任风险。对于互联网行业来说，信息安全作为社会责任议题，其实质性远远大于经营过程中直接或间接的环境影响。

“社会责任”的外延，需要随着行业变革与社会转型带来的转变，而不断适应、不断完善。当转变已经显现，我们应予以最密切的关注，使得关于企业社会责任的探索服务于整体经济发展的同时，有利于社会公平与可持续发展。

B.7

2013 中国志愿者捐赠价值报告

翟 雁*

摘 要:

2013 年中国志愿服务呈现专业化与多样化发展趋势，服务质量及其社会经济价值彰显。本文从志愿者捐赠总量和个人捐赠行为切入，特别提出了民间志愿者捐赠价值，描述了志愿者特征、服务动机、志愿行为表现及其蕴藏的社会资本，对当今社会发展与创新所贡献的政治、经济和社会价值。本文同时指出，中国志愿者捐赠目前全球排名最后，当前志愿者捐赠价值并未纳入国家发展统计体系，巨大的社会资本尚未能够得到有效的认知和开发。

关键词:

志愿服务测量　志愿者捐赠价值　志愿组织　社会资本

志愿者在中国已经成为社会保障、创新与发展的重要有生力量，伴随着国家实力和国民经济的增长，信息化科技的发展，越来越多的公民通过多样化途径参与社会事务。特别是 2013 年中共十八大三中全会明确界定政府与民间公益的关系，各项政治和社会改革措施加大实施力度，无论是反腐勤俭执政、简政放权给市场和社会，还是开放社会组织登记注册、政府购买社会组织的公共服务，都激发了公民社会的活力，越来越多的志愿者在移动互联网上结社，建立新型的社会关系，在线下组织去灾区、乡村、社区和学校服务他人，开展社

---

* 翟雁，北京惠泽人公益发展中心创始人，主任。

会援助和创新活动，志愿者组织如雨后春笋般地出现和发展，公益慈善领域呈现出春意盎然的蓬勃景象，有资深公益人感叹“中国民间公益的春天真的来了”①！

在社会各界对公益慈善事业发展叫好的同时，志愿者对社会发展所贡献的价值并没有进入国家和地方经济社会的统计和测量之中，令公众难以理解、识别和参与志愿服务捐赠，特别是那些自愿而不为报酬、自发组织的民间志愿服务，他们好像尘沙融入城乡社区的基层土壤里，微不足道。然而正是这些自下而上的力量，自组织的内驱力和根植性，每个志愿者背后都蕴藏着巨大的社会资本，正是像他们这样的无数星星之火，可以形成熊熊燎原之势。

本报告从民间志愿服务视角来分析中国志愿者捐赠价值，试图补充当前民间志愿服务数据的匮乏。

一　2013 年度志愿者捐赠

由于当前的中国志愿服务管理体系为党政多头统筹，主要有中央精神文明委、民政部、工青妇和残联等多部委主抓，而民间志愿者大多由民间组织自我管理开展社会服务、发展与创新活动。

（一）全国志愿者捐赠总量

中国志愿者数量及其捐赠总量，由于上述原因至今缺少全面统计。

由中央精神文明办指导成立的中国志愿服务联合会，于 2013 年 12 月 6 日发布信息，目前全国已建立超过 43 万个志愿者组织、19 万个志愿者服务站，常年开展活动的志愿者超过 5000 万人，志愿服务已经从以青年志愿者为主体发展为全社会共同参与的行动。②

民政部李立国部长在 2013 年 9 月 23 日第二届中国公益慈善项目交流展示

① 徐永光：《民间公益的春天，来了》，载于《新京报网》，http：//www.bjnews.com.cn/feature/2014/01/16/302060.html，2013 年 1 月 16 日。

② 资料来源：人民网，http：//politics.people.com.cn/n/2013/1206/c70731 - 23767290.html，2013 年 12 月 6 日。

会上表示，全国常年开展活动的志愿者已超过6000万人，每年为社会提供逾3亿小时的志愿服务。① 2013年12月5日《中国青年报》发布《中国青年志愿者行动20年报告》② 称，截至2013年11月底，全国所有的省区市和市地州盟、2763个县市区旗以及2000多所高校建立了青年志愿者协会，并建立了13万个志愿服务阵地，形成了比较完善的组织体系；经过规范注册的青年志愿者达4043万人。据不完全统计，注册志愿者在2013年向社会提供了6.9亿小时的志愿服务。

笔者未能查阅到2013年全国妇女志愿者的数量及其捐赠时间，只能根据2011年11月15日全国妇联公布的实名注册巾帼志愿者人数为220万人③进行估算。

中残联于2013年3月8日发布，全国已有助残志愿者联络站30余万个，注册助残志愿者700万人，受助残疾人5000多万人次。④

中国红十字会登记的项目志愿者约有225万人。⑤

全国老龄办于2013年12月24日发布，开展社区志愿服务的老年志愿者近2000万人。十年来，共有31省区市500万人次志愿者参与“银龄行动”，直接受益达3亿人次，创造经济价值80多亿元。⑥ 根据该报道折算老年志愿者捐赠时间约为8亿小时，如果除以500万人次志愿者，则得出每人次志愿者捐赠时间为160小时，这个数据可能有误。

另有不完全统计，2012年度的企业志愿者数量为200万人，预计志愿服务时间为4000万小时。⑦

---

① 资料来源：中国新闻网，http：//www.chinanews.com/tw/2013/09-23/5313440.shtml，2013年9月23日。

② 资料来源：《中国青年报》，http：//zqb.cyol.com/html/2013-12/05/nw.D110000zgqnb_20131205_1-08.htm，2013年12月5日。

③ 资料来源：中国妇女新闻网，http：//acwf.people.com.cn/GB/16254834.html，2011年11月15日。

④ 资料来源：中残联官网 http：//www.cdpf.org.cn/clldjh/content/2013-03/08/content_30437649.htm，2013年3月8日。

⑤ 资料来源：北青网 http：//bjyouth.ynet.com/3.1/1302/28/7853060.html，2013年2月28日。

⑥ 资料来源：人民网，http：//www.juanzhu.gov.cn/fsm/sites/newmain/preview1.jsp?ColumnID=362&TID=20131224092007039143454，2013年12月24日。

⑦ 参见本书宋宗合《2012和2013年度慈善捐赠分析报告》。

表 1　中国志愿者捐赠信息汇总

志愿者分类	全国志愿者（一）	全国志愿者（二）	全国青年志愿者	全国妇联巾帼志愿者	全国注册助残志愿者	全国老年志愿者	中国红会项目志愿者	中国企业志愿者
资料来源	精神文明办	民政部	共青团中央	全国妇联	中残联	中国老龄委	中国红十字会	本书
志愿者人数（万人）	5000	6000	4043	220	700	2000	225	200
志愿服务率（%）= 志愿者人数/国家或地区人口	3.85	4.62	3.11	0.17	0.54	1.5	0.17	0.15
志愿者捐赠时间（万小时）		30000	69000			8000		4000
志愿者人均捐赠（小时）		5	17			4		20
志愿者捐赠价值（亿元）= 平均最低小时工资 10 元 × 志愿服务小时数		30	69			8		4
志愿者捐赠统计期间	2013.12.6	2013.9.23	2013.12.5	2011.11.15	2013.3.8	2013.10（近 10 年平均）	2013.2.28	

从上述多部门所报告的不完整且可能有所重叠的志愿服务信息中，笔者试将 2013 年度全国志愿者捐赠总量做如下分析。

1. 志愿者总量

考虑到精神文明办（志愿者联合会）、民政部（社会服务志愿者）、共青团中央（青年志愿者）在数据统计中的重叠性较高，笔者只采用了三者中的最高数量 6000 万人作为全国志愿者总量的基数。

老年志愿者主要从事的社区志愿服务，因此与民政部统计的志愿者数量重叠的可能性极高，在此暂时与民政部数据合并。

将全国志愿者总量的基数 6000 万人 + 巾帼志愿者 220 万人 + 助残志愿者 700 万人 + 中国红会项目志愿者 225 万人 + 企业志愿者 200 万人，则可得出在 2013 年度，以注册为主的志愿者总量约为 7345 万人，占全国 13 亿人口总数的 5.65%。

2. 志愿者捐赠

由于上述数据中的志愿服务时间只有全国志愿者、青年志愿者和老龄志愿者三个数据，去除可能有误的老年志愿服务时间，采用最高数值6.9亿小时为全国志愿者捐赠问题的基数。而巾帼、助残和红会志愿者缺少服务时间统计，只能初步估算为1亿小时，加上企业志愿服务0.4亿小时，可以得出纳入正式统计的志愿者在2013年的捐赠总量大约为8.3亿小时，折算价值为83亿元。

3. 关于民间志愿者捐赠

草根民间组织的志愿者捐赠一直以来未被纳入正式统计数据。根据惠泽人每年对中国数百家草根民间组织和志愿服务的观察，平均每个民间组织年度所使用的志愿者人数大约近100名，按照全国有30万家草根民间组织①计算，每年大约有近3000万名志愿者自愿参与了民间志愿服务。另外还有自发组织的志愿者社群以及通过互联网开展微志愿服务和线下志愿服务的社会各界人士，大约有数百万人，他们利用个人休息时间，经常性开展各类志愿服务，民间志愿服务率大约为2.5%。按照志愿者平均服务时间10小时/年来计算，民间志愿者在2013年度捐赠时间估计为3亿小时。

4. 全国志愿者捐赠价值

综上所述，在2013年度中，纳入各类机构正式统计的7345万志愿者，其捐赠价值为83亿元；另有参与草根民间组织志愿服务活动、未纳入正式统计的3000多万名志愿者，他们的捐赠价值为30亿元。两者合计全国志愿者捐赠总价值约为113亿元。

（二）政府推动志愿者捐赠

1. 志愿服务记录办法

2012年10月23日，国家民政部出台《志愿服务记录办法》②，该办法要求各类依法成立的志愿者组织、公益慈善类组织和社会服务机构以纸质材料和

---

① 《中国公益组织名录特别报告》，《发展简报》，网址：http://www.cdb.org.cn/newsview.php?id=7185，2013年4月5日。

② 民政部关于印发《志愿服务记录办法》的通知，http://www.gov.cn/zwgk/2012-10/31/content_2254469.htm，2012年10月23日。

电子数据等载体记录志愿者参加志愿服务的信息，促进和规范了全国志愿服务记录工作，为认知志愿服务价值和激励志愿者捐赠奠定了政策基础。

2. 中国社会服务志愿者队伍建设纲要（2013～2020）

2013 年年底，国家民政部颁布了《中国社会服务志愿者队伍建设纲要（2013～2020）》①，明确规定在当前和今后一个时期，社会服务志愿者队伍建设的总体目标是：建立健全社会服务志愿者法规、政策、制度体系，畅通志愿者参与社会服务的渠道，夯实志愿者参与社会服务的基础，营造人人愿为、人人能为、时时可为的社会服务志愿者发展环境，使社会服务志愿者队伍的数量、质量与结构适应构建社会主义和谐社会的需要，满足社会成员尤其是困难群体日益增长的社会服务需求。具体的指标是到 2020 年，注册社会服务志愿者占居民总数的比例达到 10%；专业素质提升，队伍结构优化，全面建立志愿服务记录制度，志愿服务成效更加明显。

3. 志愿服务纳入学生综合素质评价

中国教育部正在研究制定《关于进一步深化课程改革落实立德树人根本任务的意见》和青少年志愿服务制度，推动学校阵地与社会基地、校内课程与校外实践、校内教师与校外导师之间的衔接互动。②

4. 深圳志愿者之城

深圳市于 2011 年 12 月 5 日发布建设“志愿者之城”的决定，到 2015 年全市志愿者人数将达到常住人口的 10%，志愿服务事业发展达到国际城市的先进水平。该决定从社会参与、组织建设、机制保障、志愿精神等方面，勾勒了“志愿者之城”的建设蓝图，“志愿者之城”的志愿服务，包括但不限于注册义工提供的义工服务，还将延伸到任何组织、任何市民，有组织的或自发性的，志愿从事的公益类、慈善类活动。同时，深圳将建立多渠道投入机制，推进志愿服务管理信息化等，加强对志愿者和志愿服务工作的保障。③ 在 2012 年 3 月 5 日，深圳市又发布了“志愿者之城”建设指标体系，涵盖了“社会参与”“组织建设”“社区服

---

① 民政部官网，http：//www. mca. gov. cn/article/zwgk/fvfg/shgz/201401/20140100573025. shtml，2013 年 12 月 27 日。

② 人民网，http：//edu. people. com. cn/n/2014/0106/c1053－24036907. html，2014 年 1 月 6 日。

③ 中国文明网，http：//www. wenming. cn/zyfw_ 298/yw_ zyfw/201112/t20111205_ 410757. shtml。

务”“服务发展”“文化建设”和“资源保障”六个大类，共22项具体指标，到2015年，全市志愿者人数的增长目标为110万人，全市参与志愿服务的社会组织将达到1000个，各大专院校将开设志愿服务选修课，占2个学分。①

（三）中国捐赠的全球比较

盖洛普公司于2012年在全球160个国家和地区进行抽样调查，该调查列出了三个关键指标：帮助陌生人、捐款、捐服务时间。在各个国家和地区的抽样调查中，每个受访者回答以下三个问题：

1. 过去一个月是否帮助过一个不认识的陌生人；
2. 过去一个月是否给慈善组织捐过钱；
3. 过去一个月里是否为一个组织做过志愿服务。

英国慈善援助基金（CAF）根据地盖洛普公司的调查结果，在2013年发布的《全球捐助指数2013报告》② 中显示，全球被调查的160个国家和地区总排名中，中国慈善捐助总体比率为16%，排名全球第133位，是倒数第3位。其中，帮助陌生人比率是33%，排名倒数第13位；捐款比率是10%，名列倒数第20位；志愿者捐赠时间比率是4%，与波西尼亚、希腊、突尼斯、也门等国并列倒数第一名！美国继续以61%的捐助比率雄居榜首，而中国的香港和台湾地区的慈善捐赠分别名列全球第17和第52位。我们可以清晰地看到中国内地志愿者捐赠全球垫底（见表2）。

表2　2012年度中国在全球捐助的排名

	总排名	捐赠比率（%）	服务陌生人排名	捐赠比率（%）	捐钱排名	捐赠比率（%）	捐赠志愿服务时间排名	捐赠比率（%）
美　国	1	61	1	77	13	62	3	45
中国香港	17	44	30	55	10	63	82	15
中国台湾	52	35	71	46	33	41	60	19
中　国	133	16	120	33	115	10	131	4

① 人民网，http：//politics. people. com. cn/GB/70731/17289502. html? prolongation = 1。

② 《全球捐助指数2013报告》：参见 https：//www. cafonline. org/publications/2013 – publications. aspx。

二　志愿者个人捐赠情况

笔者通过长期从事中国民间志愿服务发展工作所积累的经验，2013 年参与了中国 12 个城市和地区的志愿服务活动及走访考察，为 2000 多家社会组织和社会服务机构开展志愿者管理培训，为 10000 多名志愿者提供支持与能力建设。在此基础上，我们对惠泽人专业志愿者数据库 600 人的基本信息和服务捐赠进行初步分析，并在网上进行了问卷调查，回收有效问卷 80 份。结合这些数据进行分析，基本情况如下：

（一）志愿者特征

1. 志愿者个人一般特征

以上志愿者一般特征显示，在专业志愿者中，以 26～40 岁来自商业技术领域的女士较多，他们大多未婚或已婚有子女，月收入主要为数千元工薪阶层。

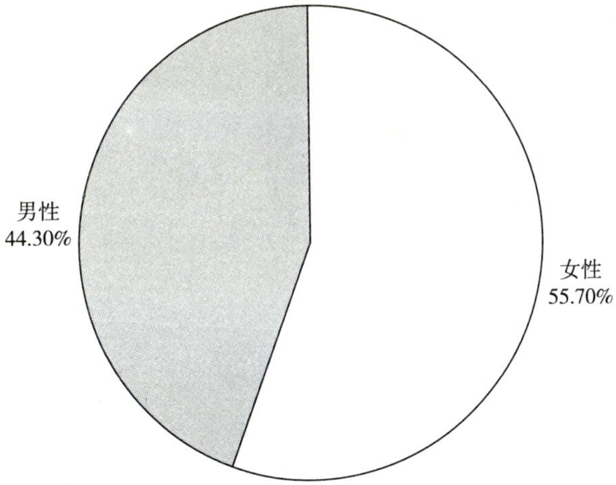

图 1　志愿者性别

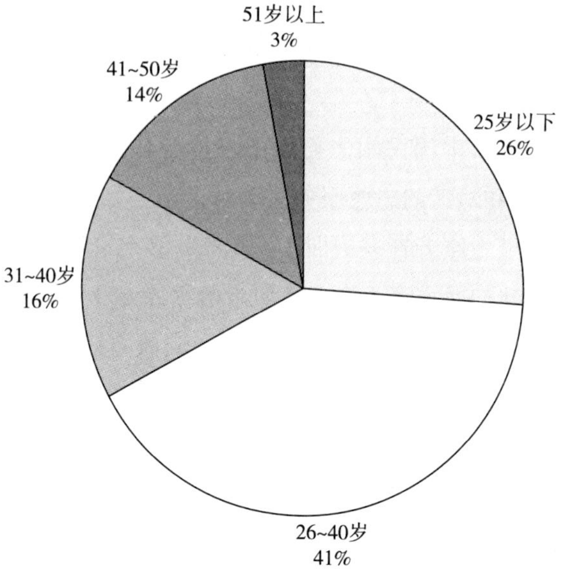

图 2　志愿者年龄

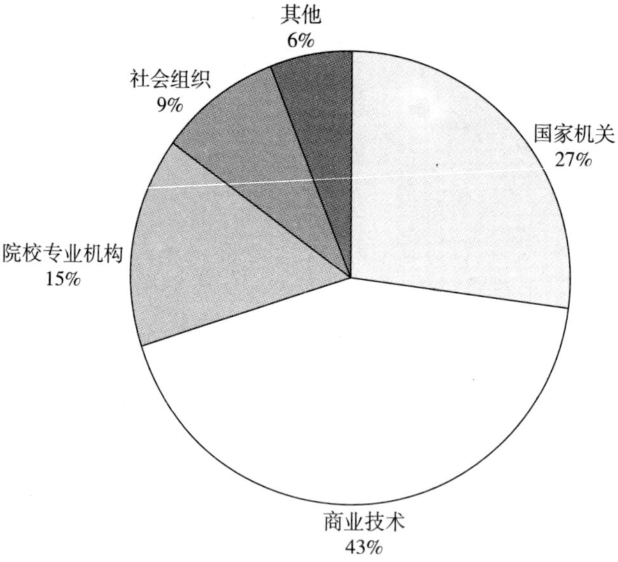

图 3　志愿者来源

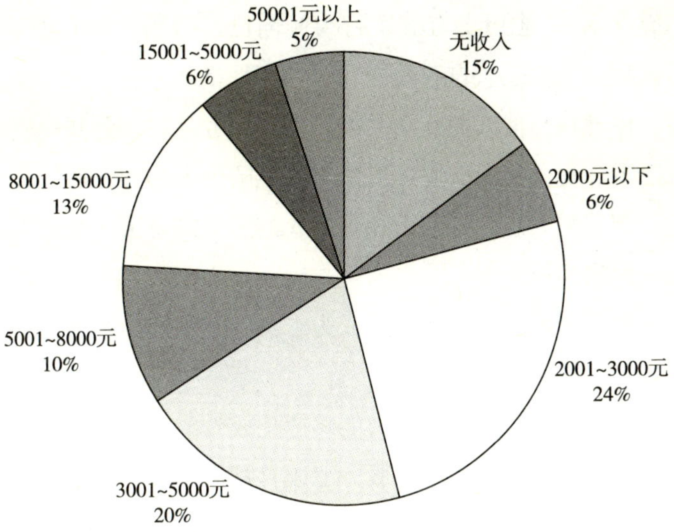

图 4　志愿者每月家庭经济收入

注：因为参与统计的专业志愿者中有 60% 是未婚，其中有 15% 是在校大学生，所以家庭经济收入实际上反映的是个人收入情况。

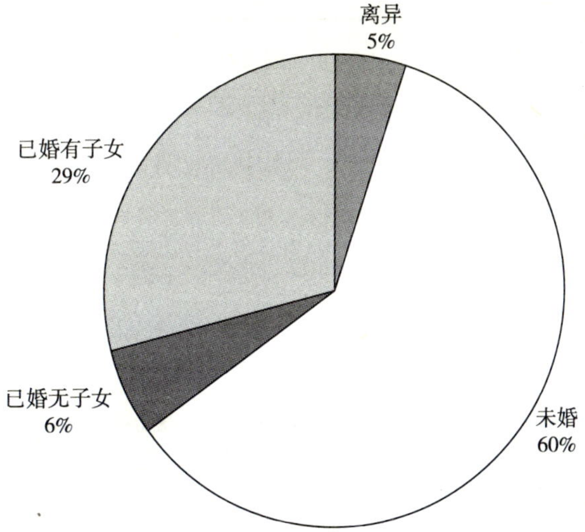

图 5　志愿者婚姻及子女状况

2. 志愿者群体特征

有关研究显示，[①] 志愿者有五个行为倾向已经得到社会心理学家的重视，即外向性、同理心、信任、自我效能和亲社会性格。

外向性，体现在与他人的互动关系。志愿服务是一个公共领域的活动，需要与其他志愿者、受薪员工、服务对象与其他陌生人进行互动。

同理心，即善解人意，是认识和理解人的感受或想法，并且用合适的情绪和行为对他人做出回应。

信任，一个信任他人的人更容易成为志愿者，信任是亲和性格特技质的一个组成部分。

自我效能，是人们对自己的努力能够产生成效的自信心。高效能的人坚信自己能有所作为，坚信他们的志愿服务能改善社区的生活质量，并且助人或维持公益机构的形式创造实际公共利益。

亲社会性格，主要体现在对他人的责任感和助人为乐。

惠泽人志愿者抽样调查的 80 个数据样本也支持上述理论（见表 3）。

表 3　志愿者抽样调查表

单位：人，%

题目＼选项	非常同意	同意	无所谓同意不同意	不同意	非常不同意
我经常主动结交新朋友	18（22.78%）	38（48.1%）	17（21.52%）	4（5.06%）	2（2.53%）
和其他人在一起时，我大部分时间比较沉默	1（1.27%）	17（21.52%）	14（17.72%）	41（51.9%）	6（7.59%）
我经常能体会他人的感受	19（24.05%）	51（64.56%）	6（7.59%）	2（2.53%）	1（1.27%）
我认为大多数人是可信的	13（16.46%）	56（70.89%）	7（8.86%）	3（3.8%）	0（0%）
在和他人的交往中，无论怎样小心谨慎都不过分	2（2.53%）	19（24.05%）	31（39.24%）	25（31.65%）	2（2.53%）

① 参考 Marc A. Musick，Jonh Wilson：《志愿者》，魏娜等译，中国人民大学出版社，2013。

续表

题目＼选项	非常同意	同意	无所谓同意不同意	不同意	非常不同意
我经常感觉自己被生活左右	2（2.53%）	17（21.52%）	18（22.78%）	36（45.57%）	6（7.59%）
我对自身持有肯定态度	10（12.66%）	57（72.15%）	10（12.66%）	2（2.53%）	0（0%）
我能做我想做的任何事	8（10.13%）	31（39.24%）	20（25.32%）	20（25.32%）	0（0%）
我希望能为对自己重要的事业贡献点力量	27（34.18%）	45（56.96%）	6（7.59%）	0（0%）	1（1.27%）
我希望通过志愿服务的直接实践经历来学习	24（30.38%）	48（60.76%）	6（7.59%）	1（1.27%）	0（0%）
我亲近的人希望我参与志愿服务	5（6.33%）	42（53.16%）	27（34.18%）	5（6.33%）	0（0%）
我希望我所在的社区是一个可供人参观、交谈、社交并感受“融入其中成为其一部分”的地方	24（30.38%）	50（63.29%）	5（6.33%）	0（0%）	0（0%）
我希望通过志愿服务拓展我的职业选择范围	12（15.19%）	40（50.63%）	21（26.58%）	5（6.33%）	1（1.27%）
我希望通过志愿服务摆脱自身烦恼或解决自身问题	8（10.13%）	32（40.51%）	21（26.58%）	16（20.25%）	2（2.53%）
我希望通过志愿服务感觉到自己的价值	25（31.65%）	45（56.96%）	7（8.86%）	2（2.53%）	0（0%）
我希望通过志愿服务获取看事物的新角度	24（30.38%）	47（59.49%）	6（7.59%）	2（2.53%）	0（0%）
当我接受别人帮助的时候，总觉得应该回报他人	27（34.18%）	39（49.37%）	7（8.86%）	5（6.33%）	1（1.27%）
作为公民，我愿意将参与志愿服务作为自己的责任	31（39.24%）	41（51.9%）	5（6.33%）	1（1.27%）	1（1.27%）
每个人都应该为其社区利益付出自己的部分时间	25（31.65%）	45（56.96%）	7（8.86%）	1（1.27%）	1（1.27%）
我认为公益组织提供的服务比五年前更有效率	17（21.52%）	42（53.16%）	16（20.25%）	3（3.8%）	1（1.27%）

续表

题目＼选项	非常同意	同意	无所谓同意不同意	不同意	非常不同意
我认为大部分公益组织在捐赠的资金用途上是诚实和合乎道德的	12（15.19%）	49（62.03%）	15（18.99%）	3（3.8%）	0（0%）
我对自己持乐观态度	25（31.65%）	46（58.23%）	6（7.59%）	2（2.53%）	0（0%）
我觉得自己一无是处	0（0%）	1（1.27%）	6（7.59%）	37（46.84%）	35（44.3%）

（二）志愿服务动机

惠泽人志愿者捐赠的调查显示，志愿者从事志愿服务感觉最大的收获依次是：

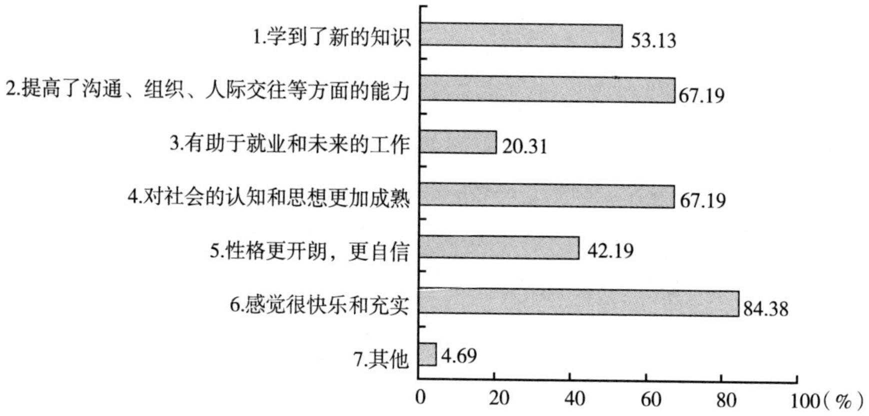

图6　您参与志愿服务的感觉

注：图6所示数据为多项选择。

（1）感觉很快乐和充实。

（2）提高了沟通、组织、人际交往等方面能力。

（3）对社会的认知和思想更加成熟。

（4）学到了新的知识。

（5）性格更开朗，更自信。

（三）志愿服务行为

1. 志愿服务时间（小时/年）

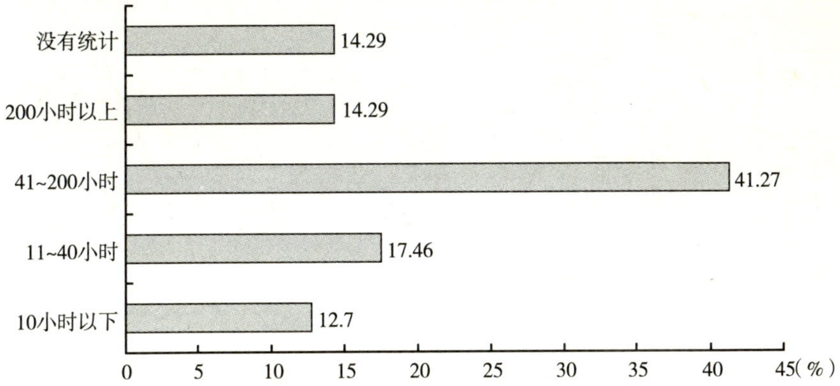

图 7　志愿服务领域

2. 志愿服务对象和服务领域

志愿者最热衷的服务领域是青少年支教、环保宣传和助老助残服务等（见图 8）。

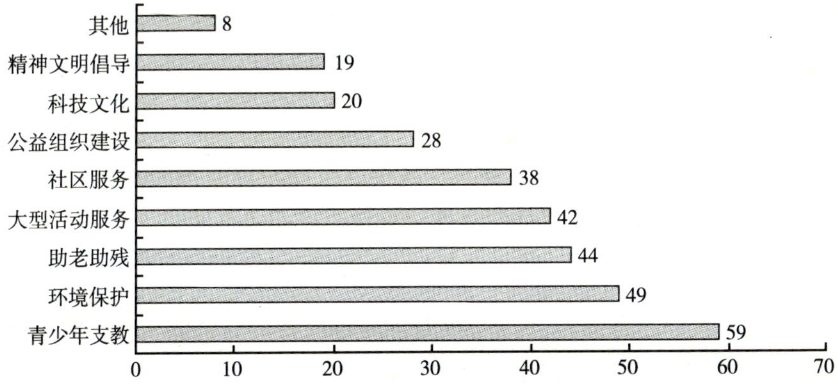

图 8　志愿服务领域

3. 志愿服务层次

近年来，志愿服务领域出现了分化和分层。越来越多的专业人士在体验了简单体力型志愿服务之后，开始关注并参与更为复杂和专业化的志愿服务。志愿服务层次理论①显示了这种志愿服务普遍性发展趋势，即从简单的体力型志愿服务，逐渐发展到智能型志愿服务；从邻里互助、关心个人、解决个体困难，到关注社区和社会发展，解决社会问题，促进社会创新与发展（见图9）。

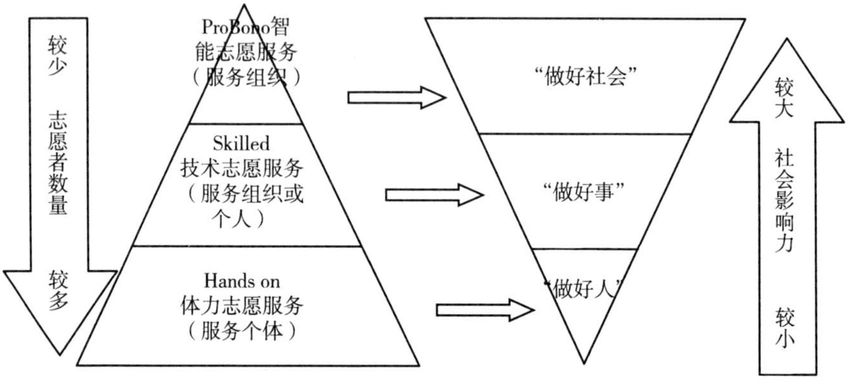

图9　志愿服务层次理论示意图

第一层次体力志愿服务是人人可为的举手之劳（Hands on volunteer），比如扶老携幼、邻居生活照顾、义务清洁公共卫生等。是志愿服务起源、社会传递爱心、建立陌生人之间的关怀和信任，建设社会资本之基础，也是参与人数最多的服务。体力志愿服务通常是以服务和关怀个体为主。

第二层是利用一技之长为他人排忧解难（Skilled volunteer），比如义务修理家电、文化艺术表演、送医送药下乡、个体心理咨询等。用技术服务他人，解除苦难，提升居民生活质量。技能志愿服务可以是服务组织或者个人。

第三层是基于职业道德、社会责任、公共精神和公益使命，奉献专业智能、公共研究与倡导、商业品牌与渠道等为解决社会问题、社会创新与发展所提供的智能型志愿服务（ProBono）。比如针对社会弱势群体和社区的法律援助、ICT和其他科技援助、社会组织能力建设与发展咨询、城市发展规划、政策咨询与建议等。智能志愿服务通常是服务公益部门和机构、社会组织和社区等。

---

① 志愿服务层次理论，引自北京惠泽人咨询服务中心《美国专业志愿服务考察学习报告》，2011。

4. 服务方式

志愿者从事志愿服务的方式更加多元化。除了传统的助人为乐、学习雷锋精神，由政府自上而下地推动大型专有志愿活动之外，越来越多的个人运用移动互联与社会沟通，并参与志愿服务。同时，社会组织和志愿者社群独立开展的志愿服务项目，也走向专业化发展之路。跨行业、跨部门、跨区域的志愿服务已经在救灾和紧急救援、环保、支教、扶贫等领域中发挥着重要作用。而企业员工志愿服务则更多地采取了项目外包方式，由第三方提供专业支持。

三　志愿者捐赠价值

（一）志愿者捐赠定义

公益慈善捐赠或捐助，一般包含两个方面：一是财物捐赠（Giving），也称为慈善捐赠；二是时间捐赠（Volunteering time），也称志愿者捐赠或志愿者捐助，本文采用志愿者捐赠。

- 志愿者捐赠（Volunteering time），是指人们通过自愿、无偿地为非亲缘性人们提供志愿服务，这里强调的是捐赠时间去为他人服务。
- 志愿者捐赠测量（Volunteering Evaluation）①，取决于所采取数据的不同方面：

√ 时间跨度：是按年度、季度、月度或者一次性方式进行测量，其结果会有所不同。比如 2001 年有独立部门调查显示，有 27.5% 的美国人在前一个月内参加了志愿服务，而有 44.2% 的美国人在上一年参加了志愿服务活动（Toppe et al. 2002：37）。

√ 志愿服务率和志愿服务时间：志愿者参与志愿服务的比率，以及个人所付出的服务时间。二者之间并不是正比关系。

√ 集中程度：在志愿者群体中通常会有少量的人做了大量志愿服务，比如加拿大 7% 的志愿者提供了 2000 年全部志愿服务时间的 73%。集中程序基

① 参考 Marc A. Musick，Jonh Wilson 等：《志愿者》，魏娜等译，中国人民大学出版社，2013。

本与“二八定律”① 吻合。

√ 经常和偶尔的志愿服务：人们利用他们的时间方式是不同的，有的人可以是经常性，每周至少提供一次服务；有的人可以是偶尔参与志愿服务，或者是一次提供长期的志愿服务（6 个月以上，比如西部计划志愿者下乡服务 1 ~2 年）。

√ 参加志愿服务的时间区间，上班族更多的是利用周末，而退休人员更多的是利用平时。

√ 志愿服务的范围和时间分配：是参与一份志愿服务还是多份同时兼顾。根据惠泽人的内部志愿者调查显示，有近 50% 的志愿者同时兼在两家以上的公益组织从事志愿服务。

- 志愿者捐赠价值（Volunteering Values），也称为志愿服务价值，志愿者付出有限的时间生命，其所贡献的社会价值可能远远超过同等时间所产出的经济价值。志愿者捐赠价值可能通过以下四个方面体现：直接受益人价值、志愿组织价值、社会价值、经济价值（见图 10）。

（二）志愿者捐赠价值计量

国际上对志愿服务经济价值的计量标准（有 24 个国家采用）：把志愿者的服务时间以小时计算，再以每天 8 小时折合成工作日，用工作日数乘以当时平均劳动力的价值，就得出志愿服务的价值。

志愿服务经济价值（比率） = 志愿者捐赠产值（时间/小时 × 劳动力单价） + 志愿服务成本（由志愿组织和志愿者个人承担的部分）。

- 志愿服务成本

志愿服务成本通常包括以下内容，可以是由公益组织承担，也可以由志愿者承担：

---

① “二八定律”由意大利经济学者帕累托从大量具体的事实中发现：社会上 20% 的人占有 80% 的社会财富，即财富在人口中的分配是不平衡的。同时，人们还发现生活中存在许多不平衡的现象。因此，二八定律成了这种不平等关系的简称。人们所采用的二八定律，是一种量化的实证法，用以计量投入和产出之间可能存在的关系。参考：http：//baike. baidu. com/link? url = pNY0e9QIOZR7nYlP0ehwGXPR6ova_ yqP7RJSB6n – 5VQAso8i8XHeRXiv – GqgeU41。

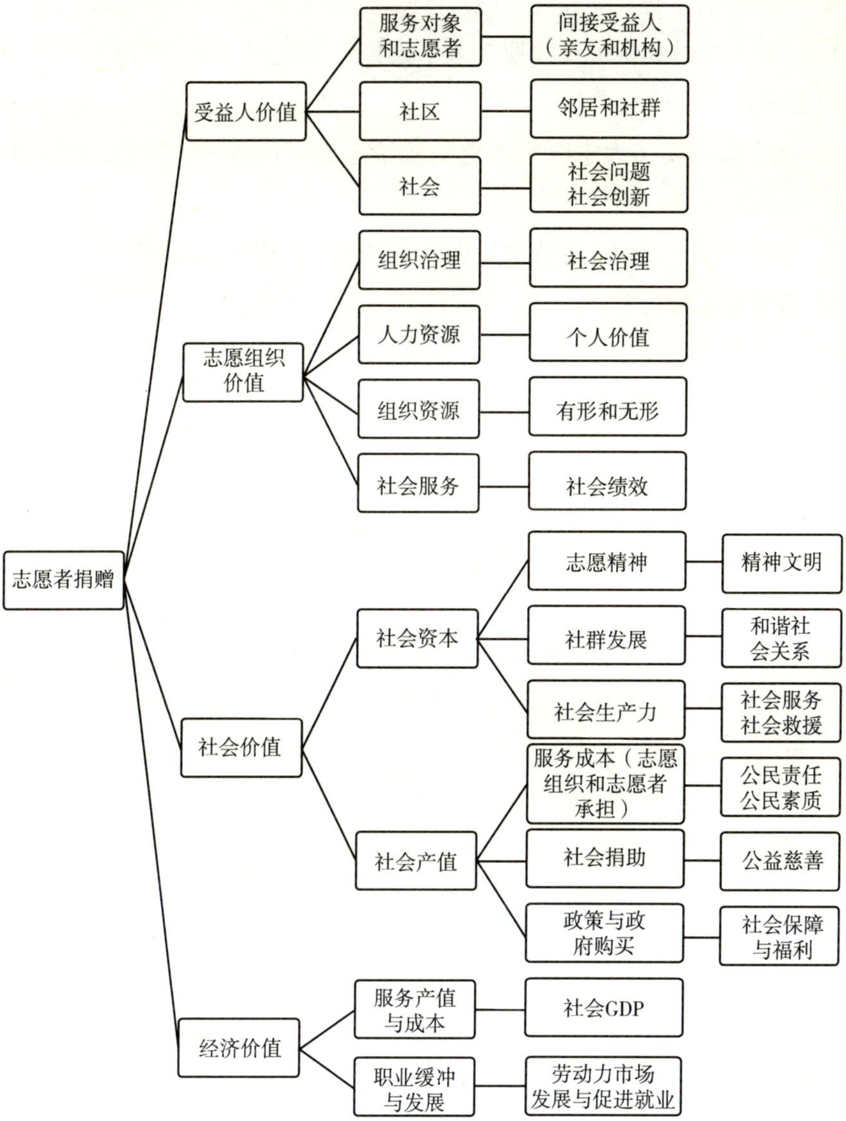

图 10　志愿者捐赠价值概览

√ 志愿者管理人员的工资。

√ 其他受薪员工支持志愿者的时间折算工资。

√ 广告招募（印刷折页、海报等花销）。

√ 入职辅导和培训（材料等花费，员工时间，外部培训花费）。

√ 志愿者的花费（交通等花销）。

√ 行政，支持和认可（志愿者电子通信、会议、活动、奖项证书、办公用品花销等）。

√ 供给和设施（为志愿服务免费发给志愿者的服装、背包、材料器材等）。

√ 食宿（在志愿服务过程中提供的饮料、食品和住宿花销）。

√ 志愿者保险花费。

√ 志愿者租住房屋花销。

- 民间志愿者捐赠样本

北京惠泽人公益发展中心（惠泽人）是一家致力于引领专业志愿者为民间组织提供能力建设的支持性民间公益机构，自2003年年初成立以来，每年招募和使用数百名具有专业技能的志愿者和公益顾问，为数千家社会组织和志愿者团体开展培训、组织咨询与教练、技术援助等专业志愿服务（ProBono），通过志愿者管理体系（Volunteer Management System）来记录志愿者捐赠价值。根据惠泽人十年来粗略统计显示（见图11），每年大约向社会贡献志愿者捐赠价值，可以达到数十万到数百万元。

说明：惠泽人志愿者捐赠价值核算公式。

惠泽人在计算志愿者捐赠价值，参考当期劳务人员薪酬最低标准来计算。

√ 2003年：惠泽人开展的普通非技能型志愿服务，按照当期劳动力最低小时薪酬标准10元/小时核算；

√ 2004~2006年：惠泽人开展专业社区心理服务，按照当期心理咨询最低价格50元/小时核算；

√ 2007~2009年：惠泽人开展志愿者和民间组织培训，按照当期课时费50元/小时核算；

√ 2010~2011年：惠泽人引入商业专业人士，开展民间组织咨询、教练、培训、资源对接等能力建设专业服务，调整了志愿者捐赠价值核算公式=（同类市场服务价格100元/小时×志愿服务时间小时数）+志愿者个人承担的志愿服务成本（交通费、通信费、误餐费、服务用品费等）。

√ 2012年起，根据劳动力薪金和市场价格指数上涨情况，按照一般专业

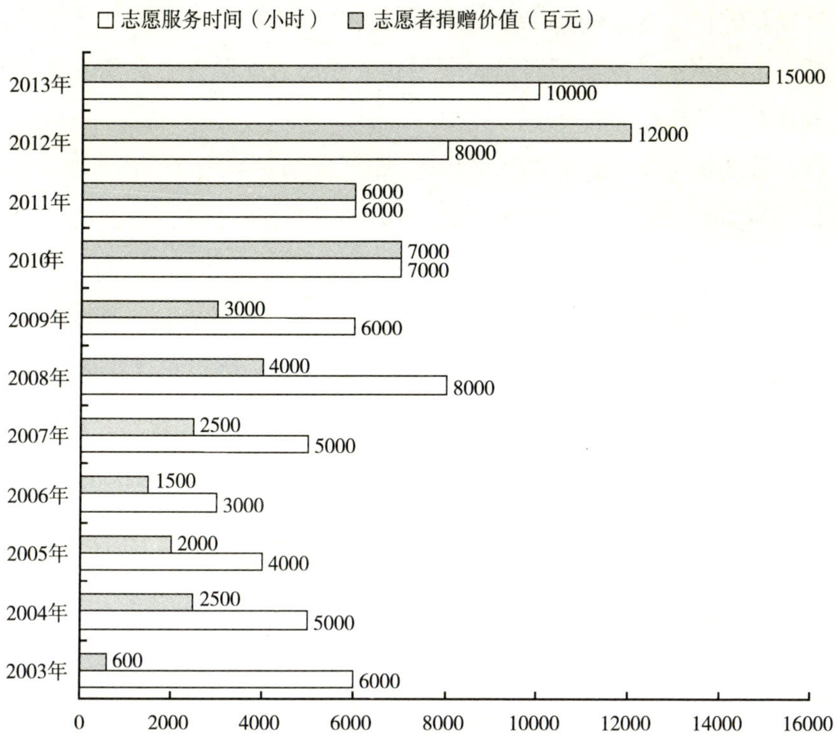

图 11　惠泽人（2003～2013）志愿者捐赠价值示意图

服务的市场最低价格 150 元/小时核算专业志愿服务价值。

惠泽人每年所培训的数百家民间组织中，几乎所有组织都接受志愿者提供服务，据估算平均每个组织每年可获得不低于志愿者捐赠时间 1000 小时，按照最低劳动力价值核算均在万元以上。

- 志愿服务的社会价值

志愿服务是个公民精神的体现，更是一个国家文明进步的标志。志愿服务创造社会价值主要体现在：

（1）志愿服务代表一种精神，是社会精神文明建设的有效载体，而志愿精神是凝聚民众解决社会发展问题的重要力量。

（2）志愿服务是社会保障的有益补充，能够推动政府职能的转变，促进社会保障制度的完善，加强社会保障的社会化，满足多元发展的社会保障需求，并提高社会保障服务的供给效率与质量。①

（3）志愿服务是公民参与的主要渠道，志愿者在服务中自我教育，发展和促进社会主义核心价值形成。

（4）志愿服务参与社会建设与社会创新，促进公平公正，缩小城乡差距，缓解社会冲突和矛盾，促进和谐友爱的人际关系和社会信任，这些都构成了巨大的社会资本。

（5）志愿服务具有极高的经济价值，志愿者无偿奉献的专业技能、劳动成本、物资捐赠等不仅直接产出社会效益，而且大大降低了社会管理成本和风险。

（6）志愿服务不分国别、人种、性别、文化、职业和区域，促进了联合国千年发展目标（MDG）的八大领域发展、世界和平与人类发展。

① 陆士桢、张晓红、郭新保主编《北京志愿服务模式研究》，北京出版社，2009，第22～25页。

B.8

2013中国宗教慈善报告

郑筱筠*

摘　要：

2013年是中国宗教慈善事业理性发展的一年，也是慈善事业机制逐渐寻求完善的一年。这一年发生的几个重要事件成为宗教慈善事业的“慈善地标”。同时，宗教界在各个“慈善地标”的影响下，积极调整发展格局，理性发展。因此，在2013年表现出以下发展特征：中国宗教慈善公益事业努力探索，在活动中逐渐形成了“宗教慈善周”品牌效应；在保持传统项目优势的同时，也打造了自己的特色项目效应；建立了高视野的平台效应，形成了绩效机制的“玻璃口袋”效应；同时还继续深入探索发展宗教界独具特色的文化慈善和心灵慈善效应。但是在现代社会转型时期，未来宗教慈善公益事业面临诸多严峻挑战。对宗教公益慈善事业而言，只有把宗教慈善组织的自身力量嵌入社会福利和社会服务的整体系统中，实现慈善资源优化配置，才能发挥宗教民间慈善力与政府福利制度、社会服务体系合力的最大效用。

关键词：

宗教慈善　“慈善地标”　品牌效应

2013年是中国宗教慈善事业理性发展的一年。2012年随着《关于鼓励和规范宗教界从事公益慈善活动的意见》的出台和“宗教慈善周”活动的开展，

---

* 郑筱筠，中国社会科学院世界宗教研究所副所长、研究员、博士生导师。

宗教界开始经历一场自身内部的变革和转型，中国宗教慈善活动在稳步而又活跃地发展。但在2013年刚刚开始之际，1月兰考的一场大火让人们感受到了“生命之痛”，同时也感受到了“慈善之痛”。这一事件促使政府以及社会各界人士开始反思，也让宗教慈善组织进行理性思考，开始主动调整自己的慈善格局，并逐渐形成体现自己特色的慈善特征。

一　聚焦2013年中国宗教慈善活动“地标”

2013年是中国宗教慈善史上的重要里程碑，这一年发生的事件将会成为宗教慈善事业的“地标”。2013年政府有关部门颁发的两个文件有助于中国宗教慈善活动走出“另类的尴尬”[①] 困境，有力地推动了中国宗教慈善的顺利开展，从而形成了中国宗教慈善事业重要的“地标”；2013年是宗教界成立的基金会组织机构的“丰收之年”，这是各级政府部门和宗教界以及社会各界对2012年国家有关政策的响应，这大大调动了宗教界开展慈善公益活动的积极性，也为宗教界搭建了一个较好的社会慈善平台；此外，由天主教界和基督教界与社会各界合办的“民间养育儿童”研讨会，则从另外一个角度表明政府以及社会各界对于宗教界从事公益慈善活动的观念正在逐渐转变，它将促使政府和社会各界对宗教慈善观念的更新和进步。

（一）国家7部委联合发布《关于进一步做好弃婴相关工作的通知》

2013年1月4日河南兰考县爱心妈妈袁厉害家因孩子玩火引发火灾事故。这场大火，夺去了7个儿童的生命。它也引发了慈善之痛。在袁厉害撕心裂肺的哭喊声中，人们开始反思。这一“生命之痛”暴露了我国在社会福利体系存在的问题和当前民政部门收养制度的缺陷。对此，国家民政部专门对民间收养弃婴的服务机构进行了广泛而深入的调研。从1月6日开始，经过近一个月的民间收养儿童排查工作，结果显示，我国个人和民间自行收养孤儿机构共878家，自行

① 所谓“另类的尴尬”主要是指宗教界在进行慈善活动时遇到的身份认同问题。参见郑筱筠《“另类的尴尬”与“玻璃口袋”——当代宗教慈善事业的“中国式困境”》，《世界宗教文化》2012年第1期。

收养孤儿数量为9394人，其中25%属个人自行收养，60%多属寺庙等宗教机构收养。3月5日上午，民政部部长李立国向记者回应了民间收养问题，他表示“他们（民间收养）的爱心我们是充分肯定的，但这个（民间收养）行为要在现行法律法规的框架内来看待和妥善解决”。因此，对于民间收养机构的指导应该“以儿童利益为最高原则，在有利于儿童权益的保护内解决”①。

2013年5月14日，针对“弃婴现象仍屡禁不止，弃婴安置和救治保障体系仍不健全，保障弃婴的基本生活和生命安全仍需要做大量艰苦细致的工作”现象，“为深入贯彻落实以人为本的执政理念和儿童优先的原则，维护弃婴合法权益，促进弃婴健康成长”。国家民政部、国家发展和改革委员会、公安部、司法部、财政部、国家卫生和计划生育委员会与国家宗教事务局共同出台《关于进一步做好弃婴相关工作的通知》，着力解决当前民办机构和个人收留弃婴的问题。这一文件的出台对于宗教慈善而言，进一步推动了宗教慈善活动的开展。针对目前60%以上的民间孤儿收养机构都是宗教界的情况，文件专门对宗教界收养弃婴的慈善活动作了相关规定：

“第二条　着力解决当前民办机构和个人收留弃婴的问题。已收留弃婴的民办机构，应达到社会福利机构设置的基本标准，配置儿童成长必需的抚养、医疗、康复、教育等功能设施，配备与所承担工作和所提供服务相匹配的护理人员，建立健全符合国家消防安全和卫生防疫标准的制度等。”“关于宗教界收留的弃婴，由民政部、国家宗教事务局在调研基础上，另行制定相关意见，加强引导，规范管理。条件成熟的，由地方民政部门协商同级宗教事务部门提出稳妥处理意见，先行一步。”

“第四条　落实相关部门职责，形成工作合力。民政部门要发挥做好弃婴相关工作的主导作用，协调有关部门健全弃婴的接收、救治、安置机制，加强对各类儿童福利机构以及弃婴收养工作的指导和管理，提高弃婴的养育质量和抚育水平。发展改革部门要根据儿童福利事业发展需要，推动儿童福利机构设施建设。公安机关要积极主动为弃婴办理相关手续，妥善做好弃婴接收、户籍办理等工作，要积极查找弃婴和儿童的生父母和其他监护人，严厉查处打击遗

---

① 《中国经济周刊》2013年3月7日，记者郭芳、李凤桃、赵剑云报道。

弃婴儿等违法犯罪行为。司法行政部门要加大弃婴权益保护法律法规宣传力度，开展多种形式的法制宣传活动，指导公证机构依法办理收养公证。财政部门要加大资金支持力度，保障儿童福利工作相关经费支出。卫生计生部门要加强对医疗保健机构的指导，指定条件较好的医院作为弃婴救治、体检的医疗机构，明确费用结算办法，配合相关部门做好弃婴的救治工作，并全面掌握辖区内居民的家庭成员情况和育龄人员的生育情况。宗教事务部门要配合相关部门做好引导和规范宗教界收留弃婴相关工作。”文件直接规定了宗教事务部门对宗教界收留弃婴工作的管理、引导、监督关系。

收养孤残儿童是宗教慈善的传统，但由于宗教组织作为社会组织登记难，以及宗教团体、宗教活动场所本身法人地位的缺失，所以宗教慈善机构在法律上处于尴尬的境地，这一文件的出台可以使这一现象稍微有所改善。这说明政府已经对宗教界在社会慈善公益活动中的作用，尤其是在收养民间孤残儿童方面的活动有所认同。同时，有关政府部门开始探讨应该如何从法律上、制度上、体制上为宗教界人士、宗教团体和宗教活动场所进入公益慈善领域做出合理的调整，鼓励和引导、监督宗教慈善事业发展。值得注意的是，这一文件是由国家民政部门联合其他六个部委颁发的，而不是由国家宗教事务局带头，这一行动本身就是对中国宗教慈善活动在国家福利体系和社会服务体系中的一个认可。这对中国宗教慈善活动而言，是在国家层面上，往前迈进了一大步。这一文件虽然还略显“模糊”，但至少为宗教界从事慈善公益活动打开了一扇门。

（二）国家宗教事务局《关于继续开展“宗教慈善周”活动的通知》

2013 年 5 月 31 日国家宗教事务局颁布《关于继续开展“宗教慈善周”活动的通知》，这是深入贯彻落实中央六部门 2012 年 2 月颁布的《关于鼓励和规范宗教界从事公益慈善活动的意见》，是为了促进宗教公益慈善事业健康有序发展，进一步推动宗教界开展“宗教慈善周”活动而发给各省、自治区、直辖市政府宗教局、民宗委（厅、局），新疆生产建设兵团民宗局，各全国性宗教团体，中华基督教青年会、女青年会全国协会。文件在目标的制定方面，要求“要根据本地区公益慈善的需求，积极为公益慈善事业捐款捐物，设立公益慈善项目，搭建平台、创新载体，主动作为、量力而行，因地制宜地开展形式多样、丰富多彩的公益慈善活动，自觉服务于本地区经济社会发展的需要”。这有助于地方灵活机动地结合实际开展活动。

这一文件的亮点在于强调宗教慈善活动的定位，要求把握好几个关系，第一种关系是“要把握好管理与服务的关系”。这是对宗教事务部门在开展公益慈善活动过程的定位，首先是为宗教慈善提供服务的部门，既要积极主动地帮助宗教界解决开展公益慈善活动过程中遇到的问题和困难，为宗教界提供良好服务，同时又是活动的监督者和管理者。要依法加强对宗教界公益慈善活动的监督和管理，推动宗教公益慈善活动走现代化、专业化和规范化道路。第二种关系是政府宗教事务部门与宗教界的关系。文件要求“理顺政府宗教事务部门、宗教团体、宗教活动场所及宗教公益慈善组织间的关系，明确各方定位，切实防止包办代替，坚决杜绝强制摊派，决不允许滋生腐败现象”。这对于宗教界从事慈善活动究竟是“慈善了”还是“被慈善”的主体能动性问题是一个很好的定位，有助于慈善事业的良性发展。文件提到的第三种关系是要把握好经常性与集中性的关系，点面结合，这是对宗教公益慈善的常态化频率的定位。既强调细水长流，同时又强调规模效应。主张重在平时，同时又要通过集中开展“宗教慈善周”活动，形成规模效应。这更好地规范了宗教慈善活动的开展。对慈善资本的运作机制也是很好的规范，有助于提升宗教慈善活动的发展空间。

正是在这样的指导思想引导下，在 2013 年度，国家宗教事务局举办宗教公益慈善工作专题培训班，编辑出版并向宗教界赠送《宗教界从事公益慈善活动相关政策法规汇编》。指导各地继续举办以“慈爱人间五教同行”为主题的“宗教慈善周”活动。活动期间，全国宗教界捐款捐物总额超过 3 亿元，比 2012 年宗教慈善周活动期间的捐款捐物还多，取得了良好的社会效果。这从另一侧面说明了宗教界对这一活动的认可和参与度的提升。

（三）2013 年度是宗教界成立基金会的“丰收之年”，它标志着中国宗教慈善公益事业又上一个新台阶

2013 年度是宗教界成立基金会组织机构的“丰收之年”“好运之年”，一

些宗教公益基金会在民政部门顺利地登记注册，这是各级政府部门和宗教界以及社会各界对2012年度国家有关政策的响应，大大调动了宗教界开展慈善公益活动的积极性，也为宗教界搭建了一个较好的社会慈善平台。仅举数例，即可看出2013年中国宗教慈善基金会数量的增长。

2013年6月5日云南省首个宗教界基金会成立。经云南省民政厅批准，由昆明市官渡区六甲宝华寺出资200万元举办的非公募基金会——云南宝华福田慈善基金会成立，这是云南省首个由宗教界举办的基金会。希望能整合社会各界力量，发扬慈悲济世的优良传统，开展多种形式的公益慈善救助工作，支持文化、教育、扶贫救灾等公益慈善事业，以公益慈善事业推动社会和谐和进步。

2013年峨眉山行愿慈善事业基金会是峨眉山佛教协会为贯彻落实中央六部委《关于鼓励和规范宗教界从事公益慈善活动的意见》精神，为弘扬“扶危济困、乐善好施”的民族传统美德，汇聚传递社会爱心，发展佛教慈善公益事业，促进经济社会发展与和谐社会建设，而发起成立的。基金会经四川省宗教局批复同意，由四川省民政厅审批登记。

2013年12月12日，石家庄佛教慈善基金会在石家庄举办成立大会。石家庄市佛教慈善基金会是石家庄市积极响应国家和省关于鼓励宗教界开展公益慈善活动的号召，由石家庄市佛教界组织成立的一个非公募慈善基金会，它开辟了石家庄市宗教界从事公益慈善活动的新局面。

为大力传播慈善精神，促进道教慈善基金事业发展，2013年1月6日上午，浙江温州市苍南县道教会全真慈善基金正式成立。在成立大会上，县道教协会全真慈善基金表示，将努力做好宣传工作，不断拓展慈善传播方式；积极开展救助职责，不断增强救助实力，建立和完善高效救助机制；对内要强素质、巩固基础，完善和巩固管理体制，努力扶贫救灾，助学助医助困，改善困难人群的生活。县级道教协会成立慈善基金会，无疑将开创中国道教慈善基金事业发展新局面。

2013年9月15日，由天主教汕头教区黄炳章主教发起的“汕头市天爱公益慈善基金会”正式揭牌成立。这是广东省天主教界首个公益慈善基金会，也是汕头天主教继承教会关怀社会的优良传统，提高教会的社会影响力，为造福人类及福传事业服务的又一重要举措，标志着汕头市的天主教在社会服务方面又迈上了新的台阶。

2013 年浙江省基督教温州柳市堂公益基金会在民政局成功注册，这是浙江省基督教界继浙江光盐爱心基金会在 2010 年成立后的第二个基金会。这标志着浙江省基督教界宗教慈善活动又将有新的发展。

以上所举基金会成立的例子，只是其中一部分。2013 年度各地宗教界慈善基金会的纷纷成立，一方面说明宗教界慈善活动开始在国家政策允许和鼓励的空间内，发挥主动性，提高规范性和制度化程度，积极探索新的慈善活动途径和模式。另一方面，这表明我国政府有关部门开始转变观念，为宗教慈善活动打开了方便之门。

（四）宗教慈善机构与各方合作在北京举办“中国民间儿童养育研讨会”

2013 年 10 月，中国天主教进德公益基金会和爱德基金会联合主办的“中国民间儿童养育研讨会”在北京举行。此次研讨会的主题是“让我们的社会成为孩子们温暖的家”。这一活动旨在回顾和交流国内外弃婴和孤残儿童养育经验，分析当前儿童养育工作现状和挑战，探讨今后民间儿童养育工作的策略，推动民间儿童养育工作发展，促进儿童权利保护，增进儿童福利，探讨未来收养模式，为国家政策的出台提供理论与实践的参考，促进民间收养机构的管理与完善。

本次会议的一个亮点是国家民政部等有关部门、公益机构负责人、专家学者、基层孤残弃婴收养院负责人以及媒体参加了会议并发言。国家民政部社会福利和慈善事业促进司徐建中副司长介绍了国家有关儿童福利的政策情况，对儿童养育工作提出了“系统化、规范化及专业化”三个要求。中国儿童福利和收养中心张世峰主任在会议中肯定了民间慈善力量对儿童养育工作的意义和作用，并指出儿童养育工作必须尊重儿童权利最大化理念，促进儿童身心全面发展。银川穆斯林孤儿院院长田帅带领全体与会人员共同宣读了倡议书，把研讨会推向高潮。这次会议可以说是中国宗教慈善界的一个突破，其意义在于有关儿童养育方面的事件的发生促使政府和社会对弃婴和孤儿群体越来越关注和重视，同时因宗教界素有收养弃婴、孤儿等传统，故开始受到政府和社会各界的关注。政府和主办方以及社会各界人士都希望此次研讨会能为社会爱心人士和机构搭建一个平台，为国家制定相关法规和政策提供一定的建议。

此次会议的最大亮点在于观念的转变。正如进德公益基金会的张士江主任和爱德基金会副秘书长何文指出的那样，“从领导到我们普通的服务人员的观念都在变。一是我们将儿童从一个救助对象转变到权利主体上来；二是我们将养育行为从一种简单的施舍救济转变到应尽的责任上来；三是从仅对儿童生理的关注转变到全人类关怀上来。这几个转变很重要，这种转变是推动这项工作将来朝着更科学更专业的方向发展的前提和基础。”①

二 2013年度中国宗教慈善的理性发展

2013年度对于中国宗教慈善公益事业来说是较为重要的一年。自2008年至今，宗教界积极从事慈善公益活动，在2012年随着国家宗教事务局《关于鼓励和规范宗教界从事慈善公益活动的意见》出台和宗教慈善周的开展，宗教界慈善公益活动积极转型。但在2013年度中国社会福利制度面临诸多问题，宗教慈善事业同样受到挑战。机遇与挑战并存，在2013年度，宗教界在各个“慈善地标”的影响下，积极调整发展格局，理性发展。因此，在2013年表现出以下特征：

（一）各地政府部门和宗教界继续开展“宗教慈善周”活动，打造品牌效应

自从2012年9月“宗教慈善活动周”开展以来，为了更好地促进宗教公益慈善事业健康发展，国家宗教事务局举办了宗教公益慈善工作专题培训班，编辑出版并向宗教界赠送《宗教界从事公益慈善活动相关政策法规汇编》，同时指导各地继续举办以“慈爱人间五教同行”为主题的“宗教慈善周”活动。

---

① 何文《提高民间养育工作水平、增进儿童福利》，参考www.chinacatholic.org/fics/children/...2013-10-26。

在“宗教慈善周”活动期间，全国宗教界捐款捐物总额超过3亿元，取得了良好的社会效果。

2013年度“宗教慈善周”的亮点在于，每年9月同时在全国各地举行，有助于形成集团效应和社会轰动效应，扩大宗教慈善的社会影响力。2013年一些省份在举办活动的同时，直接以此为平台，发布了宗教慈善界的慈善总结和报告，直接晒出了账本，增加了透明度，提高了社会公信力。

例如，湖南省在9月6日上午举行“慈爱人间五教同行”2013年度公益慈善活动新闻发布会暨“全省宗教界金秋助学行动”现场捐赠仪式。同时在现场公布慈善明细，向社会宣布“2013年1月1日~8月30日，湖南省宗教界已向社会捐款（物）共计（折合）人民币1879万元。其中，全省性宗教团体共捐赠308.46万元，各市州宗教界捐赠1570.54万元。全省性宗教团体捐赠包括接收省外境外捐款193.2万元，主要来源于南京爱德基金会、基督教香港房角石协会及澳门地区、芬兰、挪威等地基督教会。各市州宗教界捐赠包括长沙市688.99万元，株洲市130万元，郴州市120.66万元，常德市117.57万元，衡阳市54.3万元，岳阳市75万元，益阳市71.5万元，怀化56.8万元，邵阳市54.3万元，永州市49.8万元，张家界市40.59万元，娄底市29.16万元，湘潭市22.5万元，湘西自治州10.67万元。来自全省宗教界的捐款主要用于救灾赈灾、扶贫济困、助学助残、敬老养老、修桥铺路、支教义诊等慈善项目。其中，雅安地震救灾252万元，占13%；助学751.6万元，占40%；扶贫358.5万元，占19%；公益项目182.9万元，占10%；助残、养老、支教、义诊等其他领域334万元，占18%。”① 湖南省的这一举措得到了社会各界的认可，展示了宗教界在推动慈善活动过程中的“玻璃口袋”，又显示了自己的组织、管理能力和社会动员能力，形成了较好的社会影响。

河北佛教慈善基金会虽然是2012年才得以注册成立，但20世纪90年代末建立的“弘德家园”早已使河北佛教慈善活动名闻中外。在2013年度的基金会网站上，河北佛教基金会直接建立了慈善功德榜，把历年来的慈善捐助情况都“晒”到了网上，取得了良好的社会效应。

① 参见佛教在线网站，news.fjnet.com/cssy/cssynr/201309/。

山西太原居贤观道院在2013年的“宗教慈善周”活动中，充分发挥了道教“慈同济世”的精神，积极参与救灾助学，扶危济困，慈善道医诊治等各类慈善活动，受到了当地群众和社会各界的关注和好评，各位道长和道教爱心人士一致表示，能够尽自己的力量参与公益慈善事业是非常有意义的。由于2013年度各地宗教界都会以“宗教慈善周”为主题积极开展活动，在此不一一列举，但这一在全国各地为期一周的宗教慈善活动在社会上产生了良好的“宗教慈善周”效应，它充分说明“宗教慈善周”已经不仅仅是一项活动，而是开始成为一个政府、宗教慈善界与社会各界人士对话、交流的平台。

（二）传统慈善项目取向明显，形成宗教慈善的优势品牌

综观宗教慈善活动，灾害救助、扶助残疾人、养老托幼、扶贫助困、捐资助学、医疗卫生服务、环境保护、社会公共设施建设等项目仍然是宗教慈善公益事业的传统项目，这些传统项目依然是宗教慈善的优势品牌。

浙江台州慈善功德会在月净法师的带领下，一年来，在开展护法弘法，扶贫济困，助教助学，放生护生及其他社会公益事业，总计发放了善款219.9万元。其中在慈善救助方面支出112.3万元。包括（1）助贫困群众生活费（84人次），计11.5万元；（2）助教助学（51人次，其中包括助课桌等），计13.3万元；（3）助贫困群众医药费（57人次，其中包括尿毒症专项10万元），计43.7万元；（4）服装运费（援助西部服装等运费共九车），计13.3万元；（5）慈善超市大米、棉被等（供应天台4000户低保户），计9.9万元；（6）救灾（1户次），计5000元；（7）赴甘肃考察团助贫助学专项，计6.4万元；（8）助修建道路（1处），计5000元；（9）为浙江省全省民族村助订全年《中国民族报》，计6.6万元；（10）助天台县三州乡岭下贾村扶贫款计5万元；（11）助老人协会老人活动中心活动经费（3处），计1.3万元；（12）扶贫棉絮加工费计1550元。①

重庆佛教华岩文教基金会作为公募性基金会，自2006年成立至今，其主要工作是接受和管理社会各界捐赠的资金，用于助学、文化传播、扶贫、赈

① 本资料由台州慈善功德会提供，特此致谢！

灾、助残、社会公益项目等领域，促进教育和文化事业的发展，为构建和谐社会做贡献。基金会自成立至今，共完成：助学项目 160 多个，公益支出 1220 万元；医疗救助项目 176 个，投入医疗救助资金近 140 万元；扶贫济困项目 65 个，投入金额近 240 万元；公益助残项目 24 个，投入金额近 40 万元；紧急救灾项目 34 个，投入金额 717 万元；悯孤养老项目 10 个，投入资金 6 万元；放生护生项目 7 个，投入资金 4 万元；文化传播项目 70 个，投入资金近 340 万元。[①]

对灾区进行紧急救助是宗教界慈善公益活动的主要内容。例如，2013 年 4 月 20 日，四川雅安芦山县发生 7.0 级强烈地震，当地震感强烈，余震不断，雅安及周边地区人民群众遭受严重的生命和财产损失。中国佛教协会于 2013 年 4 月 22 日向全国佛教界发出抗震救灾倡议书。中国佛教协会呼吁全国各省市自治区佛协组织和四众弟子，发扬佛教无缘大慈、同体大悲的慈悲济世精神，积极行动起来，奉献爱心，向受灾地区捐款捐物。2013 年 4 月 22 日上午，中国佛教协会第八届理事会慈善公益委员会第二次会议在广州召开，并参加了"祈福雅安奉献爱心"捐款支援灾区的活动，募捐现场爱心踊跃。现场共筹得善款 180 余万元。其中，广州光孝寺捐款 50 万元，中国佛教慈善网捐款 30 万元，河北省佛教慈善基金会捐款 30 万元，秦皇岛法云寺捐款 20 万元，广州大佛寺捐款 10 万元，南京鸡鸣寺捐款 5 万元，湖北归元寺捐款 5 万元，山东普照寺捐款 5 万元，广东汕头佛教协会捐款 5 万元，上海宝山寺捐款 5 万元，四川什邡罗汉寺捐款 3 万元，法师、信众捐款 20 万元。这样的例子不胜枚举，但可以看出各类宗教慈善组织进行的活动均在传统项目之列，这在中国宗教慈善组织中是常态的，它说明中国宗教慈善活动是经常性、持续的，已经成为中国宗教慈善事业的优势品牌。

（三）项目开始分流，各宗教慈善组织突出自己特色，形成自己的特色品牌

中国宗教慈善活动在蓬勃开展之际，2013 年度各个团体、基金会结合自

---

① 关于华岩文教基金会的资料由道坚法师提供，特此感谢！

己的实际情况，有意识地突显自己特色，逐渐形成自己的特色品牌。

中国南传佛教慈善项目“佛光之家”在其开始活动之初，项目主要定位于禁毒和防治艾滋病，这已经成为其特色。虽然近年来“佛光之家”也进行助学等活动，但其主要还是紧紧围绕着自己的特色活动，打造特色品牌。为了更好地开展活动，2013 年度“佛光之家”注重培训村委会村寨骨干，深入到社区村寨中开展慈善活动，大力开展防治艾滋病活动。“2013 年度西双版纳佛光之家举办了勐腊县勐捧镇勐润村委会和景洪市勐养镇曼景坎村委会 2 期村寨骨干培训，培训骨干 96 人，涉及 2 个村委会 19 个村民小组；进入景洪市勐龙镇曼嘎村、曼汤村，勐海县打洛镇城子村、勐景莱村，勐腊县勐腊镇曼纳伞村，关累镇关累村 6 个村寨开展普及禁毒防艾知识活动，涉及 963 户 4757 人；对 68 人次 HIV/AIDS 进行关怀救助，发放生活补助费 13100 元。”① 由于南传佛教僧界在社会上享有权威性，其社会影响力直接渗透到村寨基层，故而由南传佛教僧人组织的慈善项目的执行力度和效果是一般社会慈善组织难以企及的。② 所以在这些地区的毒品复吸率低、艾滋病的防治也取得了较好的效果。

辽宁省天主教盛京仁爱服务机构是经辽宁省民政厅批准注册的民办非营利单位，针对辽宁地区贫困艾滋病感染者、癌症患者及其家庭提供家庭探访、心理咨询、自助组以及健康讲座等活动。其主要的服务领域是艾滋病项目。希望通过宣传、培训，使更多的人增强对艾滋病的自我保护意识；透过心理咨询、自助活动等方式关爱艾滋感染者，消除歧视，降低艾滋病的传播率。为艾滋病患者缔造一个相互扶持、相互关爱的家园。在宗教慈善活动中，致力于服务社会弱势群体尤其关注 HIV 感染者、癌症患者和他们的家人，已经成为辽宁省天主教盛京仁爱服务机构的特色品牌。

近年来，爱德基金会逐渐调整自己的项目，开始形成了以城市社区的养老项目为自己特色的慈善品牌。爱德基金会把项目重点放在了西部，支持农村社区的自我发展，形成“参与式管理”式模式之后，开始转向城市社区的养老项目，并逐渐形成自己的特色。伴随着中国的城镇化水平越来越高，以及城市

① 参见《西双版纳佛光之家 2013 年工作总结》，http：//aizaidai.blog.163.com/blog/static/11361229220131125104256967/。

② 参见郑筱筠《中国南传佛教研究》，中国社会科学出版社，2012。

问题的突出，爱德基金会在城市社区"成立了服务智障儿童教育的爱德慈幼院、服务自闭症的爱德儿童发展中心、服务老年人的爱德仁谷颐养院以及孵化社会组织的爱德社会组织培育中心。在城市社区，养老问题最为突出，爱德基金会与南京市栖霞区合作，实现了爱德仁谷颐养院的'公建民办'模式。在机构养老的同时，他们更是开始尝试以'虚拟养老'为主的居家养老方式。在网络上，根据收集到的所有老人的数据信息，分类管理，并对其需求进行监测和供给。同时，他们也在试验成立'社区基金'，推动社区的企业服务本社区，为企业履行社会责任提供新的方向"①。

2013 年度中国宗教慈善组织在活动中，不断调整自己的慈善活动模式和项目运作机制，对于项目的开展不是蜂拥而上，而是对之分流，逐渐形成自己的特色，打造自己的特色品牌。

（四）宗教慈善组织积极多方进行横向联合，打造平台效应

2013 年度各宗教慈善组织积极进行宗教之间、宗教与政府之间、宗教与各级民间机构之间的对话，突破宗教界别限制，横向联合，逐步搭建慈善公益的系统化、组织化、多元化的服务平台，宗教界的慈善公益活动也将从零散、自发、单一状态走向联合，提升宗教界从事宗教慈善公益活动的正能量。

中国内地宗教的分布范围较广，具有较强的社会动员能力和庞大的社会资本，但在传统的慈善活动中，多半是停留在自己熟悉的领域和项目，例如，建立养老院、临终关怀活动、扶贫助孤、捐资助学、关注医疗领域中边缘化人群（如麻风病人、艾滋病人等）等项目，还没有形成跨领域的大规模慈善活动。这一现象在 2013 年得到较大程度的改善。

1. 宗教界慈善组织之间的相互学习、交流和联合。例如，中国天主教会在关怀和照顾残婴和弃婴方面积累了丰富经验、取得了巨大的成果，受到政府和社会各界，包括其他宗教团体在内的广泛赞赏。2013 年 10 月河北省佛教慈善基金会、河北省佛教协会等佛教界一行在天主教信德公益基金会的安排下，看望天主教修女们收留照顾的孤残弃婴，慰问服务在一线的修女们，并做了爱

① 宋厚亮：《爱德基金会：宗教公益的先行者》，《中国慈善家》2014 年 1 月刊。

心捐献，同时也和修女们交谈讨论如何帮助孩子们，分享活动经验。这既加深了宗教界慈善组织之间的相互理解，也促进了宗教界慈善活动的进一步开展。

2. 除了宗教界内部之间的横向联合之外，宗教界积极向外发展，借助社会力量，进行慈善公益活动，打造更大的平台效应。例如，2013 年 4 月 22 日，普陀山佛教协会向舟山市红十字会捐款 120 万元，用于救济四川雅安地震灾民。早在 2012 年普陀山佛协就捐赠了 2500 万元资助舟山市慈善公益事业。捐赠的善款分别用于建造舟山市普济儿童福利院，补助普济医院日常运营经费，资助舟山市聋哑启智学校学生助学助残项目；委托市红十字会开展“红十字博爱送万家扶贫”及“普济白血病救助”项目，委托市慈善总会开展“普济生命慈光”大病救助，委托市扶贫办开展“扶贫济困、安老救孤”慈善关爱行动项目和“阳光救助、希望之路”慈善特别救助项目等。①

又如，厦门南普陀寺慈善会积极与社会各界联合进行慈善公益活动。2013 年度南普陀寺慈善会积极与福建慈善总会、厦门市慈善总会联合举办各种活动，取得了较大的社会效益。

道教方面，多年来北京白云观与中国残疾人慈善基金会合作开展残疾儿童助学公益项目，取得了较大的成功。不难看出，加强与专业慈善机构的交流合作、关联互动，确实可以成为道教界乃至整个宗教界从事公益慈善事业的重要形式。近年来，道教界与世界各国公益慈善交流更加密切。2011 年举办的国际道教论坛上，专门设立了“道法自然与可持续发展”“齐同慈爱与合作共赢”分论坛，来自各国的道教界专家学者各抒己见，建言献策，深入论述道教公益慈善思想对人类社会的启示，推动了道教公益慈善在国际上广泛传播。中国道教协会还在世界宗教与环境保护联盟框架下，做了一些工作，如 2009 年出席世界宗教与环境保护基金会（ARC）和联合国开发计划署（UNDP）联合举办的英国温莎盛典，向世界宣传中国道教的环保理念，在世界环境保护事业中发出了自己的声音。2013 年度中国道教协会继续依托诸多的慈善基金会援助慈善项目，取得了良好的效果。

此外，上文提及的天主教信德公益基金会和基督教爱德基金会联合与各

---

① 资料来源：佛教在线网站，http：//news. fjnet. com/cssy/cssynr/201304/t20130423_ 208020. htm。

方召开的“中国民间儿童养育研讨会”也是一个打造平台效应的很好的例子。应该说，借助各种社会平台开展活动有助于扩大宗教界慈善公益的社会影响，因此，很多宗教类基金会在这一年度开始进行理性发展，积极打造平台效应。

（五）国际性宗教慈善基金会进入中国内地开展活动，并借助国际平台交流，形成了一定的国际效应，同时也推动了大陆宗教慈善活动的开展

近年来，台湾佛光山、慈济功德会等得到批准进入内地开展活动，例如，慈济功德会在苏州成功注册办事处，积极开展了宗教慈善活动。由于这些基金会都是发展较为成熟的组织，在全球都有分布，其作为国际性宗教慈善基金会的成功经验也带到了内地，极大地推动了内地宗教慈善活动的开展。例如，慈济功德会从慈善开启医疗、教育、人文的四大志业为自己的支柱，目前慈济功德会的分支机构已经遍布全球 47 个国家，拥有上千万志工，是规模最大的慈善组织。慈济在慈善活动方面的巨大成功，也为佛教在世界范围内带来了良好的声誉。但是慈济功德会较大的亮点是超越宗教信仰，超越国度开展活动。就慈济功德会在内地的活动而言，其重点在于培训志工，组织志工以社区为单位开展活动。自 2011 以来，每年慈济功德会都会组织志工，其中不乏大量的企业家来到贫穷的地方进行冬令发放，例如 2013 年他们来到了有名的狼牙山，狼牙山曾经是革命重地，为革命胜利作出过重大贡献，而如今该地民众依然生活在贫困之中。慈济志工怀着慈悲济世的精神，为狼牙山的冬天带去了深情的温暖。

伊斯兰国际救援组织自 1984 年在英国创立至今，已在全球 20 多个国家开展了人道主义救援活动，其实施项目的范围也从应急、救灾和扶贫逐步拓展到长期的地区可持续发展规划。2002 年 6 月陕西省宁山县发生洪灾，造成数百人丧生和数千人无家可归，该组织及时采取应急救灾措施，出资为灾民兴建了数百间抗震房屋，为灾区灾后重建做出重要贡献。由此揭开了它在中国开展人道主义救援活动的序幕，中国也正式被纳入该组织的全球计划中。从 2002 年至今，伊斯兰国际救援组织在中国开展业务以来，先后完成了几十个项目，其

内容包括供水、教育、营养、紧急救援、灾后重建、自救创收等。伊斯兰国际救援组织在中国开展工作的多年里，通过与中国国际民间组织合作促进会、中国扶贫基金会、甘肃省国际经济技术合作民间促进会、新疆维吾尔自治区外经贸厅等部门的合作，在救灾扶贫领域取得了显著成效；而更具意义的是，伊斯兰国际救援组织所提倡的人道主义救援准则和有效的管理运行体制，为中国各级扶贫救灾机构和组织提供了借鉴和学习的资源，启发了大家对扶贫救灾事业更加长远而深入的思考。[①] 2013 年度伊斯兰国际救援组织在甘肃广泛开展了慈善活动，产生了一定的社会影响。

由于这些国际性的宗教慈善组织已经形成了制度严密、体系成熟的慈善模式，积累了丰富的经验，故而对中国宗教慈善界来说，可以相互借鉴和交流经验。同时由于其分支机构遍布世界各地，在宣传和活动方面，可以搭建一定的国际交流平台。

（六）明确宗教慈善的使命，继续着力打造文化慈善、心灵慈善品牌效应

以慈善公益行为来帮助他人，传递大爱，这是宗教界的“凡尘使命”。正是明确了这一宗教慈善使命，各个宗教界慈善组织机构纷纷结合自己的宗教理念、核心价值和教理教义，努力打造在文化层面和心灵层面的慈善品牌效应。

北京仁爱基金会自建立以来就一直在积极探索建构现代宗教慈善文化模式，打造慈善效应。[②] 在 2013 年度仍然继续坚持着力打造宗教慈善的心灵文化效应。在活动中，主张要先做一个慈善的人，再做慈善的事，学诚法师主张慈善本身就是修身的过程，是一种锻造胸怀的过程，而不应该让慈善活动成为负担、烦恼，化解了慈善主体和慈善受助者的心理位势，让慈善成为一个真正的心理沟通平台；其第二个层面是强调慈善体验的全民性。仁爱基金会以“传播慈善文化、弘扬慈善精神、推动扶贫救助”为宗旨，形成了仁爱灾害救

---

① 参见 www. gmw. cn/content/2006 - 09/11/conten……。

② 关于仁爱基金会的宗教慈善文化模式，笔者在《2012 年度中国宗教慈善报告》（收入杨团主编《中国慈善报告》，社科文献出版社，2013）一文中略有论述。在 2013 年度仁爱基金会仍然以此为宗旨积极打造心灵慈善效应，故笔者再次对之进行论述。

助中心、仁爱生命教育平台和公民慈善体验平台，积极开展全民可以参与的慈善活动。为此仁爱设立了包括仁爱“衣＋衣”衣物捐赠、仁爱助学、“仁爱心栈”奉送爱心粥等多个低门槛、易参与的项目，让更多的人参与到慈善活动之中，在社会上形成良好的慈善文化氛围；仁爱慈善文化模式的第三个层次就是强调心灵慈善力量的提升，主张慈善要从关怀身边的人做起。从点滴做起，激发起参与者慈善心，去关怀更多需要关爱的人，让爱传递，让人人都感受慈善，让人人都参与慈善，“在每一次的慈善行动体验中提升心灵的力量，就可能变成一个社会动力，久而久之就能形成一种文化。”这三个层次的慈善理念是相互补充的，是逐一提高的进程，它强调将佛教慈善价值观内在化，并通过个体慈善活动的社会化表现出来，进而形成社会共同的慈善动力。这是仁爱慈善基金会多年来的探索，也是多年来努力打造的文化慈善和心灵慈善品牌。这一慈善品牌在 2013 年度逐渐成为很多宗教慈善组织借鉴和学习的榜样。

辽宁天主教的盛京仁爱社会服务机构就主张“让相互帮助成为一种习惯”，正是在这一宗旨的指导下，成立“盛京不抱怨沙龙”心灵分享会。他们认为，优秀的人都不抱怨，抱怨是最消耗能量的无益之举。“盛京不抱怨沙龙”运动正是现代人最需要的，积极引导人们去探索如何控制自己的思想和情绪，如何面对生活中遭遇的痛苦，找回快乐的自己。希望所有参加“盛京不抱怨沙龙”的人通过努力，最终都能够成为优秀的人，享受当下的生活，变得平和而喜乐，并且也能够将自己的感受分享给更多的人，学习为自己创造美好的生活，让这个世界充满平和喜乐、活力四射的正面能量。这一活动较好地凸显宗教慈善的文化特色，形成了良好的社会文化氛围，凸显慈善的真正价值、探索适合现代社会发展的慈善文化方式，使慈善成为一种社会责任和公民义务。

总之，宗教的慈善理念认为慈善行为必须从慈善主体的内心开始发出，逐渐外化为自己的行为，这样就必须走入人群中，去帮助需要帮助的人群，逐渐在社会各个阶层建立心灵慈善文化，以慈善公益行为来帮助他人，传递大爱，各宗教界慈善组织将之作为自己的“凡尘使命”，积极深入探索建构文化慈善效应和心灵慈善效应。

（七）努力建立宗教慈善活动的绩效机制，积极打造“玻璃口袋”效应

2013 年度国家宗教事务局进一步规范了宗教界公益慈善的活动方式。在国家宗教事务局发布的《2013 年度工作报告》中指出“以此次活动为契机，宗教界新设了一批专门的公益慈善组织和专项基金管理机构，建立了稳定的志愿者队伍，健全了各项管理监督制度。在活动过程中，更加注重前期调查，摸清受助对象基本情况和首要需求，提高公益慈善的针对性。更加注重长远规划，如湖南制定《宗教界服务“十二五”慈善大行动规划》，计划五年内筹资5900 万元用于公益慈善。更加注重专业运作，建立公益慈善档案和受助对象数据库，增强公益慈善的长效性，推动宗教公益慈善的制度化和规范化”①。事实上，由于宗教慈善活动内在的公信力较高，其社会动员能力强，在运作慈善资本的同时，各个慈善组织非常注重自己财务制度的监督和管理。例如，从1985 年开始，爱德基金会每年都要发布审计报告。爱德基金会率先在慈善活动中积极建立绩效机制，打造“玻璃口袋”效应。在资本的运作和项目的实施方面，爱德基金会从最初单纯提交一份英文报告发展为现在的中英文报告，面向社会公众和捐款人公布自己的资金流向和项目运作情况，努力打造绩效机制的“玻璃口袋”效应，取得了良好的社会效果。

类似的宗教界慈善基金会和机构很多，如厦门南普陀寺慈善会在 2013 年7 月 1 日也通过了《厦门南普陀寺慈善会章程》，提前建立预警机制，积极建立绩效机制，打造“玻璃口袋”效应。在此就不一一列举，应该说，宗教界慈善组织机构在绩效机制的建立方面都较为透明，其在社会慈善活动中始终努力凸显自己的社会公信力，积极打造“玻璃口袋”效应。

三　结语

2013 年度中国宗教慈善公益事业努力探索，出现了“宗教慈善地标”，这

---

① 资料来源：国家宗教事务局网站。

是中国宗教慈善史上的一个突破，这说明政府有关部门已经开始逐渐开启“方便之门”。同时，宗教慈善界在活动中逐渐形成了“宗教慈善周”品牌效应；在保持传统项目优势的同时，也打造了自己的特色项目效应，建立了高视野的平台效应，形成了绩效机制的“玻璃口袋”效应，同时还继续深入探索发展宗教界独具特色的文化慈善和心灵慈善效应。总体而言，2013 年度是中国宗教慈善事业理性发展的一年，也是慈善事业机制逐渐寻求完善的一年。宗教界在慈善活动主体身份与项目主体身份之间的转换开始得到重视和发展，在制度和管理方面理性慈善，在实践过程中，热情慈善。

但是我们也应该看到，虽然 2013 年度宗教界慈善基金会是“丰收之年”，宗教界在历史发展过程中积累了丰富的经验，逐渐产生了诸多的品牌效应，但是，在产生或逐渐形成品牌效应的过程中，如何真正实现传统慈善平台与现代慈善平台的对接；在现代社会转型时期，如何打造符合国家、国际标准的“硬件”；如何积极调整自己的慈善公益行为，着重关注慈善主体人才梯队的培养；在活动中，如何有效地培养慈善对象的能力；如何有效地进行慈善资源分配和运作问题；如何建立更为完善的绩效机制等问题，都是宗教慈善公益活动面临的严峻问题。对宗教公益慈善事业而言，由于宗教慈善界自身存在诸多问题，只有把宗教慈善组织的自身力量嵌入社会福利和社会服务的整体系统中，实现慈善资源优化配置，才能发挥宗教民间慈善力、政府福利制度、社会服务体系合力的最大效用。

B.9

2013 媒体生态变局与媒体人的自我救赎

师曾志　杨 睿*

摘　要：

2013年是中国传媒业发展的分水岭。传统纸媒经历了读者的信任危机、广告额下降等挑战以及互联网技术的冲击，传统媒体式微的同时，以微信公众账号为代表的自媒体蓬勃发展，搅动媒体生态的改变。官办媒体如上海报业集团抱团重组，在资本、业务范围等方面都发生了实质性的变化。自媒体主体性的多样性，改变着新闻信息生产与再生产机制，自媒体为人们消解孤独、自卑等现代症候提供了更多的方式。敏感的媒体人把握时机，技术赋权下实现自我赋权和社会赋权，在自我的认知体验中，通过误构实现正义观念和正义实践的合法化，达到自我的救赎。

关键词：

媒体变局　自媒体　媒体人救赎　误构　话语实践

2013年是中国媒体发展、成长的分水岭。社会主流人群广泛采纳与使用以微信为代表的社交媒体，媒体场域发生深刻变革，自媒体的蓬勃发展是这场媒体场域变革的表征，同时，自媒体的发展也搅动着媒体生态的深刻变局，其映射出的是新闻生产与再生产机制、传播方式等的改变。随着媒体人自我反思、自我救赎主体意识的增强，加剧了媒体的分化与裂变，但同时也为中国媒体变革提供了机遇。

---

* 师曾志，北京大学新闻与传播学院教授、博士生导师；杨睿，北京大学新闻与传播学院博士生。

一 2013 年媒体发展现状

2013 年媒体意识形态管控与媒体背后与资本结合的复杂性通过事件的方式纷纷进入公众的视野，公众舆论的推波助澜，媒体专业主义开始重新反思。同年，传统媒体广告额的迅速下滑也是 2013 年成为中国媒体发展分水岭的理据之一。所有这些，都让媒体人思考自身的未来与出路。

2013 年 3 月至 6 月，农夫山泉与《京华时报》之间的持久论战揭露出媒体与资本之间的“混沌”关系。事后，在腾讯新闻调查中心官方微博“@ 民调中心”发起的投票中，有 43.98% 的网民支持农夫山泉，而仅有 12.76% 的网友支持《京华时报》。[①] 媒体在舆论监督过程中一旦不能保持新闻客观、中立的立场，必然会损害其在社会中的公信力。2013 年 10 月的陈永洲案带给传统媒体人职业伦理的信任危机。

传统媒体遇到发展瓶颈的同时，新媒体却是一派蓬勃发展的景观。2013 年中国网民人数突破 6 亿，互联网普及率突破 45% 。[②] 中国正在经历以微博、微信以及移动客户端为代表的互联网 3.0 阶段。应对新媒体的挑战，在《好运 Money +》《新闻晚报》《风尚周报》等纷纷停刊的同时，2013 年 10 月 28 日，上海同城两大报业集团文汇新民联合报业集团和解放日报报业集团正式合并为上海报业集团。这表明了政府对于官办媒体应对新媒体变革的主动回应。

纵然拥有高效、便捷、互动性强、个性化等优势，网络传播由于门槛低、相关法律不健全等问题出现网络造谣、炮制虚假新闻的传播现象。自 2013 年 8 月起，一场声势浩大的打击网络传谣造谣行动覆盖全国，引起社会热议，也昭示着网络成为政府展开媒体管理的主战场。以微博为代表的网络舆论场的收紧，使得微博用户活跃度有所降低，也让越来越多的人把注意力转向了以微信公众账号为代表的自媒体。

---

① 资料来源：“腾讯微博—@ 民调中心”，http：//vote. t. qq. com/vote/vote. php? id = 1367887068&u = QQvote&type = 1&tpl = index（访问日期 2014 年 3 月 14 日）。

② 资料来源：“人民网—传媒频道”，http：//media. people. com. cn/n/2013/1224/c40628 – 23933016. html（访问日期 2014 年 3 月 13 日）。

2013 年微信用户规模飞涨以及微信公众平台本身的精准到达特性，使得微信成为一个天然的媒体平台。2012 年 12 月 15 日，腾讯推出了全新自媒体产品平台——《大家》，投入千万量级资金以签约、稿酬的现金回报以及优质的平台服务模式，打造一个百家争鸣、兼容并包的思想盛会。截至 2013 年 12 月，这个平台依靠 240 余名作者，独家发表了 3000 余篇精品文章。[①] 2013 年 12 月 24 日，百度旗下自媒体平台百度百家正式上线，采用流量导入的方式，独家签约作者。除此之外，搜狐、360、网易都在 2013 年推出了各自的自媒体平台。虎嗅网、知乎、36 氪等网站大量发掘业界写手和自媒体人的力量，每天以少量精选的“干货”吸引读者眼球。

2013 年 7 月 29 日，由浙报集团传媒梦工场与中山大学传播与设计学院联合推出的“中国新媒体影响力排行榜”出炉，上榜自媒体包括：硅发布、荒岛电台、纪中展、金错刀、阑夕、逻辑思维、滤镜菲林、深夜谈吃、协和章蓉娅和左林右狸。评出 2013 年度自媒体平台：虎嗅网、2013 年度自媒体联盟、Wemedia。

历时两个多月的作品征集和评选，2013 年首届“安平中国·北京大学公益传播奖”颁奖典礼于 9 月 29 日在合肥举行，独立设立自媒体创新奖，注重创新性、公共性和参与性，打破了很多新闻奖评选中以媒体人为评选对象的传统，来自博客、微博、论坛、BBS、网络社区等自媒体平台发表的作品，只要在规定时间内，都可以参加评选。

纵观 2013 年媒体变局与变革，除却政治意识形态的管控与商业化进程中的权贵资本结合，媒体人自尊自持的丧失等自身问题之外，离不开受众公民意识的提高和媒介素养的增强。自媒体所带来的互动性、即时性和信息渠道多样化是在以移动互联网为首要推动力的场域中展开的，自媒体有自发形成的，但更多的是权力与资本推动的，自媒体自始内部就一直处于媒体人理想、资源、权力、利益、资本、利润等的博弈中。自媒体场域性的特质，从一开始就不仅仅是媒体人自我解放的出路。自媒体犹如茫茫浑水里的鲶鱼，或转出深深漩涡，或拨起千层轻漪，于有形、无形中，搅动、荡涤着中国媒体生态。

---

① 资料来源：“比特网”，http：//net. chinabyte. com/15/12800015. shtml（访问日期 2014 年 3 月 14 日）。

二　2013 年媒体变局下的媒体生态变革

媒体生态变革最为明显的是，政府对官办媒体系列改革措施的纷纷出台。随着上海同城两大报业集团文汇新民联合报业集团和解放日报报业集团的合并，一系列改革举措稳步展开。2013 年 12 月 31 日，新版文汇网正式上线。2014 年 1 月 1 日，由上海报业集团与百度公司联合运营的“百度新闻上海频道”正式上线。同日，上海报业集团新媒体项目“上海观察”正式上线，推出同名微信、微博、网站以及手机客户端。另外两个新媒体项目大众化路线原创内容生产的《澎湃 The Paper》和精准化路线信息服务平台《界面》也孕育成型，亟待出场。这一系列举措是传统媒体人拒绝悲情、回归专业的切实行动，也是纸媒抱团取暖的应势之举。

2014 年 2 月 28 日下午，上海报业集团召开了 2014 年度工作会议。集团党委书记、社长裘新畅谈了未来一年的工作思路，这或许将影响到全国传媒业在 2014 年的变局。裘新指出改革要破除三个误区：其一，报业结构调整不能简单地同于做减法，关键还是要看市场容量、市场需求，以及报纸互相之间是否目标、定位各有特色，存在明显差异。这就需要“一报一策”的方针，从各自的旧有基础转型，而非重新出发。其二，不能简单认为“亏损的、现状堪忧的”只能关门大吉，而忽略其市场潜力、转型前景和其他价值。在“关、停、并、转”的基础上，更加强调在“精、联、创、合”上下功夫。其三，新媒体不是转型的唯一途径，不是救世主。可以利用自身专业和信息资源优势，从搞内容转为搞服务，尤其是线下服务。媒体的服务时代来临了，享受超额利润的红利期应该要结束了，要考虑如何通过“服务”来变现媒体品牌价值。

关于机制配套问题，裘新提出“新钱办新事”。所谓新钱，是指产业资本的钱，上报集团的新媒体项目，就是新钱的推动。除此之外，还介绍了三大转型，包括：从集到团，即通过金融和地产把集团变财团；从纸到业，即强调服务化和社区化，线下布局垂直产业；从资到本，把新华传媒做成一个融资平台。

在政府积极推进媒体改革的同时，媒体人也自发参与到媒体改革的讨论中。内容为王和渠道竞争，是2013年前媒体人对媒体运营普遍的认知视角。面对2013年媒体裂变的格局，相当一批纸媒人将改革的共识界定为以下三点：一是“内容为王”，急需树立的市场意识是将自己定位为内容供应商。而改革实操的头号抓手，是将人、财、物快速集中于编辑部，即刻组建、扩建、调整、优化、强化原创内容团队，而不是相反；二是版权保护；三是直接切入移动互联网公共内容发布渠道，在最先进的传播渠道上探索内容品牌建设及其周边产品开发。

纸媒改革的解决之道，《笨蛋纸媒老总和他们失去的2013》作者寄希望于2014年纸媒改革过程中能出现一到两位传媒强人，这位强人会在主义上选择“内容为王”，并不出意外主要依托上述三方面改革抓手，去开创、引领新一轮纸媒变革风向。

改革的目的并非拼命保住“纸”这一媒介形态，而是牢记市场对内容的绝对需要。在媒体广告的模式下，过去媒体售卖的产品其实是“渠道”，即有形化的一个版面、一段时间、一个条幅等。但在今天的媒体环境下，渠道和内容是分离的。渠道不一定在自己手里，但是内容的影响力却因新的渠道或多样的渠道而变大了。这就为做原创内容的媒体提供了一个新的价值——媒体品牌。以前媒体是把渠道变现，现在则要思考如何把媒体品牌变现。

媒体品牌变现的实现依赖于版权的保护。2013年8月19日，网易《真话》频道发出《关于网易〈真话〉文章被搜狐、华商报侵权的声明》。声明所指文章，是对《财经》记者罗昌平的独家专访，当时罗昌平因举报刘铁男并致刘被查，受到国内外空前关注。《真话》郑重其事要求道歉并保留诉讼权利，最后更追问：“世界上只有一种罪，那就是盗窃。当你抄袭，偷梁换柱成自己的作品时，你实际上偷走了作者的辛苦劳动和署名权，这是不是一种罪？”中国人民大学教授张鸣在《羊城晚报》上悲怆呼喊：“在我们这里，卖盗版和买盗版的，都没有任何羞耻感……人们也许不知道，如果这种状况继续下去，我们这个国家，将会没有人有积极性写作，创作也就窒息了。”①

① 阿正：《笨蛋纸媒老总和他们失去的2013》，楮实子微信公众号2014年2月18日，http://mp.weixin.qq.com/s?__biz=MjM5MjI5ODk5Mg==&mid=200037296&idx=1&sn=b133d732f8c67ae64b62233afb9384b6&scene=1#rd（访问日期2014年3月13日）。

在传播方式多元，传播技术越发普及的全媒体时代，以上三点共识，内容为王毋庸置疑，但传统版权保护思维方式却是值得探讨的问题，简单化地“直接切入移动互联网公共内容发布渠道，在最先进的传播渠道上探索内容品牌建设及其周边产品开发”不是问题的解决之道。这些问题与媒体生态的改变有切实的关联。

三　媒体生态中话语生产与再生产机制的改变

2013 年 11 月 18 日，腾讯微信产品部副总经理张颖在“微信·公众”合作伙伴沟通会上披露，微信平台上的公众号总数已经超过 200 万个，每日新增公众号 8000 个，每天在公众号中已有数亿条的信息交互。① 微信的“强关系”社交模式使得自媒体运营者的个人特质获得充分展现，自媒体主体多样性、内容形式的个性化等，搅动了媒体生态发展的一池春水。

媒体业态变革中不可忽视的是媒体人自我赋权下获得社会赋权的力量，它引发的是媒体生产与再生产机制的改变。这里需要重新认知的是“生产”概念本身。“生产”如今已成为诊断当代社会的关键词。

“生产”本是马克思历史唯物主义的核心概念，马克思说，历史是生产史。科林伍德也说“一切历史都是思想史”。恩格斯也曾说：“根据唯物史观，历史过程中的决定性因素归根到底是现实生活的生产和再生产。无论马克思或我都从来没有肯定过比这更多的东西。”②

一般人认为，马克思的“生产观”指的就是工业时代的商品生产，其实这是一种误读。马克思和恩格斯在《德意志意识形态》第 1 卷第 1 章中，将生产称为“自己生命的生产”“他人生命的生产”“思想、观念、意识的生产”。

自媒体搅动了传统媒体内容与传播机制：第一，媒体内容与传播主体是多样化的，这是对媒体单一管制的冲击。第二，内容和传播形式有着自媒体人自

① 资料来源于“东方财富网”，http：//finance. eastmoney. com/news/1360，20131118338539021. html（访问日期 2014 年 3 月 13 日）。

② 《马克思恩格斯选集》（第四卷），人民出版社，1995，第 695 ~696 页

身的个性、才华、思想等印记，释放出自媒体人将各种信息整合在一起的想象能力，尤其是语言表达上，摆脱了过去陈式刻板的语言方式。第三，内容把关与审查也或多或少打破了传统意识形态的管制，有了更大的灵活性和延展性。第四，自媒体的传播速度以及要求在传播中迅速辨伪信息的能力。第五，让受众积极参与到新闻信息产生中并进一步影响新闻信息的再生产，新闻信息生产与再生产过程中传播的自净功能也得到加强。第六，不确定的时代需要快速提供确定、证伪、权威信息，这会重新界定谁是“权威媒体”。

自媒体内容生产与再生产中，不可忽视的是观念的生产与再生产。观念有着自我的形态，但处于运动的、不确定的、流动的状态。观念对人们的认知结构会产生影响。这里“结”是结合之义，“构”是构造之义，合起来理解就是主观世界与物质世界的结合构造之含义，其中包括建构、构造、互构、构成、解构等。波德里亚“消费社会”实际上隐含着全社会都是生产机器的蕴义。除了经济资本生产外，还有社会资本、文化资本以及象征符号的产生等，知识、权力、文化、欲望等都是生产的产物。由此，生产的内在语义是丰富的，是生成的，建构的，解构的，也是批判的。

借用马克思所言的“历史是生产史”，生产是生命史。生产的意涵是指对他人生命的生产、自我生命的生产和思想观念的生产。波德里亚提出“拟像”作为文艺复兴以来人与世界的关系的基本方式约经历了三个依次递进的历史形态：仿造是从文艺复兴到工业革命的“古典”时期的主要模式；生产是工业时代的主要模式；拟真是目前这个受代码支配的阶段的主要模式。第一级拟像依赖的是价值的自然规律，第二级拟像依赖的是价值的商品规律，第三级拟像所依赖的是价值的结构规律。①

在此意义上，信息、知识的生产与再生产是在权力场域中不断被建构和实现的。媒介的生产与再生产由集中走向分化，由单向转为多向，由被动变为主动，是个体之间的碰撞以及与社会的博弈中取得的新生。与此同时也应意识到，在权力场域中看待观念的生产与传播，它们不是按照其重要性得以传播，而是或多或少在对统治权力与资源的屈从中得以实现。

---

① 〔法〕波德里亚：《象征交换与死亡》，车槿山译，译林出版社，2006，第 67 页。

四　通过误构的自媒体合法化

尼采曾指出，“追求真理和知识的意志同追求权力的意志是分不开的”[1]。利奥塔尔也讲道，“自柏拉图开始，科学合法化的问题就与立法者合法化的问题密不可分了。从这个角度看，判断真理的权利与判断正义的权利是相互依存的”[2]。这意味着一个命令被认为是公正的这种可能性将随着它被执行的可能性而增加，它被执行的可能性又将随着规定者的规定和性能而增加。在这个意义上，权力以及与之相伴的传播合法化问题是自媒体存在之根本。

这里需要回答什么是自媒体合法化，如何合法化的问题。法国哲学家利奥塔尔提出“元叙事”的概念，元叙事通常被称为“大叙事”，是指无所不能、无所不是的解释。利奥塔尔认为，元叙事或大叙事，确切地是指具有合法化功能的叙事。在利奥塔尔看来，现代性的最主要部分是大叙事构成的，但后现代是对元叙事的怀疑。合法化话语建构的方式是什么？哈贝马斯设想通过讨论而达成共识，利奥塔尔则指出“这种共识违背了语言游戏的异质性。发明总是产生在分歧中。后现代知识并不仅仅是政权的工具。它可以提高我们对差异的敏感性，增强我们对不可通约的承受力。它的根据不在专家的同构中，而在发明家的误构中”[3]。

利奥塔尔提出，“合法化叙事的两大版本，一个偏重于政治，另一个偏重于哲学”[4]。前者合法化叙事的主体是人类，而后者是科学叙事所建构出的使自身合法化的话语。自媒体主体多元，观点多样，加大了话语表达的异质性，后者元叙事或大叙事的话语思想与方式都受到前所未有的冲击，前者回到了人

---

① 〔美〕道格拉斯·凯尔纳、斯蒂文·贝斯特：《后现代理论——批判性的质疑》，张志斌译，中央编译出版社，2011，第39页。

② 〔法〕让-弗朗索瓦·利奥塔尔：《后现代的状态》，车槿山译，南京大学出版社，2011，第30页。

③ 〔法〕让-弗朗索瓦·利奥塔尔：《后现代的状态》，车槿山译，南京大学出版社，2011，第4页。

④ 〔法〕让-弗朗索瓦·利奥塔尔：《后现代的状态》，车槿山译，南京大学出版社，2011，第115页。

和叙事本身，它们成为知识生产的源泉活水。自媒体成为知识生产与再生产的主体，其深刻的意义在于“在信息时代，知识的问题比过去任何时候都更是统治的问题”①。

2013年，自媒体技术日益成熟，敏锐的媒体人对这一机遇的把握是促成媒体生态演进的两股积极力量。然而，2013年刚刚发展起来的自媒体依然在元叙事与对元叙事怀疑的矛盾中前行。

北京大学公共传播与社会发展研究中心从2013年6月底至9月底对16个媒体人开办自媒体微信公众账号的深访，分别为：“逻辑思维”“滤镜菲林”“阅录评”“旧闻评论”“留档察看”“石述思”“林楚方”“法政观察”（已被销号）“CAOTV观点保真—曹保印”“信海光微天下”“人间指南”“世相”“左志坚”“褚朝新”“荐读”“微板报—伯通”。“荐读”的运营者说，微信上的表达自由其实是“虚幻”的，背后仍然有各种各样的审查机制。然而，在这样的背景下，媒体人采取了更为智慧的方式，规避审查风险，表达想要表达的内容。有的自媒体人寻找审查漏洞，运用微信公众平台提供的关键词获取文章的方式避开审查；有的自媒体人在表达方式上做出改变，用最娱乐的方式表达最严肃的内容；有的运用链接，通过微信文章左下角的“阅读原文”，链接到微信公众平台之外的真正想要展现给读者的内容。比如“滤镜菲林”的一篇文章《【当事·人】任建宇：如何泡出好吃的方便面》，其文章结构通过选面、烧水、泡面、清理四个部分讲述了如何泡好吃的方便面的流程，但在文章最后，其给出一个“如果你想知道任建宇是谁，请点击最下方的链接”，该链接指向“任建宇”的百科词条，讲述了其被非法劳动教养的经过，其实是一个网络求助信息，以一种语言游戏的方式突破审查，达到传播效果。

这一切可能来源于赋权器的娴熟运用，技术赋权为媒体人新闻理想的实现提供了更为便利的条件。一方面，如海德格尔所言，语言是存在的家；另一方面，媒体人的专业素养也有效地为新闻的内容生产筛选、把关。这种对于审查

① 〔法〕让-弗朗索瓦·利奥塔尔：《后现代的状态》，车槿山译，南京大学出版社，2011，第31页。

的规避和合法性的抗争归根结底是为了获取更开放的语言环境、更民主的传播氛围，是社会的成长。

在深访中，转型至互联网企业的媒体人开办自媒体多半都得到了公司的支持和帮助。“微板报—伯通”讲道：“互联网公司非常希望招聘自媒体人的加入，这不仅意味着个人的加入，更是自媒体人背后其自媒体影响力的加入，互联网公司同时享有了自媒体人所享有的资源。”类似的，据地产观察报道，万科地产和地产自媒体“地产观察”，双方已达成收购协议，即将在深圳万科总部联合宣布，“地产观察”将成为万科旗下全资自媒体独立发展，预计收购金额将到达两千万，具体交易将在近期完成。作为中国最专业最具影响力的房产自媒体之一，“地产观察”旗下的自媒体平台是全球范围内用户量和覆盖面位居前列的地产类自媒体平台，拥有 30000 多用户。在中国排名前 500 位的房地产开发企业中，有超过 80% 的房地产公司把“地产观察”作为企业必备的学习平台。“地产观察”创始人兼 CEO 表示，作为自媒体平台的从业者，我们非常高兴与世界最大的地产公司万科地产的合作，在完全尊重平台原有理念的前提下，帮助“地产观察”为全国的地产从业者和购房者服务，“地产观察”自媒体平台将为中国房地产市场的健康发展，进一步贡献力量。[①] 可见，技术赋权在组织赋权和社会赋权之间，个人与组织的关系由被动依附逐渐转为主动引导，组织乃至社会的认可正是自媒体实现合法化的有力证明。传媒自身的组织、运作与传播方式的变化对社会也在产生深远的影响。

2014 年 3 月 13 日晚间消息，国内最大的自媒体联盟 WeMedia 已于年后完成 A 轮融资，金额约为 300 万美元。这是自媒体形态诞生以来的首个融资案例。在本轮融资之前，WeMedia 于 2013 年 6 月获得金种子创投基金 200 万元天使投资。该基金合伙人兼 WeMedia 董事长董江勇曾公开表示，WeMedia 已通过与克莱斯勒、招商银行、步步高、联想、华为等国内外众多知名企业的深度合作，验证了自媒体联盟的商业模式，实现了客户、自媒体人和联盟的三赢局面。联盟创始人青龙老贼（本名朱晓鸣）表示，通过 WeMedia 联盟成员过

① 资料来源：“投资与合作”网站，http：//www. topcapital. com. cn/pages/newsdetail. asp？id = 40013&from = message&isappinstalled = 0（访问日期 2014 年 3 月 16 日）。

去一年的努力，自媒体已经从新锐走向主流，“资本市场对于自媒体非常感兴趣，已经有多家机构投资者通过 WeMedia 发掘和投资了有关自媒体人。”①

法国著名心理学家勒庞出版于1895年的《乌合之众》一书，堪称批判集体主义的经典之作。他写道：“在集体心理中，个人的才智被削弱了，从而他们的个性也被削弱了。异质性被同质性所吞没，无意识的品质占了上风。”②勒庞认为，群体的聚集产生的是理性的丧失后所特有的激情，失去一切批判能力，除了极端轻信外再无别的可能。“由于群体的力量有着纯粹的破坏性，因而他们的作用就像是加速垂危者或死尸解体的细菌。”③勒庞的洞见源自19世纪法国民主和社会主义观念普及下“群体的时代”的社会背景。然而，当今的中国传媒生态所彰显的不再是“孤独的人群”和“千人一面”的大众，而恰恰是善于思考和批判的个人组成的小众，或称之为“想象的微共同体”，“想象的微共同体主要是由众多私人心智构建为公共心智，而公共心智又对私人心智产生重要影响，从而对现有的社会制度与体制产生革命性的影响。”④以微信公众号为代表的自媒体，更多体现的是小圈子、强关系的自说自话和个体的沉醉。与追求大叙事的统一性不同，当今的自媒体气候更多表现出后现代知识的特性。

互联网传播的媒体设置本就千差万别，突破旧有的话语体系和刻板印象的去专业主义的信息生产更是媒体人运营自媒体的一大特色。比如，“留档察看”的运营者，在谈到落马官员、文人的事件时，采取的标题是《开房的政治经济学分析》《如何理性坐牢?》等，其在行文中也是根据自己的观察和感受，讲述一些官员、文人落马的具体场景或者监狱生活，“留档察看”的运营者讲道，之所以这样行文是“故意的，就是最严肃的东西用最娱乐的方式去表达，然后最不严肃的东西你要跟最严肃的东西扯在一起，这是故意造成一种反差……英国式幽默就是这样子，一个最简单的话题用一个最复杂的方式表达

---

① 钧铭：《自媒体联盟 WeMedia 获300万美元 A 轮融资》，腾讯科技网2014年3月13日报道，http：//tech. qq. com/a/20140313/022713. htm（访问日期2013年3月13日）。

② 〔法〕古斯塔夫·勒庞：《乌合之众》，冯克利译，中央编译出版社，2004，第16页。

③ 〔法〕古斯塔夫·勒庞：《乌合之众》，冯克利译，中央编译出版社，2004，第5页。

④ 师曾志：《微博下的人类灵魂：新媒体公共空间下对话与沟通的意义》，收录于2011年《中国慈善蓝皮书》，社会科学文献出版社，2011。

出来，莎士比亚的话剧里面也是这样的”。打破旧有的语言模式，开创自己的话语表达，增加了自媒体内容生产的趣味性，不一样的语言所带来的视角也使得话题本身更具传播力。

《纽约时报》中文网 2013 年 11 月 23 日刊登了一篇题为《别了，骆家辉》的文章，文章说，头天媒体刚刚透露出骆家辉即将离任的消息，第二天早晨网上就开始流传由博雅新媒体团队集体创作经由“咋整”微信公共账号发出的美国总统奥巴马和骆家辉的对话。这段微信对话，以幽默调侃的风格，吐槽了包括雾霾、贪腐、媒体追踪、中国官员的特殊待遇、高官小三出国产子等中国社会问题。借由骆家辉离任这一新闻事件，讽刺了当下的社会问题，道出了中美两国一些不同的政情和官情，并借此反映了中美两国不同的政治特征。新媒体所诱发的主体的能动性使得语言游戏的招数得到更大程度的发挥。一方面，语言游戏是社会为了存在而需要的最低限度的关系，另一方面，交流成分既是现实，也是问题。语言的每个对手在受到“打击”时，都会产生一种“移位”，一种变动，不论其性质如何，也不论他是受话者或指谓，还是发话者。这些“打击”必然带来“反击”……重要的是必须加剧位移，甚至应该让这种位移迷失方向，以便给予一词出人意料的打击（一个新的陈述）。[①] 在语言游戏的竞技中，新媒介把叙事知识地位提升了。

自媒体所表现出的后现代知识生产与再生产的特性，正是体现出利奥塔尔所谓的“误构”意涵，它不是各色观点的无序分歧和争执，“误构的基础源自于多种不同知识在不同的观念、体验上的对话和辩论，误构成为达成合法性的主要途径。”[②] 共识只是讨论的一个状态而不是目的，讨论的目的是误构，是正义，是人类公共的善。

沃斯在《共识与大众传播》中做出相关的表述，“共识”是一个至关重要的概念，既是通向社会学核心问题的路径，又是分析当代世界问题的渠道。在大众社会中，共识问题前进一步，便意味着人类朝包容性民主的目标前进一

① 〔法〕让－弗朗索瓦·利奥塔尔：《后现代的状态》，车槿山译，南京大学出版社，2011，第 64 页。

② 师曾志：《新媒介赋权视阈下的国家与社会关系》，《新媒介赋权：国家与社会的协同演进》，社会科学文献出版社，2013。

步；而最终极的愿景，则是实现全世界的共识，即在自由、有序与和平的条件下，充分应用世界资源来满足人类需求。在大众民主中，共识并不等于所有社会成员就所有问题或大多数关键问题达成一致意见，而意味着我们要养成人际互动、讨论、争辩、协商和妥协的习惯，要容忍异议的存在，甚至要克制自己、时刻保持冷静。

沃斯笔下的“共识”与利奥塔尔所谓的“误构”有着异曲同工之处。若人们不能容忍差异的存在，大众社会就永不可能产生共识；而离开了共识，民主也便无从谈起。然而，利奥塔尔的误构思想更具时代性，他强调通过误构使问题合法化，而不是简约为通过共识使问题合法化。

五　媒体人的自我救赎

现代社会人们不可逃避的症候最显著的是自卑与孤独。以微博、微信等为代表的社交媒体为人们孤独、自卑等现代不可逃避的症候提供了更多的消解方式。布迪厄说：“社会现实是双重存在的，既在事物中，也在心智中；既在场域中，也在惯习中；既在行动者之外，又在行动者之内。”① 新媒介提供了一种新的体验，它呼唤人的智性与直觉。阿伦特认为，自卑是人格发展的动力。至于孤独，事实上，极权主义“它的自身基础是孤独，是根本不属于世界的经验，这是人类经验中最彻底、最绝望的一种”②。孤独不可忍受，是因为一个人的身份不可能独自获得确定。阿伦特将无世界性界定为共同感的丧失，而共同感是我们感觉世界中的经验所依赖的东西。所谓共同感是“规范并控制其他一切感觉，若无共同感觉，我们每一个人都会被封闭在自己特殊的感觉材料中，而这种感觉材料自身是不可靠的”③。克服自卑情结要依靠发展社会兴趣与社会合作，这里强调实践的重要性。而“共同感”的建立，有赖于沟通。

① 〔法〕皮埃尔·布迪厄、〔美〕华康德：《实践与反思——反思社会学导引》，李猛、李康译，中央编译出版社，1998，第172页。

② 〔美〕汉娜·阿伦特：《极权主义的起源》，林骧华译，生活·读书·新知三联书店，2008，第592页。

③ 〔美〕汉娜·阿伦特：《极权主义的起源》，林骧华译，生活·读书·新知三联书店，2008，第592～593页。

沟通可能与否，没有绝对的答案，关键是，是否具有公正性，开放性。

以微博为代表的信息公开平台的内容的生产、消费和分享，达成一定程度的心理宣泄。以微信为代表的自媒体则是培养相对私密的阅读兴趣、鼓励深度思考甚至寻找共同体的有力工具。这样的网络媒体分工改造了旧有的信息生产格局。一方面，公开的传播渠道是展开交流、发布信息的有效平台；另一方面，足够细分的自媒体的开设满足了用户的自由选择，这给予公众空间和尊严，是对民主达成的检测和推动。

斯宾诺莎曾说：真理没有内在力量。所是与所非，无法带来根本的改变，重要的是在所是的基础上，加入实践与行动的维度。当今的自媒体传播首先是一个自我赋权的过程，新媒体的作用背后是社会的成长。这里要提到“赋权器”的概念，“赋权器表面上是指渠道、技术、工具、手段、介质、知识等，但实际上它是有着时空延展性的内容与渠道的结合体。它的主要特征：一是传播渠道的多样性，有多少种传播方式，就有多少种传播渠道；二是传播力的无限性；三是传播反馈机制对于内容生产与再生产的迭代性作用；四是用户体验与知识直接加入到生产与再生产的机制中；五是用户体验与用户关系维护是传播力的动力与引擎；六是话语想象力招数的涌现成为用户体验的重要组成部分。”① 麦克卢汉曾说：“媒介即信息。”对于社会来讲，真正有意义、有价值的“信息”不是各个时代的媒体所传播的内容，而是这个时代所使用的传播工具的性质、它所开创的可能性以及带来的社会变革。

去中心化、去组织化的网络社会体现的正是传播者的自我内在性，也是互联网向可以自主，致力于理性辩论的公共领域迈出的一大步。话语就是斗争，话语就是权力，在合法化叙事越发倾向于权力以及作为权力主体的人类的今天，自媒体以及自媒体平台的蓬勃发展为公众的发声提供了越来越多的可能。这种实践也就在无形中强化了微民话语的合法性和语言游戏规则的认同。然而，传媒人本身就接近权力结构，拥有娴熟应用赋权器的能力。很多媒体人重视内容生产，对自媒体的媒介方式有着天然的热情。他们不只是对传统媒体现

① 师曾志：《新媒介赋权视阈下的国家与社会关系》，《新媒介赋权：国家与社会的协同演进》，社会科学文献出版社，2013。

有的内容进行挑选、编辑或是标题党等二次包装与二次传播，而是真正施展手脚，寻找新的解放。

“逻辑思维”的运营者在深访中说：“（我们的）时代（正）在改变，整个社会是继工业革命之后的大变迁，所有东西都要跟新东西相匹配。自媒体的诞生并不是与传统媒体相割裂的，不是传统媒体之外的现象，而是其自我演化现象。”这种演化与新生必然带来革命性的改变。“旧闻评论”的运营者说道：“做传统评论时间长了，很想换一种新的写作方式来尝试。”“世相”的运营者也表达了类似的看法：“想体验这种感觉，从纯粹的新闻写作技巧变为一种审美性的东西，想跟我个人气质高度一致。”这些媒体人或是尝试把被传统媒体规避的信息千方百计地转移到自媒体中去传播，或是更大程度地运用语言游戏，用或调侃或文艺的笔锋创作内容，反映社会的另一种维度，都是在新的表达平台上寻求到的新的个人价值体验。

以“逻辑思维”为例，其运营者罗振宇认为自媒体时代最重要的是“个人”，未来的传媒时代是“人格为王”的时代，围绕人格为中心，小的社群化组织逐渐出现，继而形成了“自由人的自由王国”。王尔德曾说，绝大多数人都是他人，他们的思想是某个他人的意见，他们模仿他人的生活，他们最爱引用他人的话。可以说，人对于自身的认知和体悟是一场莫大的修行。尤其是在机械复制时代的今天，媒体的投射与幻象下身份的认同是一个值得思考的问题。事实上，自媒体的选择和发声都是每个订户或运营者不断返回自我的过程。面对大叙事的崩溃，统一的“认同”变得越发困难，在这样的时代背景下，自媒体注定是小众的，精准定位的。

再如，2013 年 7 月，不满 24 岁的台湾士兵洪仲丘在营区遭受强度体罚致死，军方最初告知的死因是中暑，属于意外身亡，让家属无法接受，引发台湾公众的强烈关注。2013 年 8 月 3 日，傍晚，台湾数万人为“洪仲丘案”聚焦，在通向“总统府”的台北市凯达格兰大道游行示威。2013 年 8 月 4 日，在马英九的干预下，洪仲丘的亲属收到了明确标注“他杀”的军方死亡鉴定书。在这场台湾社会运动中，运动发起者之一“citizen1985”（网名）在当晚游行散场前发表了名为《正义的颜色》的演讲。这篇演讲的文字稿流传到内地后，被“滤镜菲林”等自媒体转载，“滤镜菲林”的运营者发起一次集体创作，即让粉丝用1分钟念完演讲里的完整一段，其运营团队再将所有人的声音拼起来，还原一次演讲。活动发起一天内，“滤镜菲林”的后台便收到近900条回复，其运营者也用“我听过无数次演讲，从来没有一个演讲像你们呈现的这么动人”形容其感受。2013年8月9日，在发动集体创作的三天后，这篇演讲以《大声·N重奏演讲》发布，成为粉丝参与创造的一个成功典型。这些媒体人不为专业制度所束缚，开创出更多表达方式，丰富媒体的“玩法”，用户深度卷入的同时，增强了其黏性。当前凸显异质化、碎片化的传播环境把越来越多的权力交还个体本身，“自我”虽是微不足道的，但它并不孤立，它处在比过去任何时候都更复杂、更多变的关系网中。“人们始终处在交流线路的一些‘节点’上，或者说处在不同性质的陈述经过的一些位置上，这些陈述一边穿越他，一边确定他的位置，他或者是发话者，或者是受话者，或者是指谓。”① 这意味着，媒体人不仅仅是被动的新闻信息的传播者，他们也是积极的生产者，大众也加入到了这个生产与再生产的过程中，为思想、观念的误构与合法化提供了基础。

在自媒体的生产与消费中，个体显示出不同的偏好，反映出社会的不同维度。表面上推崇个性，自说自话的自媒体时代，事实上，是开辟了多种崭新的对话、沟通渠道和话语方式。福柯也曾提出：“根本不存在大规模拒绝的中心、反叛的核心、一切背叛的根源或革命的纯粹法则。相反，有的只是多元的抵抗，其中每一种抵抗都是一个特例。”互联网技术的包容性使其固有属性，旨在营造小圈子，寻找个体归属感的自媒体更加强调、鼓励异质化的内容表达。这对于文化的多样性、心灵的归属乃至现代社会的建构都有着深远的影响。

六　不是结论的结论

2013年自媒体的发展，显著的特征是话语实践已成为社会关系的普遍存

① 〔法〕让-弗朗索瓦·利奥塔尔：《后现代的状态》，车槿山译，南京大学出版社，2011，第62页。

在，它也是推动媒体生态变化的根本。话语即权力，话语即斗争，话语本身就有着竞争、游戏的色彩，也是权力象征性投射物，权力在话语实践与传播得以解构或重构。在利奥塔尔看来，语言中有着倾听能力、处事能力以及做事能力的体现。在交流过程中，不仅仅达成表达，更重要的是可以实现行动，在行动的过程中改变原有的权力场域，在对话、交流实践中改变着媒体社会结构与社会制度。

值得指出的是，自媒体人与自媒体本身存在于现实社会的权力场域中，它离不开具体的实践与行动，也离不开具体的情境及其特异的生成性。谁在传播，传播什么内容，以怎样的方式传播等从来都是权力的投射。这种投射不仅影响到社会的区分化，也影响到人自我的区分化，也即媒体人自我救赎，再次成为社会分层秩序和生产的基础。传播与权力之间的斗争博弈是一个复杂往复的过程，如2014年3月13日，微信公众平台上包括罗昌平、Teachingroom、大象公会等都被封号，但很快有些微信公众账号又被解禁。自媒体发展的空间依然处于不确定状态下，媒体生态的演变也处在不断变动之中，但可以确定的却是媒体变局与变革已然开始，我们很难以旧有的思维去看待媒体变革的成功或失败，应在误构的话语实践中不断厘清正义的观念，不断践行正义的实践。

B.10

2013 全民问诊环境治理的制度障碍

李 波 霍伟亚 杨方义*

摘 要：

环境治理贯穿生态保护和自然资源使用的决策和管理全过程。无论是污染问题还是日益凸显的环境群体事件，归根结蒂都与项目决策过程中的暗箱操作、公众参与中的逢场作戏等环境治理缺失问题有着密切的关系。虽然近年来的政策和法律都在高调支持公众参与，但是一旦涉及重大敏感项目的信息公开申请和行政复议申请，权力机关仍然经常性地采用拒绝和拖延的策略。及时剖析和纠正环境治理的弊端，修补环境治理制度的短板，毫无疑问是建设生态文明制度、改革生态文明管理制度的重要内容。2013 年，环保公益团体广泛涉入环境治理领域，在环境政策的制定过程中、开发项目的环境决策中，要求环境信息全面公开，公众意见得到充分倾听，环境公益诉讼中环保公益团体的原告资格得到环境法修法的肯定，依法开展社会监督，问责环境违法行为。只可惜在日益严重的环境挑战面前，环保公益圈整体力量仍然势单力薄，致力于环境治理议题的组织更加有限，专门支持环境公益团体介入环境治理议题的社会资源更是关键的瓶颈。寄望中国慈善领域和政府购买社会服务方面的大胆创新，早日消除环境治理的制度障碍，为建设美丽中国深化生态文明体制改革的改革总思路保驾护航。

---

* 李波，自然之友理事，美国新校中印研究所访问学者，IUCN-CEESP 委员会执委；霍伟亚，自媒体《民间环保观察》主编。

关键词：

环保公益　公众参与　环境治理　制度缺陷　生态文明管理制度

一　聚焦环境治理的弊端

环保部副部长翟青2014年2月11日出席国务院新闻办新闻发布会，介绍环保部2013年工作时总结了五个方面的内容：第一，全面安排部署了大气污染防治工作。环保部会同国务院有关部门共同编制《大气污染防治行动计划》，并由国务院审议印发，提出了十个方面35项具体措施。目前，各地、各部门正在全力落实中。第二，总量减排进展顺利。预计2013年度减排任务可以全面完成，尤其是氮氧化物有望下降4%以上。第三，生态文明建设工作顺利推进。指标体系编制工作基本完成，试点、示范工作稳步推进，各地积极性很高，生态红线划定工作取得积极进展。第四，环保优化经济增长的作用进一步显现。规划环评、战略环评、环评审批改革、环境标准体系建设取得新进展。第五，环境执法监管、饮用水源保护、地下水污染防治、农村环境整治，尤其是信息公开等工作力度不断加大。同时，按照中央的要求，环保部将在2014年着力解决影响科学发展和损害群众健康的突出环境问题，在贯彻落实"大气十条"的同时，抓紧编制《水污染防治行动计划》和《土壤环境保护和污染治理行动计划》，努力改善生态环境质量。①

可是，环保部每年发布的《中国环境状况公报》却不让人放心。《公报》应该可以看做是环保部向社会提供的一份述职报告，连续多年这份报告都把中国的年度环境状况大致总结为"局部有所改善，整体仍然恶化"，或者"全国环境状况总体平稳，形势依然严峻"等混沌的状况，2013年的《公报》也没有跳出这样的预期。为什么环保部看似稳步推进的工作，却难以让公众从中看出"美丽中国"的生态蓝图距离我们的努力到底有多远。

---

① 《环保部介绍2013年环保工作情况》，2014年2月11日，中国政府网，http://finance.jrj.com.cn/2014/02/11135516643435.shtml。

环保公益领域对《公报》无疑有不一样的期待。十八届三中全会通过的《中共中央关于全面深化改革若干重大问题的决定》达成了建设美丽中国、深化生态文明体制改革，加快建立生态文明制度的重要共识。并指出，基本的环境质量、不损害群众健康的环境质量是一种公共产品，是政府应当提供的基本公共服务。加强环境问题的治理和预防，政府要起到关键性作用，要履行自身不容推卸的职责。为了有效提供环境公共产品，就要改革生态文明管理体制。就有赖于建立独立的环境监管、行政执法和环境信息公开、社会监督，加大对破坏环境违法行为的处罚力度，形成环境保护工作全民群策群力、全社会齐抓共管的局面。[①] 而环境治理的制度障碍与缺陷必须成为环保公权力和《公报》尽快重视和改善的关键问题。

二　环境公益团体问责环保机关的制度弊端

梳理 2013 年公益环保领域的环境挑战，环保事件总是目不暇接，工作的重点更是仁者见仁、智者见智。但是 2013 年最显著的特点应该总结为：全民问诊环境治理的制度障碍。因为在这一年中，围绕着空气污染、水污染和土壤污染事件的不断加压，社会大众开始从环境事件和环境危机频发的审美疲劳中自发地行动起来，公众开始厌倦在环境问题上的被动状态，不再愿意接受听不清、道不明的环境决策规程和环境治理效率。从中央到地方的环境保护部门中，其决策的过程和决策的结果，以及众多环保法规和技术规程的有效性和合规性，都受到了来自公众的质疑和挑战。

2013 年的“两会”启动了针对环境治理机关的问责。“两会”的大会投票时，环保部长周生贤、人大环资委遭遇最多反对票。环保部部长周生贤得到了 171 张反对票，2734 张赞成票，成为获得赞成票最少的部长。[②] 而在本文成

① 形成人与自然和谐发展现代化建设新格局——《中共中央关于全面深化改革若干重大问题的决定》生态环保亮点解读，2013 年 11 月 18 日，http：//www.zhb.gov.cn/zhxx/hjyw/201311/t20131118_263445.htm。

② 《环保部长周生贤、人大环资委遭遇最多反对票代表鼓掌》，http：//www.guancha.cn/politics/2013_03_17_132374.shtml。

稿时正值2014年的“两会”召开，人大代表、广东律师朱列玉建议对环保部投票评价：支持率低部长应辞职，[1] 再次把环保部环境治理的成效问题摆上桌面。而在2013年，请环保局局长下河游泳一度成为社会热门话题。一条河的水质是否改善，无论技术官僚如何呈现治理的进展，能不能游泳是人们可以直观感受到的标准，可见公众参与环境治理的愿望多么强烈。

但在公众参与环境治理这一问题上，过去很长一段时间，“公众参与”在众多的制度设计不合理，以及缺乏有效工具的背景下，只是一句口号，突出表现在：

1. 环评造假及公众参与环评的表面化

环境影响评价制度是项目审批过程中重要的环境监管和生态安全保证机制。可是，环评造假为生态破坏和污染造成的社会、政治和经济风险打开了绿灯。2013年年初，环保部宣布88家环评机构被查出违规问题，同时对49名违规环评人员给予通报批评。这是多年来第一次针对专业环评机构的高调、公开的行动。这也离不开环保组织对类似问题的监督和呼吁。

早在2012年，环境律师和环保组织发现，中国气象科学院环评机构在为秦皇岛西部垃圾焚烧项目做的环评报告中，存在环评严重造假的问题。严重伪造了公众参与的问卷调查，甚至失踪多年和已经去世的村民也参加了环评问卷的填写，并得出了99%受访者支持焚烧厂建设的结论。一个具备国家甲级环评资格，带着国字头，长期从事与空气污染排放产业相关的专业环评机构，能做出如此违背专业精神和触犯法律的环评报告，令人费解！难怪在PX石油炼化和大型焚烧项目相关的环评中，有关环境安全和风险评价的专家解释，难以取信于民。自然大学和多家民间环保组织向环保部发出了取缔中国气科院环评资格的公开信。可是环保部以“无充分理由吊销该院（气科院）建设项目环境影响评价资质”回绝了环保组织的诉请。对中国气科院的处理则是以“因环评专职技术人员数量不满足相应资质条件，被缩减评价范围”[2]，这种博弈仍然难以让公益环保团体信服。

---

① 《二十一世纪经济报道》，http：//jingji.21cbh.com/2014/3－5/zMMDA2NTFfMTA4NDgzMg.html。

② 环保部：《88家环评机构被查出违规问题》，《法制日报》2013年1月8日，http：//www.chinanews.com/fz/2013/01－08/4469271.shtml。

2. 形式大于内容的信息公开

充分而全面的信息公开是公众参与和监督，杜绝项目决策和管理暗箱操作的根本保证之一。可是，环保组织在全国各地的信息公开申请中，商业秘密、国家机密、申请的文本不存在、非直接利益关系人、过程性信息等技术性推诿的理由仍然让环保团体饱尝与信息公开原则——公开是常态，不公开是特例的相反体验。

2012 年 7 月底，中国红树林保育联盟（CMCN）广西志愿者发现广西防城港市渔洲坪地区的红树林正在被大规模破坏。向防城港市环保局申请公开相关环评文件，得到“不予公开”的回复；继而向防城港市港口区人民法院提起行政诉讼申请，并得以立案。新疆石河子市市民李翔不满石河子市环保局“环评内容涉及企业商业机密，企业不愿意公开故无法公开”的答复，石河子市小伙李翔将环保局告到法院，要求环保局依据政府信息公开条例，公开当地两家重点化工企业的环评报告全文。2013 年 3 月 26 日该案首次开庭审理，原告李翔、被告石河子市环保局以及两家企业的两名代理律师均到庭答辩。经石河子市人民法院审理后近日做出一审判决，法院驳回了原告要求“全文公开环评报告”的诉讼请求。[1]

中国土壤污染主要集中在农村农田污染和城市工业用地污染，仅仅是农地污染方面，2010 年全国被污染的农地就占到耕地总面积的 1/5，至于全国性的土壤污染面积到底有多大，目前只有环保部、国土部等方面掌握较为具体的数据。环保部曾会同国土部花费了 10 亿元、4 年的时间在 2011 年完成了首次全国土壤污染状况调研。但在调研结束之后，环保部没有履行信息公开的承诺，认为全国土壤污染调查数据属于国家秘密，不能对外公开。北京律师董正伟的信息申请没有获得土壤污染调查数据信息。社会的共识是：污染信息，如土壤污染事关公众健康，环保部不能简单以“国家秘密”为由来剥夺公众的知情权。[2] 环保部因此在网络媒体中成了舆论的众矢之的，社交媒体用户和国有媒

---

① 《新疆石河子小伙起诉环保局求公开环评报告被驳回》，新闻中心—中国网，2013 年 4 月 10 日，http://news.china.com.cn/live/2013-04/10/content_19452740.htm。

② 《环保部拒绝公开全国土壤污染信息称是国家秘密》，来源：《法治日报》和南都网，http://ndnews.oeeee.com/html/201302/25/25297.html。

体都对环保部的做法进行了抨击。大家为环保部门拒绝公开有可能导致严重健康问题的信息感到痛心疾首和大失所望。新浪微博的一名用户写道："毒大米的源头是它生长的土壤，但土壤污染是一个国家秘密，所以你永远也找不到源头。"

值得高兴的是，就在2013年12月环境保护部通报，发布了《中华人民共和国环境保护部公告2013年第73号》[①]，并于2014年1月1日生效实施。公告要求公开环评报告书（表）全本、公开政府承诺文件、公开批准和不予批准环评文件的全文、公开环评机构和从业人员诚信信息。[②] 这是自2006年环评报告要求公布简本以来的一个大进步。这个姗姗来迟的进步用了8年的时间，这个进步既是社会公众和环保公益团体年年呼吁和倡导的结果，也是8年来众多环境治理的失误和污染教训的惊醒。但是即便环评报告全本公布的大门已经打开，环保公益团体仍须继续努力，监督和改善全本公开之后的其他公众参与渠道，如公共听证的举办。

3. 公共听证和行政复议

环境影响评价制度和公众参与条例，以及行政复议法是保证公民信息权、参与权、决策权和监督权的重要支持。可是环保机关频繁使用"直接利益人和利害关系人"的技术壁垒当挡箭牌，推诿回绝公益团体的诉请。让公益团体对环保机关有关鼓励公众参与、监督和治理污染者的诚意和决心深表怀疑。

自然之友，自然大学，公共环境研究中心和绿色流域四家环保组织于2013年7月2日向环保部提出行政复议申请，请求撤销中石油1000万吨/年炼油项目的环评批复，改正环评报告完全没有公众参与章节的基本错误，举行公共听证，复议该项目的环评决定。8月30日收到环保部回复，认为申请人与该行政审批行为无利害关系，不符合受理条件。

2013年12月16日环保部办公厅回绝多家环保组织申请金沙水电站"三通一平"公共听证的申请，理由是大家不是"环境保护行政许可的申请人、利害

---

① 关于印发《建设项目环境影响评价政府信息公开指南（试行）》的通知，环保部办公厅，2013年11月，http：//www. gov. cn/gzdt/2013 – 11/21/content_ 2531727. htm。

② 《环保部发三文件推环评审批改革环评报告全本须公开》，2013年12月10日。21:00:00，来源：人民网（北京），http：//money. 163. com/13/1210/21/9FOVC2B600254TI5. html。

关系人”。水电站建设影响到大江大河的生态系统以及公共水资源，这是每一个纳税人和公民的共同利益所在，况且类似三峡水电工程建设基金已向公众征收了27 年的三峡建设税，可是公众既不是环境保护行政许可的申请人，也不是水电项目行政许可的利害关系人。这种行政决策和解释如何让社会信服?

4. 重大敏感项目的审批和决策存在暗箱操作的重大问题

四家环保组织在云南安宁 1000 万吨炼化项目的环评报告中发现，该项目在审批和决策的过程中，存在大量违规行为。省、市和部委城建、土地、发改委、环保、水利等机关都有大量嫌疑：决策不透明、上下位规划的指导关系颠倒，缺省规划环评程序、违规划拨土地、没有办理完整的开工手续即非法开工、环境标准舍高就低，为污染项目违背生态规律与流域和区域规划限制，腾挪环境容量“创造”上马条件等严重的违规违法行为。这将是 2014 年和未来一段时间，环保组织调查环境治理问题的重要个案。

5. 欲加之罪打击直面污染、监督举报污染企业的在地公众

环境治理的理论和各国实践都证明：对于负责环境治理的公权力来说，当环境治理的制度安排能够有效鼓励在地公众，监督污染企业的污染排放时，污染治理的社会动员成本是最低的，对公共财政来说也是经济压力最小的。因为这样的制度安排最符合在地公众对生态环境宜居性的诉求。可是遗憾的是，近几年的环境事件中，多起案例都说明当地社区和公众对环境安全的要求被强行放置在地方企业先污染后治理的逻辑之后，因为举报和监督污染企业而落入企业的圈套。2013 年就发生了好几起这样的事件。

村小退休教师陈凤英，多年坚持举报湖南新化县琅塘镇区域十余家铬铁合金厂的污染，① 她和十余位村民在 2011 年被当地公安机关以扰乱社会秩序罪收捕，她作为所谓的“组织者”在 2013 年被起诉，可是案件至今未判决。湖北钟祥两位受化工厂污染侵害的村民，2010 年以来不断维权，获得污染企业现金赔偿。然而，随后又被控以“敲诈勒索罪”②，于 2013 年 4 月 9 日到 10

① 《9 年来周边 36 村民死于癌症 镇政府坚称铬渣无毒》，2013 年 1 月 8 日。来源：湖南电视台－etv《法制周报》，http：//news. sohu. com/20130108/n362721347. shtml。

② 《村民向排污企业索赔却因敲诈勒索被刑拘》，《中国青年报》2013 年 8 月 29 日，http：//zqb. cyol. com/html/2013－08/29/nw. D110000zgqnb_ 20130829_ 1－03. htm。

日受审。两起事件中，都有多位环保公益律师挺身而出，为他们在法庭上辩护。公益律师们之所以介入这样的案例，是因为这种现象所传递的负能量有较高的危害。如果我们的环境治理机关，不立刻及时纠偏，改变公众环境维权的艰难处境，我们的社会不仅逃不掉空气、水与土壤快速恶化之苦，而且公权力还将丧失公众对环境治理政策的信心。

6. 紧咬环境法修法对公益诉讼原告资格的“吝啬”定义

我国早在1979年就出台的《环境保护法》终于迎来了修法的机会。经过2013年来三次修法的审议，修法草案在对环保公益团体的原告资格认定问题上，仍然迟迟不肯松口。立法专家和官员担心：环保公益团体原告资格放开之后，法院出现滥诉，从而浪费国家有限的司法资源，并引发社会不稳定。可另一方面，全国共有134个法院成立了环保法庭或专门审判合议庭，①多数处于无案可审的尴尬境地。毫不夸张地估计，在数量非常有限的草根环保团体中，有意愿也有能力介入环保公益诉讼的机构平均还不到每个省一家，况且法院还有案件受理的全部裁量权。环境保护法的修法过程揭示了一个事实：要尽快改变违法成本低、守法成本高的环境治理困局，实现依法治污的根本转变，立法和行政机关既没有法律服务与环境治理的决心，也没有达成广泛的共识。

7. 关注西部生态恶化与资源开发之间的深度调查和起诉央企的困境

神华国企10年前在内蒙古鄂尔多斯草原，为了上马煤制油项目，埋下100公里长的输水管，将沙漠湿地中的珍贵水源抢走。导致草木默默地枯死，失去生计的农牧民被禁言。绿色和平的深入调查揭露了一个发生在西部生态脆弱区煤进民退、生态恶化的故事。② 随后自然之友和自然大学在中国政法大学污染受害者法律帮助中心的支持下，就环境污染责任纠纷，联合起诉中国神华

① 《一百三十四家法院成立环保法庭或合议庭 公益诉讼组织设立条件待明确》，《法制日报》—法制网，2013年7月29日，http：//www.legaldaily.com.cn/bm/content/2013－07/29/content_4706036.htm。

② 《神华煤化工超采地下水八年 鄂尔多斯农牧区地下水位下降近百米》，http：//www.greenpeace.org/china/zh/news/releases/climate-energy/2013/07/coal-neimeng/；《央企神华抽干鄂尔多斯草原》，http：//www.greenpeace.org/china/zh/multimedia/video/climate-energy/2013/coal-neimeng/。

煤制油化工有限公司、中国神华煤制油化工公司鄂尔多斯煤制油分公司。[①] 遗憾的是案件被法院拒绝，“不予立案”，但没有下达相应的立案裁定。北京首例环境公益诉讼案因此受阻。中国政法大学环境资源和服务中心主任、法学教授王灿发认为，该案被拒绝并非个案。该环境资源和服务中心成立 15 年来，中心共为全国 300 多起环境污染案件受害者提供了法律援助，其中 40% 以上案件，遇到的也都是“拖而未决”或“不予立案”等情况。[②] 可见有法必依、依法行政解决环境污染和破坏问题的司法途径还有待改善，而延迟的时间越长，全社会付出的健康和经济成本将越大。

三 环保公益在环境治理问题上的创新

2013 年，正在成长中的中国民间保护组织也在环境治理上，开始摸索到参与的办法，逐渐把“公众参与环境治理”落到实际行动中，让“公众参与”不再作为口号。以下几个案例，是 2013 年中，中国民间环保组织取得的有代表性的重大成果。

1. 供应链和污染数据库传导产业排放的信息公开和污染治理的压力

“公众环境研究中心”（IPE），通过建立污染数据库和环保公益联盟，把社会公众及消费者的要求污染治理的压力和环境治理的政策压力，透过产品供应链传递给各级生产供应商。2013 年 8 月 1 日，“公众环境研究中心”与“绿色江南”等五家环保团体联名发布《谁在污染太湖流域》报告书。报告指出 HTC（宏达电子）的疑似供货商富士康、鼎鑫等台资企业在昆山市工业区内的厂房违规排放废水，是太湖流域严重污染的元凶之一。这已经是 IPE 牵头发布的第七次《IT 行业重金属污染》调研报告。从 2010 年开始，IPE 与环保盟友开始关注 IT 产业的污染问题，其中最著名的事件，莫过于 2011 年的“毒苹

① 《北京首起公益诉讼未予立案 NGO 状告央企无果》，2013 年 10 月 24 日。来源：中国青年网，http：//www. chinanews. com/fz/2013/10 -24/5419579. shtml。

② 《谁有权发起公益诉讼》，《南方都市报》2013 年 12 月 2 日，http：//epaper. oeeee. com/A/html/2013 -12/02/content_ 1982030. htm。

果事件”，IPE 跃升为国际媒体关注的中国环保组织。①

2. 环保组织建言空气治理

北京市政府法制办 2012 年 1 月 19 日就《北京市大气污染防治条例（草案送审稿)》公开征求意见。送审稿主要就大气污染物总量控制、挥发性有机物污染防治、机动车污染物排放管理等方面进行了规定。

2013 年 2 月 6 日，达尔问自然求知社提交了对《北京市大气污染防治条例（草案送审稿)》的建议；2 月 7 日自然之友、公众环境研究中心和自然大学建言《北京大气污染防治条例（草案送审稿)》，希望加大污染处罚力度、强化环境信息公开。

3. 环保组织发起民间独立检测活动

自然大学陆续在全国多个城市发起“我为祖国测污水”“我为祖国测土壤”“我为祖国测空气”等民间独立检测活动。“创绿中心”开发了全新的模式 2 + X 公众参与的工具和平台“我测我水”。提供一个工具和平台，可以让每一个公众亲身参与到水环境的检测和保护中。而不是依靠 NGOs，公众可以自主设计并执行活动，对参与的结果有拥有感，也有助于其他的环保公益团体在各地学习推广。而且，创绿中心还把解决农村饮用水安全问题的长期项目“一杯干净水”的运作模式和解决方案运用到雅安地震等类似突发环境灾害的事件中。

4. 环保公益圈全力参与环保法修法，力推环境公益诉讼制度中环保公益团体原告资格的合理界定民间修改建议在线发布

8 月 13 日上午 9 点半，“环保法民间修改建议在线发布会”在微博平台展开。一个半小时，近 400 条提问和观点，环境法学专家王灿发、企业家任志强、环保专家马军、NGO 组织“自然之友”成员葛枫在线接招，与网友共同为环保法修改建言。6 月 28 日中午，一份由 360 人联名、112 家组织联署的名为“人人都有权发起公益诉讼”公开信递交全国人大。② 这份公开信是继自然之友向全国人大常委会递交“关于环境公益诉讼主体资格的紧急呼吁”之后的进一步

① 林吉洋：《社会创业家杂志》，http：//shechuang. ifindu. cn/article/info/266。

② 《112 家组织联名向全国人大递交关于公益诉讼的公开信》，http：//www. nu. ngo. cn/xxtd/1031. html。

行动。公开信明确建议，将公益诉讼的主体资格由“中华环保联合会”修改为“任何中华人民共和国公民、自然人和法人”。

5. 绿色潇湘发起“湘江守望者”网络，发动在地沿江志愿者，通过实地走访，以及对流域定期进行环境观测和污染巡查，让市民知道当地水域的污染现状，并参与协商和解决当地环境议题。

“湘江守望者”2011 年 9 月 13 日成立，如今志愿者由 36 名人员扩展到 92 名，8 个站点增加到 12 个站点，覆盖湘江流域 8 个市。2013 年 11 月，湖南省政府治理湘江“一号工程”招募 200 名“绿色卫士”，其中大多数是“湘江守望者”成员。12 月 4 日，“湘江守望者”群体获评“CCTV2013 年度法治人物”。这是该奖项自 2001 年设立以来首次颁给一家民间环保公益组织。

6. 2013 年昆明城区发生了反对安宁中石油炼化（1000 万吨/年）项目的社会群体事件，自然之友、自然大学、公共环境研究中心和绿色流域四家环保组织和一批学者及时介入，通过多种方法调查和问责该项目的环境决策过程，旨在探讨环境群体事件的预防和解决的创新之道。民间组织和其他社会组织在群体事件中的角色不仅是积极的，也是不可替代的。单纯在公权力和商业投资商之间寻求环境群体事件的妥善解决，至少到目前为止并没有看到有效的、可持续的解决办法。

7. 重庆两江志愿服务发展中心 2013 年建立“环评公众参与网”①，利用大数据思维，聚合、梳理并公开全国范围内的环评问题

根据他们的不完全统计，全国 1100 多家具有资质的环评机构中，422 家有过违法、违规案底，占比超过 1/3。众多大型央企、国企牵涉其中，能源、化工、地产等资金密集型行业成为违法环评的高发区。在他们的努力下，2013 年 11 月，环保部下发《关于部分环境影响评价机构和人员处理意见的通报》，严厉处理了 34 家环评机构及 58 位环评人员。

8. 天津绿领发起“天津水安全中队”，协同政府部门监督治理天津海河流域水体污染，保护引滦等饮用水源地安全

2013 年 6 月 5 日，中央电视台经济半小时节目调查曝光引滦入津工程的

---

① http://www.gzcy.org/.

污染问题，之后民间环保组织天津绿领决定组建集污染干预、水质监测、信息公开、协同治理、远程联动等功能于一体的水安全行动团队，即天津水安全中队。

四　环境治理议题需要更多社会资源的支持

据统计，中国境内已有3583家基金会，[①] 但是集中了大量公益资源的国内大型的公募基金会，资源基本上只在“体制内”运行。2010年度捐赠统计共有871亿多元。58.3%流向政府部门或有政府背景的慈善会及红会系统，34.8%流向各类基金会。仅有1.3%流向了慈善会之外的社团、民非和福利院，真正的草根组织得到的捐款微乎其微。[②] 这在一定程度上让公众民间组织参与环境治理缺乏了外部支持。

《财新》的调查发现，过去20多年来，西方发达国家及国际组织向中国提供了总计1161亿美元的经济援助。这些援助资金在广泛的发展领域支持了政府和民间的诸多议题。同时也催生和促进了本土公益领域的成长，其中也包括社会治理、环境治理的重要议题。[③] 但是海外援助的资源正在迅速萎缩，因为中国的发展速度和财富积累已经不再符合海外援助的标准。

中国草根公益领域，一边是洋奶被断和境外资金管理的日益尴尬和困难，另一边则是国内资源对接和申请的困难。自2012年以来，以南都公益基金会为主的一批基金会开始意识到这个问题。南都秘书长就指出：拥有募款资质与能力的基金会应是一个公益平台，由其提供资金，让基层专业的社会团体、民办非企业去执行具体的公益项目。2012年，南都基金会将“突破草根资源困境”列入重要的宏观项目之一，与大家共同努力，打造完善的公益行业生态链，帮助草根组织健康、快速发展。多家基金会也积极呼应，在机构策略中特

---

① 资料来源：基金会中心网，2014年3月12日数据更新。

② 《南都基金会邀专家共议草根组织资源困境问题》，南都公益基金会，2012年6月15日，http：//news. foundationcenter. org. cn/html/2012－06/49957. html。

③ 《草根NGO断奶—民间组织“洋奶”断流，本土资源如何对接》，2012年6月27日，作者：蓝方，来源：财新《新世纪》，http：//news. foundationcenter. org. cn/html/2012－06/50251. html。

别强调了回应草根公益领域的特殊需求。

2013 年中华环保民间组织可持续发展年会透露，截至 2012 年年底，全国生态环境类社会团体已有 6816 个，生态环境类民办非企业单位 1065 个，环保民间组织共计 7881 个。从数字上看，民间环保组织的数量在过去 5 年间有了大幅增长，从 2007 ~ 2012 年增长了 38.8%。[①] 在增长的数字背后，并非没有隐忧。真正在基层草根开展工作的，对环境治理议题有相对的独立身份，并愿意长期坚持推进的机构并没有增长，甚至还因为议题开展遇到各种压力，如年检的限制和登记注册的限制，而被迫重新调整工作的方向和方法。

近年来，以生态和环境保护为主旨的国内基金会开始增加，并出现了几家以环境资助为主的非公募基金会，其中以下三家扮演了国内民间环保组织的主要资助者的角色：万通基金会、阿拉善 SEE 公益机构和阿里巴巴公益基金会。其中万通基金会的资助严格限制在城市生态议题，每年资助的机构数目通常不会超过 30 个，2013 年的资助总额较前几年有显著下降。阿里巴巴公益基金会是后起之秀，2013 年资助的机购数目基本维持在 20 家左右。资金力度增加迅速，阿里巴巴公益基金会 2014 年以水、空气和影像倡导作为资助重点方向，同时强调支持环保组织互联网（含无线）应用及公众倡导方面的能力建设；基金会资助预算约 5000 万元。阿拉善 SEE 公益机构的资助伙伴最广最多，SEE 在 2013 财政年度共投入 2023.5 万元，资助了 147 个公益环保项目，支持覆盖到国内 432 个环保组织或公益人才。

多家环保组织对基金会申请过程的反馈认为：由于国内基金会在政治风险评估、法律诉讼本身的不确定性，以及环保公益团体的能力限制等原因，环境治理议题往往处于各种环境资助行动的边缘地带，有待更多的基金会和其他筹款渠道，在今后的环境资助中，凸显环境治理领域的策略性。

五　结论

从 2013 年的发展来看，环境治理中的社会热情、智慧并没有被政府完全

① 《中国环保民间组织近八千个》，2013 年 12 月 5 日。来源：《人民日报海外版》，http://money.163.com/13/1205/03/9FA54T8100253B0H.html。

接纳，有关公众参与的制度没有明显突破，环评公众参与、信息公开、行政复议、立法修法倡导等，2013 年环保组织积极介入的领域，和往年没有明显不同。环保组织的法律身份、资源依赖等长期面临的瓶颈依然如故，社会力量的发展依然被严密控制，被有意阻挡在环境治理的大门之外，公众环境参与热情只能有限发挥。

不过环保组织的一些作为也能对环境治理产生影响，近几年“污染大数据”的应用，在污染治理、制度监督等层面产生了明显的效果；环保公益组织在污染地区、流域的在地社会动员也产生了社会影响，不同于过往的环境群体事件，这类在地动员使有序的群体环境参与成为可能，并推动了一些具体问题的解决；环保公益组织的立法修法倡导、行政复议、公益诉讼尝试也日益频繁，有时结果不一定乐观，但坚韧地往前推动，体现了环保公益组织在环境治理上的价值理念：环境治理需要法律、制度的健全和有效执行。

2014 年以来，从舆论上看，政府治理大气的力度逐渐加大，政府官员也纷纷立下军令状，有关环保职能部门调整的报道也不少。一个逐渐明朗的趋势是，政府将在环境治理上集中分散在各部门的职能，强化行政力量，强力治污。但是，很遗憾的是，大气治理中的公众参与和监督仍然显得乏善可陈，基本流于空洞的概念，并没有看到具体的措施。面对政府在大气治理方面庞大的资源调动决心和计划，公众参与和监督显得极不匹配。触动了所有人的空气治理议题尚且如此，其他的环境治理议题更加困难重重。空气治理议题的公众参与和监督应该成为 2014 年及今后一段时间，民间组织努力争取参与机会的重要领域。

环保公益组织的资源动员方面，虽然国外资源的投入减少，但国内的基金会资源在逐渐增多，不过国内资源和社会组织的顺利对接、合作还需要一段时间的磨合。一个值得关注的趋势是，公众互联网平台上的公益捐赠。随着中国互联网的发展，使用互联网捐赠平台捐赠公益项目正在快速发展，已经成为公众参与公益捐赠的最主要方式。据阿里巴巴和瑞森德 2013 年 9 月发布的中国网络捐赠报告统计，截至 2013 年 9 月 10 日，中国网络捐赠平台总共筹集了超过 5.2 亿元公益捐赠，阿里巴巴平台、腾讯网络捐赠平台、新浪微公益平台以及支付宝 E 公益平台的筹款总额均超过 1 亿元。

不过在网络捐赠中，助学、救灾和助残等公益项目得到捐赠者的青睐，环境保护类基金会筹款所占比重较小。而与之相对应的是，以动物保护和环境保护为目标的公益机构在网络捐赠领域参与度最高，大量的环保类民间组织在淘宝等公益平台上建立公益网店，销售和公益相关的产品，希望以此来募集保护资金。

面对着中国公益捐赠新的发展趋势，国内环保公益组织的多元化的需求进一步明确，中国需要一批能够在污染治理和生态保护上的信息公开及监督监测上具有推动力的组织，中国也需要一批能够满足公众参与环境保护，基于社区的自然体验公益组织。以上的新趋势已经在传统的公益捐赠中发挥了很大的作用，而依然处在公益资助边缘的环境治理的资助如何利用新媒体，走进公众，让公众成为其支持者，并获得更多公益基金会的支持将是未来几年该领域资助发展的关键。

中国环境问题的改善，有赖于政府在环境治理中进一步开放公众参与渠道，环境治理不仅需要政府加大投入，也需要第三部门的成长与发展，从而形成合力，有效监督和监管环境污染和生态破坏的行为。

年度专题报告篇

2013 Annual Feature Articles

B.11

2013 中国大额捐赠发展报告

张其伟　章高荣*

摘　要：

2013 年，我国的民营企业与个人向全社会进行了大量慈善捐赠。据不完全统计，中国内地捐赠额度排名前 100 位的民营企业及个人合计完成慈善捐赠 147 亿元。其中，六成以上的捐赠没有规定明确的用途；各类基金会成为捐赠的最主要接收方；捐赠者所从事的行业以房地产业为主，而贡献大额捐赠者最多的地区为广东省。2013 年大额捐赠呈现出一些突出特点：股权捐赠成为重要的捐赠形式；雅安地震赈灾成为最主要捐赠事件；退休领导人首次加入到大额捐赠直接捐赠者行列当中；教育领域首次出现单笔 10 亿以上捐赠；中国慈善家向海外进行的捐赠正形成规模。展望 2014，我们可以看到大额捐赠将保持平稳增长态势，如果政策能够在股权捐赠及

* 张其伟，中国公益研究院高级分析员；章高荣，中国公益研究院院长助理。

基金会投资所得税方面有所突破，则捐赠将会迎来新一轮的跨越式增长。

关键词：

大额捐赠　民营企业　捐赠特点

2013 年，中国的慈善事业迎来了巨大的发展契机：3 月发布的《国务院机构改革和职能转变方案》中，明确提出成立公益慈善类社会组织不再需要主管单位审批同意。4 月的四川雅安地震重灾激发了全民爱心，民间公益组织成为抗震救灾重要主体。11 月召开的十八届三中全会上，党中央做出了“完善慈善捐助减免税制度”“重点培育和优先发展公益慈善类社会组织”等重大政策决定。

正是在这样的背景下，我国的慈善捐赠迎来了又一个快速增长期。在 2014 年年初的中国慈善年会上，民政部部长李立国在讲话中介绍，2013 年的全国社会捐助总量接近 1000 亿元。在经历了 2011 年和 2012 年连续两年社会捐助总额下降的情况之后，2013 年的慈善捐赠数据出现了回暖。

在整体社会捐赠当中，来自民营企业和企业家的大额捐赠占据了相当重要的地位。根据《2012 年度中国慈善捐助报告》的统计，企业法人的款物捐赠达到了年度捐赠总额的将近六成，而所有企业捐赠中又有一半以上来自民营企业，且这一现象已经延续 6 年。[①] 要了解 2013 年国内慈善捐赠的情况，民营企业与企业家的大额捐赠值得仔细分析与梳理。

一　年度大额捐赠整体情况

为了对 2013 年中国内地的大额慈善捐赠进行研究，我们将分析的对象设定为中国大陆居民，以及核心业务或公司总部位于中国大陆地区的非公有制企业。我们检索了符合上述标准的个人及企业从 2013 年 1 月 1 日到 12 月 31 日

① 彭建梅、刘佑平：《2012 年度中国慈善捐助报告》，中国社会出版社，2013，第 30 页。

之间进行现金或有价证券（排除物资捐赠）的公开有效记录，① 最终排列出100位中国内地大额捐赠者。

根据统计，2013年度全国捐赠排名前100位的民营企业及个人合计贡献了237笔慈善捐款，捐赠总额为147亿元。其中，个体最高捐赠额超过85亿元，最低捐赠额为1120万元，所有人员中共有18位年度捐赠总额达到或超过1亿元。

2013年中国民营企业及个人的大额捐赠基本情况可概括如下。

（一）捐赠领域：六成以上的捐赠为非定向捐赠

在2013年的大额捐赠中，有近93亿元为非定向捐赠，占捐赠总额的63%。教育类捐赠超过了27亿元，占总额的19%，其中高等教育领域和科学研究领域获得的捐赠超过23亿元，占总额的16%；救灾减灾类捐赠为7亿元，占总额的5%；扶贫类和社会发展类捐赠均超过了6亿元，各占总额的4%；其他领域的捐赠投入均未超过5亿元，合计不到总额的5%（见图1）。

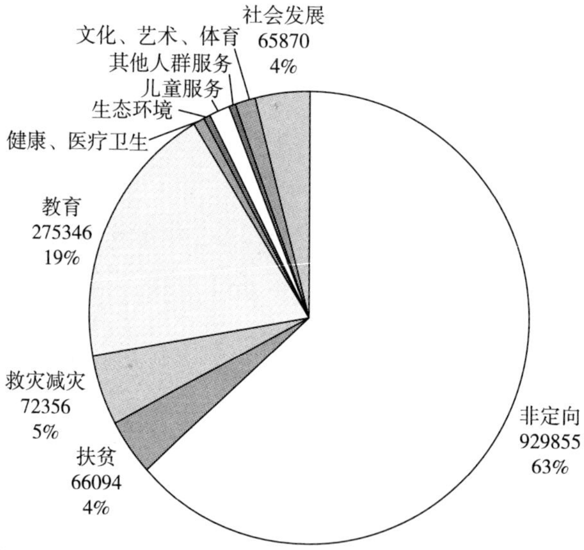

图1　2013大额捐赠主要资助方向一览

---

① 为确保记录的充分完整，除了媒体新闻报道以外，我们也收集了公开渠道可验证的其他数据，以及研究院自有渠道数据。详细的榜单制作方法可参考中国公益研究院网站：www. bnu1. org。

（二）接收机构：基金会成捐赠资金主要接收方

观察2013年度大额捐赠的接收方构成，可以发现，各类基金会接收的捐赠占整体的3/4，总额度超过110亿元，成为年度大额捐赠最主要的流向。以高校为代表的各类教育机构接收捐赠比重约为7%，其吸纳的善款额度也超过了10亿元。剩余的接收主体所获得的捐赠总额度均未超过10亿元，其分布为：慈善会系统接收善款约9.1亿元，占比6%；各级政府接收善款约6.7亿元，占比5%；红十字会系统、光彩事业促进会系统接收善款约9.6亿元，占比近7%（见图2）。

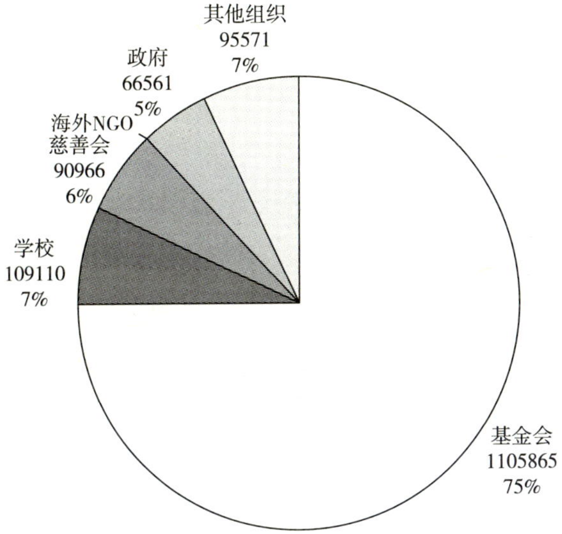

图2　2013年大额捐赠主要接收机构一览

（三）行业分布：房地产行业成为捐赠参与度最高行业

观察2013年主要大额捐赠者所从事的行业，可以发现，与近年来的趋势类似，房地产业从业者是捐赠的最大主体，100位捐赠者中有41人从事房地产业；其次为制造业从业者，共有34人。两个行业的捐赠者占整体人数的3/4。剩余25位捐赠者分属11个不同的行业，其中批发零售业6人，信息传输和交通运输业各3人。其他行业贡献的捐赠者人数均少于2人（见图3）。

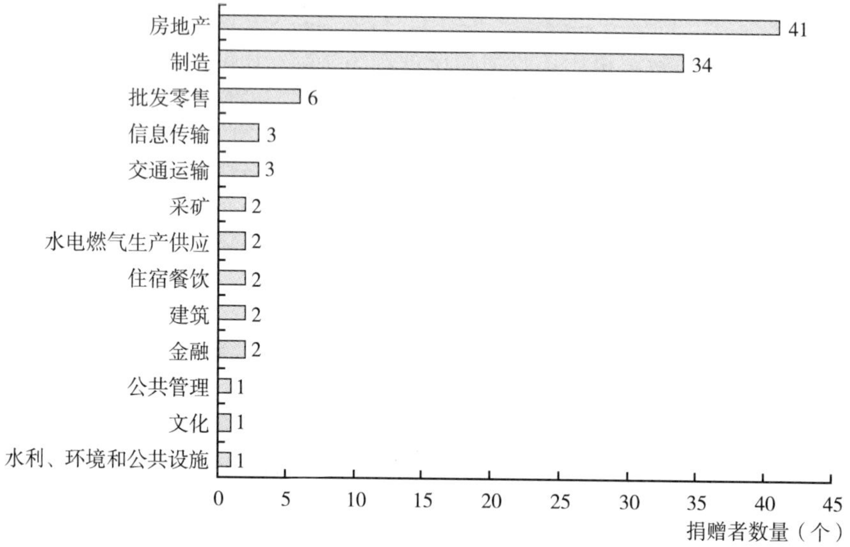

图3 2013年大额捐赠者所在行业分布

（四）地域分布：广东和海南分别位居捐款人数和捐赠总额第一

观察100位捐赠人或企业的活动地区（企业经营者为企业总部所在地，非企业经营者为长期居住地），可以发现捐赠人分别来自20个省、自治区、直辖市。其中35位捐赠者来自广东省，使该省成为唯一贡献两位数捐赠者的地区；其余省份中，来自江苏和北京的捐赠者人数最多，分别为9人和7人。

从捐赠金额来看，海南省虽仅有一位捐赠者进入前100名，却仍以超过85亿元的捐赠位列第一，广东以超14亿元的额度排名第二，宁夏以超过11亿元的额度排名第三，其余省份的大额捐赠均小于10亿元。捐赠金额排名前三位的省份捐赠额度占据了年度总额的75%。大额捐赠额度过亿元的省级行政区达到了14个（见表1）。

表 1　2013 年各省级行政区大额捐赠者人数及捐赠金额统计

省份	人数	排名	金额(万元)	排名
广东	35	1	144448	2
江苏	9	2	85455	4
北京	7	3	29730	7
辽宁	6	4	64000	5
浙江	6	4	16211	10
福建	5	6	50400	6
湖北	5	6	28760	8
上海	5	6	23700	9
四川	5	6	13286	11
湖南	3	6	11000	13
山东	3	6	5390	15
河南	2	6	11950	12
安徽	2	6	4200	16
海南	1	14	851040	1
宁夏	1	14	115340	3
天津	1	14	10100	14
河北	1	14	3000	17
广西	1	14	2700	18
重庆	1	14	2650	19
甘肃	1	14	1600	20

注：中国内地缺贵州、青海、云南、黑龙江、吉林、新疆、西藏、陕西、山西、内蒙古、江西 11 个省市自治区。

二　年度大额捐赠突出特点

除了上述基本情况外，2013 年国内的大额捐赠还呈现出如下一些数据之外的特点：

（一）股权捐赠成大额捐赠重要形式

2013 年以前，股权捐赠在国内出现的次数屈指可数，牛根生在香港设立公益信托并捐赠家族所持所有蒙牛股票，以及曹德旺捐出3亿股福耀玻璃股份成立河仁慈善基金会，是其中比较为人所熟知的捐赠案例。而如今，股权捐赠已成为中国慈善家在进行慈善捐赠时所乐于采取的手段之一。2013年的国内大额捐赠当中，有两笔是以股权捐赠的形式完成的：10月，海航集团向慈航公益基金会捐出了20%集团股份，这笔股权捐赠的估值约为85亿元；同月，江苏陶欣伯教育基金会接收了基金会创始人陶欣伯先生捐出所持25%的新金陵饭店集团股份，股权的估值为2.98亿元。两笔股权捐赠的价值合计超过88亿元，占笔者所统计年度大额捐赠总额的60%。

不过，目前阻碍股权捐赠规模进一步扩大的主要障碍——税收减免政策的缺失——仍然没有得到解决。目前，企业将资产以股权形式进行捐赠时，需要先计算股票市值并缴纳相应所得税，而慈善基金会在接收到有价证券后，其相应所获得的收益也须缴纳所得税。在曹德旺捐赠价值35亿元股票之后，尽管他百般努力，也只获得了财政部和国家税务总局宽限五年缴清税款的通知。如果有价证券捐赠能在未来获得等同于现金捐赠的税收优惠待遇，相信未来的年度股权捐赠额度可以迈上更高的台阶。

（二）雅安地震赈灾成最主要捐赠事件

在捐赠流向上，尽管教育类捐赠多达79笔，但吸收捐赠最集中的事件仍是雅安地震。2013年4月20日，四川雅安发生的里氏7.0级地震震惊全国，在造成严重损失的同时，继2008年汶川地震和2010年玉树地震之后再次激发了国人的爱心。地震发生7天之后的捐款总额达到10.49亿元。而在我们的统计中，一共有来自37位捐赠者的39笔善款投入雅安地震的救灾赈灾和灾后重建工作，捐赠总额为4.4亿元。这意味着，有将近四成的大额捐赠者有捐赠款项涉及雅安地震灾区，而所有237笔捐赠中有1/6流入雅安。尽管捐赠额度并不突出，但发生在上半年的雅安地震，在激发慈善家们的捐赠热情，进而影响全年的捐赠整体形势方面，起到了非常重要的效果。

（三）退休领导人参与大额捐赠

2013年的国内大额捐赠者中还出现了退休国家领导人的身影：2002年卸

任的原国务院总理朱镕基捐赠2000万，成立了以“扶贫济困、助学育人”为宗旨的实事助学基金会，从而加入了年度大额捐赠者的行列。除朱镕基外，2013年还有原中纪委书记吴官正捐赠100万元，在清华大学教育基金会设立“清华大学昱鸿助学金”。近年来，公开资料显示曾出资成立基金会或专项基金的退休领导人包括李鹏、李瑞环、李岚清等，未来我国的大额捐赠排名上有望出现更多退休国家领导人的身影。

（四）教育领域现国内最大单笔捐赠

2013年，国内教育领域的单笔最大捐赠纪录被宁夏宝丰集团总裁党彦宝刷新。当年8月，在党彦宝所创立的燕宝慈善基金会资助全区大学新生仪式上，他做出承诺，将从2013～2020年，连续8年总共投入11.5亿元，资助宁夏10.2万名贫困学生入学。而在此之前，单笔捐赠10亿元以上，对单一省级行政区的贫困学生进行系统性捐助的工程，还从未出现过。党彦宝的资助对象，包括5万名大学生、4万名职校生和1.2万名高中生，基本解决了宁夏义务教育阶段结束之后贫困生的就学问题。

（五）中国慈善家向海外捐赠形成规模

中国的国有企业素有进行海外定点援助建设的传统。与国企相比，民企和个人向海外慈善捐赠的事例则少了许多。这一状况在2013年得到了改善：在我们的研究中，海航集团、华强集团、王健林和马云4位捐赠者有向海外进行捐赠的纪录。他们的捐赠有的投向国际组织，用于区域性的扶贫开发项目，例如海航集团为支持加纳学校普及营养餐而向联合国世界粮食计划署捐赠的人民币1000万元，以及华强集团投入100万美元在联合国教科文组织设立专项基金。有的直接投入特定国家的接收方，支持艺术、科研领域的项目，如王健林向美国电影艺术与科学学院捐赠2000万美元，资助电影博物馆的兴建；又如马云分别向美国的大自然保护协会和生命科学突破奖基金会捐赠500万和300万美元，支持环保和生命科学方面的研究。这一系列捐赠，反映了中国慈善家的国际视野不断开拓，开始有意识地参与国际问题的治理。

三　2014 年度大额捐赠形式展望

2014 年，我国的大额捐赠预计会在 2013 年基础上稳步增长。但是整体而言，捐赠额度的巨量增长可能还取决于税收政策是否有结构性的突破。

（一）登记注册放开促成更多慈善组织成立

在 2013 年 3 月《国务院机构改革和职能转变方案》明确成立公益慈善类社会组织不再需要主管单位审批同意之后，各地的民政管理机关纷纷效仿，对公益慈善类组织的登记大开方便之门。单是在北京一地，直接登记的社会组织数量就达到了 221 个，占全年登记总量的 33.79%。可以想见，2014 年的公益慈善类组织登记将更为便利，将促成更多有意向从事公益事业人士投入大量资金成立基金会等慈善组织，提升大额捐赠整体规模。

（二）政策鼓励民营企业参与慈善事业

2014 年 1 月 9 日，民政部与全国工商联共同发布《关于鼓励支持民营企业积极投身公益慈善事业的意见》，号召民营企业参与慈善捐赠、设立慈善组织，并积极与慈善组织展开合作。两部门还承诺协助落实优惠政策，提供扶持和激励措施，并宣传民营企业的公益慈善行为。这一意见的出台，表明了政府管理部门对民营企业投身慈善的支持。一旦后续的优惠政策和激励措施得到落实，民营企业的捐赠额度有望出现显著增长。作为大额捐赠的主体，民营企业捐赠额度的增长能直接提升大额捐赠总量。

（三）公益信托启动激发家族慈善潜能

2014 年 2 月 19 日，华民慈善基金会与深圳市民政局签署合作备忘，将在深圳前海国家级金融创新平台成立公益信托公司，开展公益信托运行模式创新试点。公益信托这一起于英国、兴于美国的慈善模式，将在中国落地发展。公益信托公司本质上是一种社会企业，既可以通过吸纳家族大额捐赠为非营利组织提供长期的资金支持，又可以帮助非营利组织从事各项投资理财活动。公益信托公司在深圳的成立，有望吸收当地乃至全国的大量潜在财富，将富人的家族财产转化为公益基金。

此外，更多退休国家领导人参与慈善活动、中美慈善交流合作的不断加深，以及各省基金会登记权限的普遍下放，都有望促成国内大额捐赠额度的增长，为中国的捐赠事业带来新的活力。

B.12

灾害应对中的社会组织参与

——从2008年汶川地震到2013年芦山地震的演进

张 强*

摘 要：

灾害应对一直是中国公共治理体系的重大挑战，需要政府、私营部门以及社会组织的共同参与。2008年汶川地震应对不仅昭示了社会组织参与灾害应对的兴起，也有效促进了中国社会体制改革进程。2013年的自然灾害应对中，尤其是芦山地震发生后，社会组织参与灾害应对的体系呈现出政社合作制度化、社会组织应对进一步网络化、专业化、信息化、社会化等五大特点。这一系列实践进展不仅为多元参与的灾害治理体系完善奠定了重要基础，也为社会组织的广泛发展、创新以及中国社会治理摸索了经验。本研究将对此进行动因的初步探寻，并对实践中的问题与挑战进行分析，进一步展望未来灾害治理中的社会参与发展图景和演进路径。

关键词：

灾害治理 社会组织 芦山地震 社会治理

"应对全人类的挑战需要政府部门、私营部门和公共部门的共同参与。社会组织在灾害管理、备灾以及紧急救援等各个方面发挥了日益重要的作用。"

——2013年世界经济论坛报告《社会组织发展展望》

---

* 张强，北京师范大学社会发展与公共政策学院副院长。

中国灾荒的频繁性、复杂性、严重性和广泛性，在世界上可以说是颇为少见的。[①] 著名经济史学家傅筑夫曾经指出，一部二十四史，几乎就是一部中国灾荒史。而一部中华文明史，从某种意义上说，就是一部中华民族与自然灾害不断抗争的历史。[②] 灾害治理不仅是我国历朝历代公共治理的重要内容，更是当代中国实现和谐社会建设、提升国家治理能力的关键内容。

如果说2008年5·12汶川地震中社会组织与志愿者的突出表现昭示着一种公共力量的兴起，是中国社会力量参与重大灾害救援的历史转折点。那么，到2013年4·20芦山地震之后，社会力量已经成为中国应对重大灾害不可或缺的重要组成部分。[③] 本报告将基于社会组织在灾害应对中的作用分析和我国灾害治理历史的回顾，对2013年灾害应对中的社会组织参与模式的变迁进行记录。

刚刚过去的2013年属于2000年以来灾害中等偏重年份，经民政部和国家减灾委办公室会同各相关部门核定，各类自然灾害共造成全国38818.7万人次受灾，1851人死亡，433人失踪，1215万人次紧急转移安置；87.5万间房屋倒塌，770.3万间房屋不同程度损坏；农作物受灾面积31349.8千公顷，其中绝收3844.4千公顷；直接经济损失5808.4亿元。总体上，近年来发生的自然灾害呈现以下特点：极端天气气候事件频发，汛期呈现南旱北涝格局；中强震异常活跃，地质灾害损失较重；台风数量偏多、损失集中，风雹灾害影响偏轻；低温雪灾总体偏轻，中东部地区雾霾严重；林业灾害形势平稳，海洋灾害损失偏重；贫困地区灾频灾重，城市灾害影响突出。[④] 在云南昭通滑坡、西藏拉萨滑坡、福建等地风雹灾害、南方洪涝灾害、定西6.6级地震、东北洪涝灾害、“海燕”台风侵袭等2013年发生的多个重大自然灾害中，本报告将重点记录2013年4月20日在四川芦山发生的7.0级地震。

---

① 李文海：《灾难锤炼了我们民族的意志》，《人民日报》2008年6月24日。

② 夏明方、朱浒：《〈中国荒政全书〉的编纂及其历史与现实意义》，《中国图书评论》2007年第2期，第10～12页。

③ 薛澜、陶鹏：《从自发无序到协调规制：应急管理体系中的社会动员问题》，http://views.ce.cn/view/ent/201306/14/t20130614_24479981.shtml，2013-6-14。

④ 民政部、国家减灾委办公室：《2013年全国自然灾害基本情况》，http://www.jianzai.gov.cn/aticles/2c92018242ff57990143620b94f0051c.html。

一 灾害治理中的社会组织参与定位

越来越多的事件和事实似乎表明，我们正在进入一个贝克所预设的“风险社会”①。那么，如何更好地应对风险社会中各种风险的挑战，更好地生存和发展下去呢？这就要求社会公共服务制度顺应风险社会的需求，变社会公共事务的管理模式为“能促型政府”（Enabling State）治理模式。该模式强调管理权力中心的多元化和网络化的权利运行，使得原来自上而下单一的权力运行过程变为网络化的互动的多元的权力运行过程，政府的角色从直接提供服务转向形成一个使不同系统共同发挥作用的制度框架；重视政府与社会组织之间的配合与协调，强调公民的积极参与和合作，增强管理的开放性，促进管理的民主化；目标取向为预防和发展，施行“善治”，从而形成“善政”，保障公共利益的最大化。这种治理模式的本质就在于它是政府与公民对公共生活的合作管理，是政治国家与市民社会的一种新颖关系，是国家权力向社会的回归，是两者的最佳状态。②

在这种治理模式中，NGO 发挥着巨大的作用。首先，在治理主体上，NGO 承担了原来属于政府独立承担的部分权力和责任，与政府、市场等共同成为多元治理的主体，是对能促型政府的必要补充。其次，在治理对象上，在治理主体多元性的基础上，治理对象也趋于广泛性，许多原本关注不够甚至是未被关注到的领域都进入了治理的视野，促进了社会公共利益的最大化。再次，在治理手段上，遵循政府与社会相互增权的理念和原则，政府与 NGO 建立“伙伴关系”，开展合作，来推动社会公共事业的发展。最后，由于 NGO 所具有的独立性、自愿性、非官方性等特征，使得治理能够逐渐趋向于合法性、透明性、责任性、法治性和有效性。

---

① 〔德〕乌尔里希·贝克：《风险社会》，何博闻译，译林出版社，2004。

② 薛澜、张强、钟开斌：《危机管理——转型期中国面临的挑战》，清华大学出版社，2003；张强、陆奇斌、张秀兰：《汶川地震应对经验与应急管理中国模式的建构路径——基于强政府与强社会的互动视角》，《中国行政管理》2011 年第 5 期，第 50 ~ 56 页。

具体而言，纳依姆（Naim）[①] 指出多个组织间的协作问题（the inter-organizational network），用动态网络（Dynamic Network Theory）和复杂适应性系统理论（Complex Adaptive Systems Theory）框架阐释了政府与私营部门、NGO 之间的多组织协作对于提高应急管理效能的重要性。在应对巨灾等复杂社会问题的过程中，容易形成从政府失灵到市场失灵再到志愿失灵的困局，此时跨部门协作治理（Cross-Sector Collaborations）打破了各类组织之间逐渐弱化的边界，为这一困局寻找出路。这种跨部门协作治理是在政府、私营部门、NGO、社区等多元主体之间形成的网络化、动态化的公共治理框架。[②] Gloria Simo 和 Angela L. Bies 将克罗斯比提出的跨部门协作框架应用在灾害应对领域，通过对卡特里娜飓风和丽塔飓风的实证研究揭示出灾害应对中建立包括 NPO 的跨部门协作框架能够有利于公共价值的实现，克服单部门治理的失败，特别是有利于解决灾后公共服务困乏的情况。[③]

因此，在风险社会中，无论是在常态下的公共服务领域中，还是在灾害面前，社会组织都成为了不可或缺的、越发重要的治理主体，越来越被大家所重视。特别是在一次次灾害发生过程和灾后重建中，NGO 的优秀表现让许多人获得新生并坚强地生活下去，使突然断裂的社会公共服务体系得以修复，弥补了政府控制风险能力的不足。[④] 与此同时，社会组织的发育也在灾害应对中获得了更深化的社会发展制度空间和更广泛的社会关注和支持。甚至，灾害的应对还可以打开一个政府、私营部门以及社会组织多元合作的“机会窗口”。[⑤]

---

① NaimKapucu. 2005. “Interorganizational Coordination in Dynamic Context: Networks in Emergency Response Management”, CONNECTIONS 26 (2): 33 – 48. http: //www. insna. org/Connections-Web/Volume26 – 2/4. Kapucu. pdf.

② Bryson, John M., Barbara C. Crosby, and Melissa Middleton Stone. 2006. “The design and Implementation of Cross-Sector Collaborations: Propositions from the Literature”. Special issue, *Public Administration Review.* 66: 44 – 55.

③ Gloria Simo, Angela L. Bies. 2007. The Role of Nonprofits in Disaster Response: An Expanded Model of Cross-Sector Collaboration. *Public Administration Review.* Issue Supplement s1, 67: 125 – 142.

④ 张强、陆奇斌、张欢编著《巨灾与 NGO：全球视野下的挑战与应对》，北京大学出版社，2009；张强、余晓敏等：《NGO 参与汶川地震灾后重建研究》，北京大学出版社，2009。

⑤ 张强：《震灾为政府、民间互动打开一个“机会窗口”》，美国《侨报》2013 年 4 月 27 日 B4 言论版；张强、陆奇斌：《灾后重建中的企业参与之道》，《21 世纪经济报道》2013 年 10 月 24 日。

二　社会组织参与灾害应对的模式变迁：从汶川到芦山

NGO 常常通过发起或参与一个多部门合作的行动投入灾害应对，从而主动或自动地去填补由于从国家到地方的政府失灵造成的服务缺口。这一格局并不是新的创举，[①] 但对于中国的体制环境而言，这一格局的形成有着开拓性的意义。巨灾冲击下社会呈现出一定的脆弱性以及相应的公共政策困境，[②] 都会揭示出这些挑战不仅涉及灾害风险管理的技术能力，更关乎整个国家和社会在基本发展模式上的认知。

回顾 1949 年新中国建立以来，灾害管理体系可以划分为四个发展阶段，第一阶段是自 1949 年新中国建立至 1978 年改革开放前的“政治挂帅的生产救灾”阶段；第二阶段是从 1978 年改革开放后到 2003 年非典（SARS）暴发前的“经济为先的灾害管理”阶段；第三阶段为 2003 年非典暴发后至 2008 年汶川地震发生前的“政府为主的应急管理”阶段；第四阶段时间跨度为 2008 年汶川地震发生至今的“多元参与的灾害治理”阶段。[③]

有人称，2008 年是中国“公民社会”元年，是中国志愿行动元年。[④] 大地震的剧痛为这个多灾多难的民族催生出了一个现代社会的新生儿。[⑤] 诚然，回顾这一时段，“全党全军全国各族人民众志成城、迎难而上，迅速展开气壮山河的抗震救灾工作，奋勇夺取抗震救灾斗争重大胜利，谱写了感天动地的英

---

① Agranoff, Robert, and Alex N. Pattakos. 1979. Dimensions of Services Integration: Service Delivery, Program Linkages, Policy Management and Organizational Structure. Washington, D. C.: U. S. Department of Health, ducation, and Welfare; Austin, James E. 2000. Strategic Collaboration between Nonprofits and Business. on profit and Voluntary Sector Quarterly 29 (1): 69 – 97.

② 张强、张欢：《巨灾中的决策困境：非常态下公共政策供需矛盾分析》，《文史哲》2008 年第 5 期，第 20 ~ 27 页。

③ 张强：《灾害治理与大国发展——1949 年以来中国灾害应对制度的历史演进》，工作论文，2014。

④ 徐永光：《2008，中国公民社会元年》，《NPO 纵横》2008 年第 4 期；朱健刚、陈健民：《抗震救灾：中国公民社会崛起的契机》，《二十一世纪》（香港）2009 年 8 月号，第 114 期。

⑤ 何增科、萧延中：《多难兴邦：汶川地震见证中国公民社会成长》序言，北京大学出版社，2009。

雄凯歌”。[①] 但我们似乎还没有真正推动灾害管理在公共治理体制层面上的变革，更多的还是停留在“中国特色社会主义举国体制”的动员机制。[②]

2013 年 4 月 20 日，距离汶川仅 100 多公里的芦山又发生了 7.0 级地震。五年过去了，芦山地震的应对成为一面镜子，[③] 它反映出汶川灾后重建五年来中国在灾害应对以及社会体制的发展。[④]

表 1　汶川地震与芦山地震的灾情比较

	汶川地震	芦山地震
发生时间	2008 年 5 月 12 日 14:28	2012 年 4 月 20 日 8:02
震级	8.0 级	7.0 级
震中	四川汶川县映秀镇	四川雅安芦山县龙门乡
震源点	牛圈沟区域莲花心沟	双石镇西川沟
深度	10 公里	13 公里
烈度	11 度	9 度
人员伤亡	69227 人遇难,17923 人失踪,374643 人受伤	196 人遇难,2 人失踪,14785 人受伤
直接经济损失	8451 亿元(人民币)	估算 500 亿 ~ 1000 亿元(人民币)
受灾人口	超过 1000 万	218.4 万

资料来源：有关数据来源于国务院印发的《汶川地震灾后恢复重建总体规划》《芦山地震灾后恢复重建总体规划》以及国家减灾委专家提供的相关研究资料。

对比汶川地震应对，芦山地震的应对工作呈现出新的变化。不仅是政府系统在应对体制上有所调整，从汶川地震应对时强调中央层面的统一应对能力、党政军协同的顶层设计不足以至于地方政府未能充分发挥第一响应人的作用，到此次强化党政军联动、突出属地管理原则，全面交给四川省成立的芦山地震抗震救灾指挥部统筹指挥，国务院各部门给予配合。地方政府的应对能力得到了较好的组织发挥，四川省及市（州）各级响应迅速，震后 1 小时 19 分，四

① 何增科、萧延中：《多难兴邦：汶川地震见证中国公民社会成长》序言，北京大学出版社，2009。

② 叶笃初：《生命第一与举国体制》，《理论导报》2008 年第 6 期，第 4 页。

③ 张强、陆奇斌：《芦山重建是面镜子》，《中国改革》2013 年第 7 期。

④ 由于芦山地震的灾后重建工作刚刚开始，为此这里比较的重心在于救援和安置阶段的工作。

川省启动地震救灾一级响应，随后成立抗震救灾指挥部。震后 1 小时 28 分，雅安市委、市政府组织开展应急救援，2 小时左右正式成立抗震救灾指挥部。与此同时，社会组织参与灾害应对的组织模式也呈现出令世人瞩目的变化。

一是政社合作应对灾害更加制度化。汶川地震后，可以追溯到的参与抗震救灾的 NGO 共有两百多家，在灾后重建中发挥了不可忽略的作用。其中，友成企业家扶贫基金会等 NGO 联合麦肯锡公司与绵竹市政府合作，共同搭建了绵竹灾后援助社会资源协调平台，不仅为当地灾后重建的资源和需求对接做出了极大的贡献，也探索了一种政府与 NGO 合作的典型路径。①

芦山地震之后，政社合作又有新的推进。在专家的建言下，本次抗震救灾的最高行政层面即四川省抗震救灾指挥部在 4 月 25 日正式成立了社会管理服务协调组，在雅安市成立了省、市、区共建的雅安抗震救灾社会组织和志愿者服务中心，在县（区）、乡镇建立 7 个县（区）社会组织与志愿者服务中心和 26 个乡镇服务站，初步形成以省市中心为龙头、县（区）中心为基础、乡镇站点为前沿，纵向到底、横向到边，系统化、窗口化、网格化的灾区社会管理服务网络，以便政府协同社会力量依法、有序、有效参与抗震救灾工作。这是政府工作机制层面第一次明确设立专门机构，做好灾害应对过程中政府和社会之间的信息互动与协同等服务工作。以社会管理服务组及社会组织和志愿者服务中心为代表的灾害救援社会管理服务机制，为有效解决政府体系的抗震救灾指挥机构与参与抗震救灾的社会组织和志愿者间协同工作提供了可行的方式，通过介于抗震救灾指挥机构与社会组织和志愿者之间的社会管理服务中心作为一种跨界平台，因为采用类似于社会组织的运行方式，实现了原有相关行政机制所未能实现的对社会组织和志愿者参与救灾工作的有效服务和管理，又因为与政府体系的天然联系而能够将社会组织和志愿者依法、有序、有效纳入抗震救灾整体工作体系之中。② 与此同时，民政部对社会救灾捐赠管理进行了改

① 边慧敏等编著《灾害应对中的社会管理创新：绵竹市灾后援助社会资源协调平台项目的探索》，人民出版社，2011。

② 芦山地震抗震救灾指挥部社会管理服务组：《芦山地震抗震救灾社会管理服务机制研究报告》，2013 年 10 月。

革，正式发布《民政部关于四川芦山7.0级强烈地震抗震救灾捐赠活动的公告》[1]，没有号召进行强制性全国性捐赠动员，也未严格指定捐赠款物接收单位，而且明确社会劝募可由社会组织自由进行。

二是社会组织的网络化应对成为主旋律。在汶川地震的紧急救援过程中，以5·12民间救助服务中心、NGO四川地区联合救灾办公室为代表的NGO联合行动发挥的作用可圈可点，但缺乏明晰、稳定的协同规则、沟通机制以及领导者等问题也值得反思。[2]

芦山地震后，NGO在各个层面实现了有机联合，成为社会组织灾害应对的主要特点。成都云公益发展促进会、锦江区爱有戏社区文化发展中心、四川尚明公益研究发展中心等本地公益组织第一时间发起成立了“成都公益组织4·20联合救援行动”，集聚了超过60多家的社会组织，其中也包括了壹基金、乐施会、中国心、天津鹤童的外地公益组织。除了一线的联动之外，中国红十字总会、北京师范大学、成都公益组织4·20联合救援行动以及南都公益基金会一起发起成立了“4·20中国社会组织灾害应对平台”。2013年4月28日，作为中国社会组织发展创新“发动机”的基金会也开始了联合探索，在雅安成立了基金会救灾协调会，由中国青少年发展基金会、中国扶贫基金会、深圳壹基金公益基金会、南都公益基金会、腾讯公益慈善基金会联动四川雅安社会组织与志愿者服务中心，以及观察员单位北京师范大学社会发展与公共政策学院发起。与此同时，42家基金会发起雅安救灾自律联盟，用透明度来“重拾公众对公益慈善组织的信心”。除此之外，由壹基金与多家公益组织建立联盟并协调四川、河北、北京、河南等10支队伍与政府协同作战的“壹基金联合救灾——雅安地震救援行动”，由华夏公益服务中心与友成基金会、绵阳公益服务中心、中国阳光公益等多家NGO组成华夏公益应急救灾中心，也统一展开令人瞩目的联合救援行动。

这几个具有联盟特征的协同模式的形成不仅促进了芦山地震灾害救援工作的有效进行，使其行动更具组织性、相互间的配合与协调增多，救援工作更有

---

① http://www.mca.gov.cn/article/zwgk/tzl/201304/20130400446924.shtml.

② 关于紧急救援阶段的NGO合作情况可参看：韩俊魁著《NGO参与汶川地震紧急救援研究》，北京大学出版社，2009。

效率，更有利于社会组织力量的整体提升。

三是社会组织的应对进一步专业化。汶川地震的紧急救援中，各类NGO以及志愿者潮水般涌向灾区现场，给灾区人民带来了极大的鼓舞，但也暴露出救灾工作专业能力储备不足等问题。除了一些专业的国际NGO之外，大部分组织缺乏对灾害的科学认知，没有配备专业救援人员和设备，无法迅速开展灾情评估。在汶川地震之后，很多组织不仅把灾害应对作为组织的发展宗旨，并着力进行相关力量的培养，以壹基金救援联盟和红十字蓝天救援队为典型。这些民间救援力量拥有卫星电话、对讲机等现代化装备，参与队员也都接受了专业化的救援技术培训。芦山地震发生后，壹基金救援联盟本地队伍两个小时左右即整装出发，蓝天救援队本地队伍三小时左右出发。

四是信息化技术的发展使得社会化灾害应对更为有效。汶川地震期间，中国还没有出现微博、微信等自媒体工具，受众与社会组织获取信息的方式主要是通过官方媒体，尽管亲临前线的社会组织和志愿者能够了解灾区的需求信息，但也仅限于各自的小圈子内流动，基本上信息以碎片化的形式存在。从汶川地震发生的2008年到芦山地震发生的2013年，短短五年时间中国智能手机用户增长了10倍。由于社会化新媒体的发展，使得中国也在虚拟社会中呈现了不逊于西方的活跃局面。信息发布优先权出现倒置，主流媒体让位于微博、微信等社会媒体。

芦山地震于4月20日早8时2分发生，8时3分中国地震台网发出了第一条微博。根据新浪微博的统计：截至4月20日下午5点，有关四川芦山7.0级地震的微博总数是6400万条；芦山地震寻人微博总数是231万条；芦山报平安的微博总数是1008万条。救灾地图、救灾信号弹等社会参与的新媒体技术、以微信为代表的应对群落（成都公益圈、环保雅安、雅安灾情分享交流会等微信群）已经和西方在应对中的工具相差无几。公众获取灾情信息的渠道更加多元，官方媒体与民间信息相互补充、传播更加迅速，政府、社会组织、志愿者、灾区群众等群体之间的信息交互更加融合、快捷、准确（见图1、图2）。

五是社会组织救灾支持的社会化程度大幅提升。从两次地震后的收捐机构

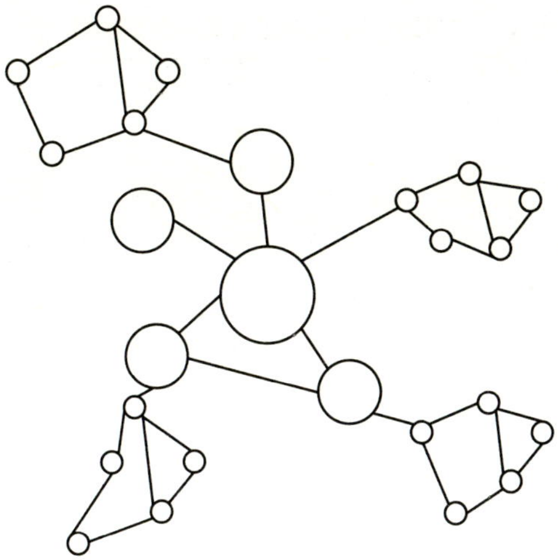

图1　汶川地震期间信息传播方式

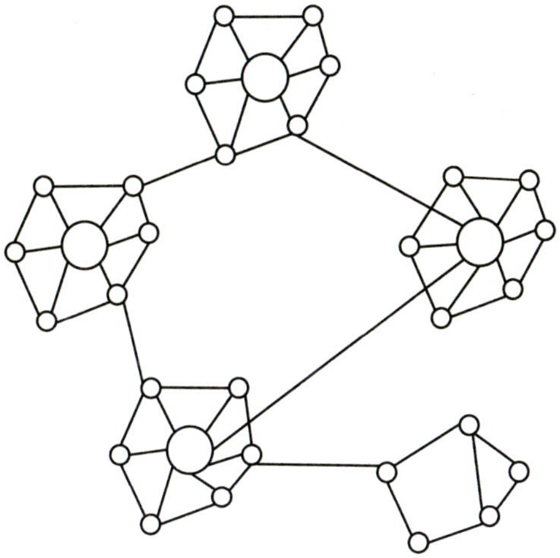

图2　芦山地震期间信息传播方式

数据的比较可以看出，汶川地震时58.1%捐款流向各级政府部门，但在芦山地震应对中，流向政府的捐款下降为42.1%，社会组织受捐比例则从41.9%上升为57.9%，这一变化，一方面体现了政府对社会组织的监管政策有所变化，另一方面也说明社会组织参与灾害应对的专业性与重要性被社会公众普遍接受（见表2、表3）。

表 2　汶川地震不同类型组织接受捐赠的比例

组织类别	接收资金(亿)	比例(%)
民政部门	209.38	32.1
其他中央政府职能部门	44.65	6.8
其他地方政府职能部门	28	4.3
特殊党费	97.3	14.9
各级红十字会	138	21.1
各级慈善会	96.53	14.8
全国性公募基金会	10.64	1.6
地方公募基金会等	28	4.3
总　计	652.5	100

资料来源：邓国胜等著《响应汶川——中国救灾体制分析》，北京大学出版社，2009。

表 3　芦山地震不同类型组织接受捐赠的比例

组织类别	接收资金(万)	比例(%)
地方慈善总会	5500	1.6
基金会	104900	30.1
中华慈善总会	5755.28	1.7
红十字系统	75779	21.8
四川省政府	32100	9.2
雅安市政府	114643.1	32.9
其他	9477.5	2.7
总　计	348154.9	100.0

资料来源：中民慈善捐助信息中心、红十字会和基金会中心网。截止时间为 2013 年 5 月 3 日 17：00。

三　社会参与新格局的形成动因

为什么 2013 年的芦山地震发生后，社会组织参与灾害应对的体系呈现出政社合作制度化，社会组织应对进一步网络化、专业化、信息化、社会化的新局面？究竟是什么因素在推动这一格局的形成？为什么此种新格局能在四川地区形成？除了全国整体的社会发展带来的社会组织蓬勃发展之外，还存在一些具体的内外因素使得芦山地震的社会应对制度创新成为偶然中的“必然”。

第一，汶川地震应对中的社会参与实践为芦山地震的政社合作制度创新积累了重要的政策经验。据四川省民政厅的统计数字，5·12 汶川特大地震发生后，全省有6000多个非营利组织直接或间接参与抗震救灾工作。有2456个非营利组织直接参与抗震救灾，以及为参与的部队和灾民提供生活服务。有5600多个非营利组织向社会发出了为灾区募捐的倡议，共捐赠现金26.2亿元，捐赠物资折合16.6亿元。有300多个非营利组织在第一时间组织突击队深入灾区抢救生命、救治伤员、转移安置灾民和向灾区运送捐赠物资。这300多个组织共帮助抢救伤员17万余人，救助灾民30万余人，帮助设置灾民转移安置点32个，帮助转移灾民12万余人。[①] 在灾后重建阶段，国务院在2008年6月8日颁布实施了《汶川地震灾后恢复重建条例》，规定了地震灾后恢复重建应当遵循的六条原则。其中第二条：政府主导与社会参与相结合，赋予了NGO组织作为社会参与的重要力量、参与灾后重建的合法地位和活动空间。NGO在灾后重建中从事了诸多领域的工作，主要提供了住房重建、医疗卫生、生计发展、环境保护、心灵重建、教育发展、文化保全和资源支持。[②]

在这一系列难得的社会实践过程中，从中央到四川地区各级政府机构和工作人员对社会组织的性质、定位和运行特征有了较为深入的了解，不仅熟悉甚至“颇有感情”，为此次政社合作的制度创新积累了重要的政策经验。

第二，汶川地震发生以来四川地区社会组织的长足发展为此次制度创新创造了坚实的社会基础。5·12 灾后重建使得四川的基础设施、产业发展、民生事业实现整体性跨越，[③] 尤其是四川省社会组织实现了规模快速扩大和结构进一步优化。如表4所示，自2008～2012年，四川社会组织总数由2008年年底的28345个增加到2012年年底的32524个，净增4179个，增幅14.7%。截至2012年，全省社会组织注册资金已达110926.14万元，社会组织总资产为950341.60万元，从业人员已达395415人。社会组织的服务领域进一步扩大，一批行业协会迅速发展，从事教育培训、卫生医疗、劳动就业、社会福利、体

---

① 边慧敏等编著《灾害应对中的社会管理创新：绵竹市灾后援助社会资源协调平台项目的探索》，人民出版社，2011，第11页。

② 张强，余晓敏等：《NGO参与汶川地震灾后重建研究》，北京大学出版社，2009。

③ 参见魏宏《2013年四川省人民政府工作报告》，http：//www.sc.gov.cn/10462/10464/10797/2013/2/4/10247277.shtml。

育文化、社区服务等方面公共服务的民办非企业单位超常规增长，非公募基金会从无到有，发展迅猛。这些社会层面的软实力使得四川的社会组织能够在芦山地震后第一时间做出比较高效、规模化的响应，为此次社会参与制度创新的局面形成奠定了坚实的社会基础。

表 4　四川省社会组织发展概况（2008 ~ 2012 年）

年份	2008	2009	2010	2011	2012
数量(个)	28345	28469	29104	30274	32524
增加数量(个)	1808	124	635	1170	2250
同比增长(%)	6.80	0.40	2.20	4.02	7.43

资料来源：根据四川省社会组织发展年报（2011 ~ 2012）整理。

第三，芦山地震的灾情特征也为此次制度创新的出现提供了实施的客观条件。2013 年的芦山地震相对于影响了 51 个县的汶川地震而言，灾害影响区域相对集中，应急救援和灾后重建的工作面比较聚集，伤亡人员相对少，有利于形成创新实验区域。另外，芦山地震灾区是长江上游重要水源涵养地和生态屏障，是生物多样性重点保护地区和世界自然遗产大熊猫栖息地核心区，在发展策略上，就是选择要以生态为主的可持续发展道路，规模化的工业发展没有太大空间。这既是实现整个地区社会经济发展的难题，也在客观上为外部社会资源进入推进社会领域的创新提供了客观的可能条件。

总之，此次芦山地震抗震救灾中所展现出的社会参与新格局，不仅是中国整体社会发展的折射，也充分体现出四川地区经过汶川地震的洗礼在政府对社会参与的管理服务以及社会组织自身参与能力的极大提升。

四　完善灾害应对社会参与体系的挑战

从应灾的社会创新“机会窗口”到现实的制度化变革过程是复杂的、长期的、动态的。随着芦山地震灾后重建工作向纵深展开，维持并深化政社合作的良好格局也将面临着一系列的协同挑战。

挑战之一：灾后社会重建需要社会治理的系统设计。巨灾应对不仅带来了治理变革的“机会窗口”，同时也会带来公共政策制定上的“决策困境”①。以芦山地震为例，四川省建立了“4·20芦山强烈地震灾后恢复重建委员会办公室”专司重建之责，国务院成立的“国务院芦山地震灾后恢复重建指导协调小组”来统筹协调，社会组织层面也有了多样性的沟通和合作平台。但是，社会组织由过去的原子化生态结构向日趋高度聚集化形态演变，这将对灾害风险管理中的政社协同提出更为细致、更加制度化的需求。创新设立的雅安社会组织和志愿者服务中心体系均由地方群团组织负责实施，与常态下民政系统主要负责的职能格局有所差异。如何将非常态下的功能格局常态化将是一个直接的挑战。如何在多部门、多层次的政府层面既形成协同一致的协同政策理念，又能避免形式化、表象化僵化的实际效果？如何确定重建的目标来实现适度重建、绿色重建和参与式重建？如何简政放权激活市场和社会部门的活力？这些问题都在提醒，社会组织的参与能否发挥应有的功能，这不仅涉及社会组织自身能力的培养，还涉及政府公共政策体系的定位，更涉及社会文化认知的更新。这需要创新具体运行机制来支撑，无疑有赖于行政管理体制改革、社会组织发展以及社会参与深化。

挑战之二：科学参与模式亟待探索。巨灾对受灾地区具有长期而深远的消极影响，往往越是贫困地区受到的冲击影响越重，因贫致灾与因灾致贫成为制约农村发展的瓶颈，这一规律已经为世界各地经验所证实。以芦山地震灾区为例，一方面是生态修复和环境保护要求高、任务重；另一方面，交通通道少、路网密度低、通行能力差，产业结构单一、基础薄弱，特色农业优势没有得到充分发挥，工业优势企业不多，服务业发展滞后，社会事业较为薄弱，人均地区生产总值、城乡居民人均收入均低于全国平均水平。地震前，芦山及周边地区就已经出现明显的空巢老人、留守儿童、留守妇女为主的空洞化社会结构，大部分劳动力流入城市，其社会备灾、应灾及灾后恢复的乡土资源日益匮乏。在考虑灾害风险管理的同时，还要兼顾可持续生计、性别、弱势群体、生态环境、文化等协调发展问题。当前的公益项目对接中已经呈现了社会资源与当地

① 张强、张欢：《巨灾中的决策困境：非常态下公共政策供需矛盾分析》，《文史哲》2008年5月，第20~27页。

政府在项目设计理念上的显性差异，基金会等社会资源更多倾向于社会软体建设，社会组织也擅长灾后社会重建工作，而基层政府则更多偏好于投资大、项目化的硬件建设。于是，如何推动财政资源与社会资源的有效整合也将是一个持续的难题。为此，社会组织要想发挥充分的作用，一个重要的挑战就是建立科学发展的社会共识，把扶贫发展、环境保护、社区文化、乡土资源重建等有机融合进县域以下的乡镇和农村灾后恢复重建工作中。

挑战之三：警惕社会组织的“泡沫化”发展。近来人们常常关注于经济领域的去杠杆化，殊不知社会领域的发展也会出现阶段性泡沫化的发展可能。由于治理体制束缚、社会支撑不足，使得既有社会组织发展不仅专业化递送能力不足，而且不接“地气”，从而“空转”过多，使得社会公信力缺失。芦山地震后，不仅在紧急救援阶段外来的救援组织没能发挥出显著作用，而且许多社会组织在提供相应的社会服务工作中还主要依赖于志愿者的非专业化参与支撑，不能进行系统的需求评估和科学干预设计，而且缺乏教育、心理、社工等方面的专业人员和职业能力，“平安星”之类致力于防灾减灾专业化发展的社会组织更是凤毛麟角。更为糟糕的是，在现有舆论导向下，社会缺乏对此进行有效甄别的理性力量。长此以往，不仅直接影响当地社会服务水平，还将进一步挫伤社会对社会组织的信任。

挑战之四：社会组织之间的联合有待深化。芦山地震后中国社会组织灾害应对平台、成都公益组织4·20联合救援行动、壹基金联合救灾、基金会救灾协调会、华夏公益应急救灾中心等几个具有联盟特征的协同平台促进了芦山地震灾害救援工作的有效进行，使得社会参与的组织性、协同性和效率都有了整体提升。但是一些问题也在灾害应对中逐步凸显：“联合平台”之间没有“质”的联合，有时候联合倡议、单体行动；志愿组织救灾功能与角色重叠，造成资源与人力的浪费，无法发挥彼此互补的功能；资源整合与调配能力较弱；法律法规支持的缺失等。联盟往往概念化，缺乏可持续发展性。

五　结语与展望：迈向多元参与的灾害治理

灾害用惨痛的代价打开了一个跨越式发展的“机会窗口”，社会组织参与灾害应对的体系呈现出政社合作制度化，社会组织应对进一步网络化、专业化、信息化、社会化等特点。要实现长期的制度创新，还有待于治理变革中的政府、资本化竞争的市场及发展中的现代社会相互博弈的互动过程。[①] 为此，展望未来，我们还需要在以下方面继续探寻。

一是在公共政策体系上，完善灾害应对中社会参与制度设计，并力争通过社会服务购买等渠道，建构常态下的政府、企业、社会三部门的灾害治理格局。立足从汶川到芦山地震的应对经验，国家应急管理部门要充分总结完善近年来社会组织和志愿者参与灾害应对的经验和教训，尽快修订“国家突发事件总体应急预案”、自然灾害相关国家专项应急预案以及各级政府、各部门相关应急预案体系，明确社会力量参与灾害救援的机制，将本地社区、企业和社会组织纳入地区防减灾等全过程工作中。值得强调的是，灾害风险管理工作中不仅要有科学的硬性指标，更要有软性的社会指标体系，即基于社区的群众满意度和公共服务可持续性为导向的评估体系。注重充分考虑受灾群众需求的参与式评估，基于参与式重建规划的需要，有重点地促进各领域（如教育、社区等）社会组织的发展。当前，国务院颁布了《关于政府向社会力量购买服务的意见》（国办发〔2013〕96 号）[②]，社会组织管理制度改革上升为党和国家重大任务部署，相关改革配套政策制定和法规修订取得重大进展，有 25 个省份直接登记了 19000 多个社会组织，政府向社会力量购买服务制度已经建立，260 多万群众直接受益的中央财政支持社会组织参与社会服务项目有效实施。民政部还进一步修订《救灾捐赠款物统计制度》，积极引导社会力量有力、有序、高效参与应急救灾和灾后重建。[③] 为此，尽快制定相关目录，明确承接主体的资质，并建立竞争机制，分阶段引入社会组织、企业部门参与灾害风险管理工作。并以本地社区发展为主，鼓励和培育本社区的社会组织、中小企业发展，与外部企业部门和社会组织带来的有效资源实行嵌入式的互动，实

---

① 张强、胡雅萌、陆奇斌：《中国社会创新的阶段性特征——基于“政府—市场—社会”三元框架的实证分析》，《经济社会体制比较》2013 年第 4 期，第 125～136 页。

② 国务院办公厅：《关于政府向社会力量购买服务的意见》，2013 年 9 月 26 日，http：//news. xinhuanet. com/fortune/2013－09/30/c_ 125473371. htm。

③ 中华人民共和国民政部：《2013 年民政工作报告》，http：//mzzt. mca. gov. cn/article/qgmzgzsphy/gzbg/。

现持续的社会服务功能和经济发展潜力。在这一过程中要给各方有试错的制度空间。

二是对于社会组织而言，要加快社会组织的职业化、专业化发展。社会组织的管理者和参与者们要开放视角，着眼长远，不能仅仅把灾害当做社会资源汲取的机会，而是主动定位，把参与灾害风险管理工作作为社会发展的重要领域和长远发展空间，根据国情和现实中的灾害应对经验，深入学习相关法律、规章，主动寻找政策空间。要加深成员和志愿者对于政策、规章制度的理解，换位思考，了解政府、企业等部门的视角和风格，并在此基础上建立参与性的运作框架。可以针对性地从政府、私营部门招募人才，完善人力资源体系，并健全以理事会为核心的内部责、权、利的平衡机制。① 此外，还要建立系统的社会评估体系，提供灾后损失的基线数据、对救灾应对和灾后重建过程进行监测的信息反馈，并评估救灾应对和灾后重建。通过评估社会组织在救灾应对和灾后重建的效用和效度，为组织进一步进行自身能力建设提供参考。

三是在社会组织的协同模式上，应借鉴我国台湾地区的社区营造经验，推进外来组织与本地力量的有机融合。台湾地区在长期的社区营造过程中，探索了一条行之有效的“在地长期陪伴”模式，打造了桃米生态村等成功范例，用了10多年时间就实现了一个垃圾村向生态明星村的华丽转变。我们可以借鉴推进外来社会组织灾后重建“三阶段”论的经验。第一阶段就是依据社区需求，外来社会组织尽可能联合外部资源，扮演着资源转介与跨域合作的网络平台；第二阶段是在社区自主能力有所提升后，重心转为陪伴社区共同成长，助力当地社会组织孵化和人才培养，以此强化彼此的合作信任；第三阶段则是由本土社区实现自我承载相应的社会服务需求，外来组织扮演后续支持系统，与社区形成相互回馈的竞争合作模式。

十八届三中全会《中共中央关于全面深化改革若干重大问题的决定》指出，全面深化改革的总目标是完善和发展中国特色社会主义制度，推进国家治理体系和治理能力现代化。必须更加注重改革的系统性、整体性、协同性，要

① 张强：《灾后重建：NGO如何实现可持续发展》，《中国社会工作》2009年11月上期，总31期，第33～34页。

创新社会治理。对于灾害应对工作而言，这也意味着从政府主导的灾害管理向多元参与的灾害治理的转型。为此，我们需要进一步从不同角度回顾在汶川、芦山地震中的应对经验和教训，去破解从管理向治理转型的一系列制度难题。如何建立科学可行的评估体系，从而使得灾害管理能力与地区的经济发展议程有机融合？如何克服各地增加灾害管理“硬实力”的惯性冲动，加强“软实力”的建设？如何加强法治化步伐，使得社会各界参与灾害应对再无后顾之忧？如何增进社会参与，实现多部门协同以及社会组织有效合作的应对机制建设？希望通过这一尝试能够实现灾害应对上的“居安思危、思则有备、有备无患”，并通过这一领域的努力探索社会体制变革，建立一个国家强大、社会繁荣的“和谐架构”。

B.13

联合行动、平等合作：4·20芦山地震紧急灾难救援中的社会参与

郭　虹*

摘　要：

2013年的4·20芦山地震灾援是中国NGO在重大社会公共事务活动中的又一次整体亮相。经过汶川震后灾援和重建考验的NGO以更理性的态度、更专业的合作和更有效的行动，不仅为芦山地震灾援提供了一支强大的生力军，也促使"政府主导与社会参与相结合"的原则在现实中落实为制度创新。芦山灾援行动体现了NGO响应及时、有序参与的组织特点；实现跨界合作、推动制度创新的发展特点；以新生力量为主力、以新型传播为手段的行动特点；助力社区、在地发展的策略特点，以及以灾援服务推动当地基层社会建设的倡导特点。

关键词：

地震灾援　社会参与　联合行动

一　社会参与4·20芦山地震灾援的社会背景

2013年，是汶川5·12特大地震五周年。五年来，按照《汶川地震灾后恢复重建条例》提出的"政府主导与社会参与相结合"原则，以公益非政府

* 郭虹，四川省社会科学院教授。

组织（NGO）为代表的社会组织[①]积极参与地震灾后重建，实现了“有序参与、有效服务”的初衷，展示了中国民间公益力量的整体形象，并以实践证明：在“党委领导、政府负责”的社会环境中，“社会协同、公众参与”社会公共事务治理是可以实现且行之有效的。NGO 参与 5·12 地震灾援和重建的实践表明，“社会参与”即公民、法人、社会组织参与社会公共事务处置的全过程。为此，在社会重大公共事务中赋权予公民、法人、社会组织，是实现社会参与的前提；公民意识和法治意识，是社会参与各方在社会重大公共事务中做到“有序参与、有效服务”的根本保证。在参与救灾和灾后重建的过程中，NGO 和社会组织也得到了成长和发展的机会，一大批志愿者在这个过程中成长为职业公益人，一批志愿团队转型为职业社工机构或公益机构，更多的社会组织得以孕育、诞生、成长，在城乡社会建设的各个领域中，通过提供专业服务、组织志愿服务、倡导传播理念，继续发挥“社会参与”的作用。

在过去的五年中，从姚安地震开始，到后来的玉树地震、舟曲泥石流、盈江地震、彝良地震、望谟水灾、岷县洪灾、江西风灾、云南旱灾、北京 7·21 水灾……每当国内的自然灾害发生，NGO 都会主动响应并派出救援团队在第一时间奔赴抢险救灾的最前线。在这些灾难救援（灾援）行动中，逐渐出现了华夏救灾联盟、[②] 联合救灾 UDR、[③] 壹基金救灾联盟[④]等一批行动联合体，也出现了蓝天救援、山地救援、中安救援、卓明地震援助信息、鹰眼益云[⑤]等一批专业灾援组织。在多种灾援行动的实践中，各个社会组织应对地震等自然灾难的专业能力逐步提升，在各种应急救援中不但能够迅速采取行动，提供专业服务，还能联合行动，整合更多的社会资源，形成不同的合作网络，协同政府的救灾应急工作。

五年来，国家的经济社会发展也进入一个新阶段。尤其是在社会建设领域，随着社会管理体制创新的推进，社会各界对公共事务越来越关注，公众参

① 本文中的 NGO 是指公益类的民办非企业、社团、基金会以及未注册的公益机构和志愿团队。社会组织是指各类非政府法人机构。

② http：//www. chngo. org.

③ http：//blog. sina. com. cn/jiuzaidiyi.

④ http：//baike. baidu. com/view/2838244. htm.

⑤ http：//www. chinawill. com.

与社会公共事务治理的诉求日益高涨。在党委领导、政府负责的大格局下，“社会协同、公众参与”的空间和机会正被越来越多地开拓出来，“政府主导与社会参与相结合”作为5·12地震救援及灾后重建的宝贵经验，正从灾援领域扩展到更多的公共领域，社会参与已经成为社会公共生活中不可逆转的潮流。与此同时，随着国家社会组织管理体制的改革，公民结社权在一些城市得到部分实现，越来越多的公民利用民间资源成立了各种非公募基金会、民办非企业和社团，社会组织进入一个快速发展的阶段。多样化的社会组织不仅能够反映和回应不同社会群体的多样化需求，也为公众参与社会公共事务提供了更多的平台和途径。然而，目前国家的现有体制还不能为“社会协同、公众参与”提供更多的机会，而每当重大自然灾害发生时，特殊的非常态情境则给了社会组织极大的行动机会和活动空间。参与“灾难救援”成为社会组织合法、有效地扩大其活动空间与行动范围的重要机会与途径，“灾援”领域也因此成为当前社会参与最积极、最及时、最具规模和最有成效的公共领域。

二　4·20芦山地震灾情概述及社会组织的响应

2013年4月20日早8时2分，四川芦山发生7.0级强烈地震。地震波及雅安、成都、乐山、眉山、甘孜、凉山、德阳等7市州的32个县（市、区）。据国家公布的数据：受灾人口约218.4万人，截至2013年5月23日，遇难196人，失踪2人，受伤14785人。学校、医院等公共服务设施和供水、排水、供气等市政设施受到不同程度损坏，主要公路多处塌方、受损，山体滑坡、崩塌、泥石流等次生灾害严重，生态环境受到严重威胁。① 这次地震余震

① 据尚明公益发展研究中心的调查，受灾最严重的是芦山、宝兴、天全，灾情分别是：芦山县5个镇（芦阳、飞仙关、双石、大川、太平）、4个乡（龙门、思延、宝盛、清仁）。总人口12万，其中受伤人数为5537人，重伤人数578人，90%以上的房屋损坏。宝兴县3个镇（穆坪、灵关、陇东）、7个乡（大溪、中坝、五龙、明礼、永富、民治、盐井）、1个民族乡（硗碛藏族）。总人口6万人，受伤2500人（其中86人重伤），46500间房屋损坏。天全县2个镇（城厢、始阳）、20个乡（青石、小河、思经、鱼泉、大河、紫石、两路、大坪、和源、乐英、多功、仁义、老场、大寨、永盛、新华、新场、前阳、兴业、铜厂）。1215人受伤（其中85人重伤），70%以上房屋结构破坏。

多且震级高，持续影响较大，尽管人员伤亡情况不严重，但民用房屋，尤其是农村住房损毁严重，灾区民众的生活普遍陷于困难。

强烈地震再次袭击四川。又是强烈地震，又是人口稠密的内地，又是四川——五年前的惨痛还没有完全消失的四川，几重因素的叠加使得全国人民的目光再次聚焦四川、聚焦雅安。众多社会组织立即启动了各自的灾害响应部署，派遣人员和队伍迅速入川，聚集雅安参与紧急救援。虽然这次的灾情和灾损情况都没有汶川地震那么严重，但民间依然迸发出了与五年前不相上下的参与热潮，从捐钱捐物到赴灾区做志愿者，形成了自 5·12 地震救援以来又一次社会参与热潮。

就民间捐款而言，4·20 地震后民政部第一次放宽了对民间捐赠的限制，[①]行政干预机制向社会选择机制的转变，使得公共资源开始流向社会组织，尽管慈善会系统、红十字会系统和政府仍然是接受捐赠的大户，[②] 但民间获得的捐赠仍然令人鼓舞。据《新京报》报道[③]震后第 7 天，全国参与地震救援和确定参与灾后重建的 115 家基金会，已募集善款和物资 10.49 亿元。据基金会中心网[④]统计，截至 2013 年 5 月 19 日早 8 时 2 分，全国共有 144 家基金会已参与地震救援和灾后重建工作，共募集善款和物资 13.79 亿元，总额已超过汶川地震中基金会得到的捐款。

与此同时，众多的救援队、志愿者和灾援物资也源源不断送到灾区。芦山、雅安一时成为全国社会组织的云集之地，在芦山还形成了“志愿者一条街”，在这里几乎能见到来自全国各地灾援机构和组织的旗帜与标识。

---

① 中华人民共和国民政部：《民政部关于四川芦山 7.0 级强烈地震抗震救灾捐赠活动的公告》，http：//www.mca.gov.cn/article/zwgk/tzl/201304/20130400446924.shtml。

② 截至 5 月 27 日，全国慈善会系统共接收社会各界为 4·20 芦山地震灾区捐赠款物逾 20 亿元，其中资金 16.5 亿多元，物资折合人民币 3.5 亿多元。截至 2013 年 9 月 30 日，中国红十字会系统已经接受芦山地震捐赠款物共计 11.97 亿元。截至 2013 年 12 月 31 日，雅安市财政、慈善总会、红十字会、教育基金会、扶贫基金会、关心下一代基金会和总工会共收到捐赠资金 91970 万元，其中含香港特区政府捐赠资金 1 亿港元，澳门特区政府捐赠资金 1 亿澳门元。

③ http：//news.qq.com/a/20130428/000061.htm.

④ http：//news.foundationcenter.org.cn/html/2013－05/67623.html.

三 4·20紧急救援中的信息服务

任何自然灾害发生后，救援行动最需要的就是灾区信息。与汶川地震救援时的无序状态相比，4·20地震救援的信息传播要及时有效很多，除了央视等官方媒体的信息发布外，民间也有了专业化的机构和多样化的信息传播渠道。紧急救援中的民间灾援信息服务成为此次灾援行动中的最大亮点，也为今后的民间灾援奠定了运作基础，积累了宝贵的经验。

新兴起的手机微信群在4·20地震救援中异军突起，承担起了灾援信息交流的重任。4·20当天，由于电话通信的暂时中断，微信和微博成为当时沟通灾区内外信息的主要渠道，各公益机构的微博成为民间灾援的信息来源，而各种微信群更因其方便快捷成为行动机构与支持机构的信息联结渠道和交汇结点。4月19日刚建的“成都公益圈”微信群就在这种背景中脱颖而出，数日内群内人数从10多人扩展到150人，成为当时“圈内”组织之间沟通信息、连接四川NGO与外地NGO最有影响力的信息汇集点。由于群内不仅有四川绝大多数公益机构负责人、部分省市政府部门的工作人员，还有京、沪、深等地的NGO负责人以及省内外的媒体人，灾区的信息、NGO的信息、政府的信息、救援的信息、灾援资源的信息……都在群里汇集，微信群不仅促成了“成都公益组织4·20联合救援行动”（以下简称：成都4·20联合）的成立，还促成了南都公益基金会第一个雅安灾援项目的产生。

灾后凡进入灾区的救援机构都会得到来自卓明地震援助信息中心（以下简称：卓明）提供的经过核实的灾区信息。卓明是由参与过5·12救灾的志愿者组成的专门处理地震救援信息的专业机构，三年来参与过多次灾援行动。该中心在震后两分钟即发出内部集结令，8点18分官方微博转发了地震监测基本信息，8点47分发出震中附近的地理人文汇总信息，中午编辑发出第一期“4·20雅安地震华夏救灾简报”。定向发布的震援信息和公开发布的救灾简报包括了灾区地理人文资料、灾情通报、村组需求信息、交通路况、天气预报、救灾进程、政府行动以及民间行动等丰富的信息，为民间救援行动的有序有效提供了保障。

鹰眼益云是在汶川地震后开始参与灾援行动的IT界公益组织，利用IT雄厚的技术背景注重灾援中的“科技救灾、技术救灾”。4·20震后他们紧急开发了可在手机上使用的“益云信号弹”①，针对救援与重建的需要开发了“雅安地震救灾地图”，方便灾区及外界对于灾区救援及求援信息的传达、确认及消息确认后的及时响应，并为下一次救灾和日常应急机制的健全积累经验和基础资料。

四川公益界自5·12以来形成的“信息分享会”在4·20救援时也在延续。震后第二天“4·20民间救援信息分享会”在成都召开，来自灾区的信息在NGO内部得到及时交流、传播和沟通。信息分享会的与会者既有四川本地机构和组织，也有来自全国各地的NGO和公益基金会，最多的时候与会者超过百人。在灾后救援期间，类似的信息分享会由不同的机构在成都、雅安两地经常举办，其中既有前方归来伙伴的实况分享，有本地NGO的信息交流，也有境内外学者来做的专题讲座，还有与北京等地的远程视频会议。在紧急救援阶段，外地来川的许多社会组织也是通过这些分享会了解灾区的情况，寻找合作伙伴。

多种形式的信息分享和沟通，不仅使参与灾援的社会组织迅速了解有关信息，强化了社会组织之间和内部的相互学习，也促进了社会组织之间的沟通、合作及互助，使参与救灾的社会组织能够形成一个有序的整体，有效地开展活动。为参与4·20灾援的NGO组织“有序参与、有效服务”提供了基础保障。

四　4·20灾援中社会参与的组织化和专业化

与5·12地震救援相比，4·20地震的民间救援开始显示出了组织化和专业化的特点。

震后30分钟壹基金“联合救灾雅安地震救援行动”启动。震后1小时，NGO备灾中心和北川中国心的灾情勘察人员已分别从北川和攀枝花向芦山出

① http：//yibo. iyiyun. com/sos/. 下载益云信号弹的手机用户可一键生成包含自己的GPS坐标和行进方向的信息，并通过短信或微博发送给紧急的联系人，实现无网状态下进行路线导航和目标地点确认，发布后的下载量已逾3万。

发。作为联合救灾和壹基金救灾联盟的成员，这两个机构在过去的三年中已经参加过数次灾难救援，有着丰富的灾情识别和分析经验，他们虽然也携带了救灾物资，但此行的目的并非直接参与救援，而是勘察灾情。两小时后，山地救援队的陈丹与他的23名队友开着8辆装满饮水、食品、帐篷和救援工具的车辆从南充驶往芦山。随即，泸州山地救援队的24名队员带着搜救犬、专业搜救工具和救灾物资也赶往芦山。这两支由志愿者组成的民间救援队不仅配备了工作服、救援工具、生命探测仪等专业设备，队员们都经过了溪谷水面救援、高海拔救援、高空塔架救援、山地丛林救援、地震救援、竖井救援等专业培训，且具有玉树、彝良等救灾的丰富经验。

与此同时，专注于灾难救援的蓝天救援队，由全国11省的27家NGO发起、14省207家机构参与的“联合救灾UDR”（侧重救灾物资配送及灾后建设项目），由200多家救援队和户外运动爱好者组成的“壹基金救援联盟”（侧重灾后72小时的生命救援）①，以及民间规模最大的“华夏救灾联盟”等全国各地的民间灾援队伍都已开始集结队伍并陆续出发。中华社会救助基金会联合蓝天救援队、中安救援队、仁爱救援队启动了“中华救助雅安4·20地震紧急救援行动”。到20日下午，壹基金救援联盟的三批队伍分别抵达芦山

① 壹基金救援联盟成员：四川省山地救援队、海南三亚红十字应急救援队、泸州山地救援队、河南户外救援总队、北京红星救援队、广西绿洲应急救援队、湖南巡航救援队、珠海登协野外救援队、乐清市志愿救援大队、新疆山友救援队、深圳山地救援队、内蒙古救援队、青海户外救援队、邯郸市户外救援队、绿野公益救援队、武汉市水上救援队、广西山地应急救援队、南充红十字山地应急救援队。壹基金联合救灾伙伴：甘肃河州义仓、甘肃伊山伊水环境与社会发展中心、深圳壹基金公益基金会、贵阳市众益志愿者服务发展中心、贵阳市红十字会紧急救援队、贵州六盘水市志愿者协会、贵州盘县义工联合会、贵州六盘水红十字蓝天救援队、湖南公益联盟、湖南民间联合救灾小组、湘西一公斤、江西益心益意文化发展中心、陕西民间公益行动联盟、陕西西安市绿世界环境宣传教育发展中心、NGO备灾中心、西昌市生态与环境保护研究所、北川中国心、新疆志愿公益救援联盟、云南草根支持中心、重庆青年环境交流中心、重庆两江志愿者服务中心、甘肃彩虹公益、甘肃武都义工、兰州城市学院青年志愿者协会、兰州城市学院双模公益平台、广西爱心零距离、遵义市社会义工协会、贵州青年应急总队、贵州兴义社会义工联合会、湖南边城志愿者协会、湖南巡航救援队、湖南金鹰服饰集团、湖南岳阳公益、陕西兴平城市应急救援队、陕西泽众公益、陕西西部乡土公益发展中心、陕西红凤志愿者协会、陕西西安未央区志愿者协会、陕西妇女儿童发展基金会、四川农业大学团委、浙江省东阳市爱心联盟、浙江省东阳义工协会、重庆应急救援队、重庆青年助学志愿者协会、雅安4·20志愿者团队、救助儿童会、平安星防灾减灾教育中心。

县建立了联盟前线指挥中心。下午三点，NGO 备灾中心在芦山抗震救灾指挥部设立“芦山民间联合救灾工作站”。当晚，滴水公益第一批物资大卡车药品已经移交芦山县医院。21 日凌晨，蓝天救援到达灾区的 65 名队员在芦山县城设立了大本营。联合救灾 UDR 于20 日下午开始分批到达灾区，设立了“联合救灾芦山救援指挥部”。华夏联盟也在芦山建立了前线指挥部。22 日，成都 4·20联合的先遣队已在芦山仁加村建立了驻村工作站。

进入灾区的社会组织主要的任务是参与废墟搜救、协助灾民安置和开展灾区调研。最早进入灾区的成都 4·20 联合、平安星等机构不仅参与发放救援物资、灾情调研，给后来的 NGO 伙伴介绍情况提供信息，还开始在地开展志愿者培训和减防灾培训，组织本地志愿者参加物资分发等工作。23 日福溢公益的芦山红军广场设的净水工作站开始为灾民提供清洁饮用水。北川中科博爱社会工作服务中心、德阳泰田文化善行中心等心理救援团队与中科院心理所的专家一起抵达灾区并迅速建立了芦山工作站、隆兴中心校工作站、龙门乡中心校工作站和芦山县先锋社区工作站等开展心理抚慰和干预。扶贫基金会、乐施会等捐助的帐篷、棉被、粮油包等物资到达灾区开始发放。到 27 日，已有来自全国各地的百余个救援团队到达芦山、雨城、天全、宝兴、名山、汉源、荥经等地，开展灾情评估、物资发放、协助灾民安置等工作。此时，完成紧急救援任务的部分队伍已开始撤出。[①]

最早抵达芦山灾区的 NGO 团队中大约有 8 支队伍来自华夏救灾联盟，玉树地震后诞生的华夏救灾联盟中不仅有卓明、鹰眼益云这样的专业灾援机构，有中国心、平安星等专业救援团队，还有由公民个人组成的“第三方中心”作为内部监测评估机构，对灾援活动进行第三方监测，在 4·20 灾援中成立的“雅安救灾第三方监管小组”，从灾援一开始就介入了物资发放的跟踪调查评估工作，监测的重点是灾援物资采购的性价比、实效性、时效性以及发放的有效性。第三方监测的出现表明 NGO 灾援行动已经开始注重专业化的提升。

4·20 灾援中的民间救助也开始出现了专业化的特点。20 日在重庆，一群摩托车车友把摩托车、食品、水和帐篷装上两辆卡车就出发了。到达灾区后摩

① 以上资料均来自《4·20 雅安地震华夏救灾简报》第 1～12 期。

托车的越野性能使他们可以到达更多的地方考察勘点搜集灾援信息，携带水、干粮、药品等物资沿途发送以解燃眉之急；卡车的装载量便于携带更多的物资运输和他们自己的生活用品。与这支摩托车队同行的是在汶川地震中失去双腿的廖智。因为这群车友中有人刚听过廖智的公益演讲，正在为这个在地震废墟中埋了26小时、失去亲人和双腿后仍然站在舞台上的“最美舞者”感动不已，4·20地震激发了他们的爱心行动，他们邀请廖智同行，既是因为廖智对地震救援的经历和经验，也是和廖智一起更容易得到灾区各方面的认同。在4·20灾援行动中，像他们一样以理性态度参与救援的民间志愿者还有很多。

此时在成都、绵阳、德阳、乐山等地，已有许多热心市民基于5·12救灾的经验，在私家车上带上几箱水、食品就往灾区驶去。这些热心市民和民间志愿者的车辆在一定程度上使得原本已经拥挤的道路更加拥挤。到4月21日媒体已在呼吁：请民间车辆和志愿者车辆让出生命通道，保障灾难救援的需要。其实这时除了专业救援队和灾情勘察组外，多数NGO组织都还没有出发。救灾的“黄金72小时”是专业救援、伤员运送和物资运送的时间，一般NGO组织和志愿者团队都不会去挤占这个救命的时间。这个灾援中的小情况也表明，尽管NGO组织应对灾难应急的能力在提高，但对普通民众仍然需要普及灾难救援的常识。

五　4·20灾援中社会组织的联合行动

4·20地震后，到达雅安的各公益基金会、参与和确定参与救援和重建的NGO组织大都对灾区情况做了实地调研，对灾援工作进行了部署安排。4月28日，在成都召开的“4·20社会应对圆桌会暨信息分享会”上，与会的73家机构不仅分享了各自的工作规划和设想，还通过讨论达成了“4·20共识”：“联合起来，以实际行动推进芦山地震救援重建中的社会协同、公众参与。我们倡议：协助政府、助力社区、有序参与、有效服务；资源共享、平等合作、各尽其能、各得其所”。联合起来，平等合作成为这次4·20地震灾援的突出特点，尽管各个联合体之间的协同配合还存在这样那样的问题，但联合行动的态势已然形成，参与各方之间的平等关系已然确定。

芦山地震发生当天，成都 11 家公益机构①共同发起成立了开放型的“成都公益组织 4·20 联合救援行动（4·20 联合）”，凡愿意参与 4·20 救灾活动的社会组织都可以参与，据不完全统计，先后以各种形式参与的机构有 68 家。4·20 联合由选举产生的执委会具体运作，执委会通过不定期的会议，分享信息、分析局势、决定需要联合行动的工作及原则。鉴于 4·20 联合是一个临时的松散组合，执委会委托成员中的社团组织——成都云公益发展促进会——对外代表 4·20 联合；要求凡以“4·20 联合”的名义申请的项目由申请机构执行，但应与 4·20 联合的成员分享资源。在 4 月 20 日 ~5 月 30 日期间，根据参与机构各自的资源和专业，有地出地、有人出人、有钱出钱，迅速建立起各司其职的工作团队。在爱有戏文化传播中心提供的办公场地里，各有关机构派出专人，共同执行信息搜集、对外宣传、物资募集采购管理运送、志愿者招募、行政财务、灾区灾情调研等具体工作。21 日凌晨 4·20 联合派出灾情勘察和第一批救援物资车辆。截至 5 月 2 日，仅参与后方支持工作志愿者人次就超过 1500 余人次（他们来自 23 家企事业单位志愿者团体和 27 个院校志愿者团体）。在芦山县成立村级工作站 4 个；根据灾区需求定向发出 40 车物资，运往宝兴、芦山、邛崃、天全等灾区。南都基金会在 4·20 联合成立后提供了 2 万元的活动经费，21 日上午又主动增加了 20 万元用于灾援团队的专项经费，招商局慈善基金会提供了 5 万元的村服务站建站经费。此后，4·20 联合成为社会力量与政府对接的中介，在促成社会组织与政府对接、协助基金会项目落地方面也发挥了积极的作用。

南都公益基金会 20 日当天就启动了 4·20 灾援的第一个项目，此后则积极回应执行机构的申请，根据灾区的实际需要和机构的优长特点，到 2013 年年底，共资助 25 家社会组织执行了总额 370 万的 26 个灾援项目，其中既有在灾区提供直接服务的紧急救援、安全饮水、垃圾分类、老人关怀、心理抚慰、文化教育、社区服务、信息服务等项目，也有政策研究、灾援评估、会议研

① 四川尚明公益发展研究中心、成都云公益发展促进会、成都科技新闻学会、成都锦江区爱有戏社区文化发展中心、成都心家园社会工作服务中心、成都高新区益众社区发展中心、成都高新区同公益事业发展中心、成都高新区益多公益服务中心、成都武侯区新空间青少年发展中心、成都高新区乐康关爱生命发展中心、成都爱达迅社会工作服务中心。

讨、传播培训、网络建设等相关支持项目。

4月26日，中国扶贫基金会启动了总额100万的“芦山公益同行——社区陪伴计划”，在灾后3个月内先后与13家公益机构合作，及时深入受灾社区，及时接触灾后弱势人群，执行了心理陪伴、青少年陪伴、医护陪伴、乡村社区陪伴、儿童陪伴、老人陪伴等13个项目，有效回应了社区的迫切需求。扶贫基金会还与儿童希望救助基金会、天津鹤童公益基金会、河北进德公益基金会、为乐志愿服务与研究中心共同发起成立“公益同行社区陪伴计划”行动网络建设，希望能把这种灾援早期介入的陪伴式服务应用到更多的领域。

6月1日，壹基金与来自全国10个省市的45家民间公益机构携手启动“壹乐园”儿童服务项目，为灾区儿童提供安全的学习、活动空间和环境，缓解灾害对儿童在健康、心理和生活的影响。到2013年12月30日第一期项目结束，100名工作人员、50名社区志愿者、1536名社会志愿者在180天里，为23个乡镇的5993名儿童和他们的家庭开展了1009次以安全、减灾教育以及儿童保护为主题的活动，804次极具特色的儿童活动，服务儿童232589人次。①

NGO备灾中心与20家伙伴（包括基金会、公益机构、志愿团队以及企业）合作，在芦山、宝兴等极重灾区发放了价值超过630万元的帐篷、照明设备、家庭通用救灾包、妇婴包、老人温暖包等灾援物资。绵阳正轩公益、授渔公益、福溢公益、川越公益和鹰健团队在芦山组成“4·20公益组织协调平台”，共享资源各尽所能，共同开展提供清洁饮水、应急物资发放、灾后心理康复、社区服务、环境卫生等综合服务。成都乐扶社会工作推广服务交流中心与绵阳正轩公益、川越公益等机构在灾区建立的13个社区工作站，最大程度上实现了资源共享，不仅有共同的社工督导、员工培训、信息渠道，甚至包括志愿者和工作人员都能根据各自需要相互借调，“与汶川地震一盘散沙的情形不一样，抱团后做事效率更高”。

在成都，一批网络名人和公益机构以缘来客栈为中心组成了“成都缘来客栈4·20协作小组”，收集发布“一手信息”，协调社会资源作相应的联络

① http：//www. onefoundation. cn/html/91/n－2191. html.

对接；对部分村镇进行定向援助，为前方救援队伍提供部分后勤服务。成都公益组织服务园联合19家公益机构发起的“雅安地震成都公益组织协力营”为灾区各工作站输送了120余人次经过培训的高校志愿者。仁爱慈善基金会、中华社会救助基金会、成都文殊院社会关爱中心和蓝天救援队组成了“雅安救灾联合体”，专给前方的救援人员提供后勤支持。中国狮子联会设立救灾指挥部协调各地狮子会的灾援行动。中国水安全计划联合了众多环保机构及时在灾区启动水安全调查和检测。

在4·20灾援中采取联合行动的，不仅有行动型组织、草根组织，参与灾援的各个基金会也在4·20灾援中第一次实现了联合作战。4月29日“基金会救灾协调会”在雅安成立，协调会由中国青少年发展基金会、中国扶贫基金会、南都公益基金会、腾讯公益慈善基金会、深圳壹基金公益基金会联合发起，各基金会秘书长担任轮值主席，并制定了章程、任命了专职总干事。协调会的任务是：加强各基金会在救灾中的沟通、交流与合作；促进基金会救灾行动与政府救灾与灾后重建计划的对接；协调基金会对参与救灾社会组织的资助。

在北京，4月28日“中国社会组织灾害应对平台”宣布成立。这是由北京师范大学社会发展与公共政策学院、南都公益基金会、成都公益组织4·20联合救援行动和中国红十字会在4·20灾后联合发起，友成企业家扶贫基金会、中华初级卫生发展基金会等共同建立的独立的公共平台，平台秉持“平等开放、高效协作、公开透明”的原则，助力灾害应对中的社会组织合作，中国红十字会等资源提供方将以招标等公开公平的机制，通过平台投放用于支持社会组织参与灾后社区重建、社区服务、社区发展的资金。“中社平台”自5月正式运作，到2013年年底已协助中国红十字会完成雅安社会参与重建项目的招标、评审和签约工作，正在继续协助对项目规划设计评审，监测评估；通过“益家人沙龙”等形式为雅安灾援机构提供智力支持；协助社会参与项目与基层地方政府的对接。中社平台通过公共事务中的社会组织参与、通过跨体制的机制创新，搭建资源协调、项目购买、多方交流、在地陪伴的服务平台，既起到了推动激发社会组织活力，探索多方合作的灾后救援与重建的社会协同模式的现实功能，也通过政策研究和学术研究为国家层面的防灾减灾体系完善建言献策。

鉴于政府和公众对善款善用的要求，基金会也特别注意了信息的公开透明与行业自律。4 月 23 日，新浪公益联合中国扶贫基金会、中国青少年发展基金会、深圳壹基金公益基金会、中华思源工程扶贫基金会、中国妇女发展基金会等多家公益机构共同发起建立了“雅安赈灾款信息披露平台”，通过新浪微博聚合相关公益机构的赈灾款募集和使用信息，把善款使用情况及时传达给捐赠者和公众。同日 41 家基金会在北京发起成立“中国基金会 4 · 20 救灾行动自律联盟”（8 月 29 日联盟签约启动），签约的基金会承诺将全程公布接受、拨付和使用捐款的情况，接受捐款人和社会监督，接受政府监管，承担一切相关的法律责任，用透明度来“重拾公众对公益慈善组织的信心”。

民间灾援行动的联合趋势也影响到政府系统的公募基金会。4 月底四川省青少年发展基金会的“灾后重建青少年公益项目”公开招标评审，5 月 7 日公布结果，省内有 31 个社会组织和志愿者团队获得 100 万元的善款资助，在雅安灾区的社区、学校和安置点开展了多种青少年服务项目；8 月再次筹集 200 万元专项资金，用于购买社会组织参与灾后重建青少年公益项目社会服务。四川省城乡统筹发展基金会也在 7 月启动了 2013 年度民间公益组织资助项目，支持社会组织的活动。

限于篇幅，更多社会组织在紧急救援阶段的灾援活动无法一一展示。据“雅安抗震救灾社会组织与志愿者服务中心”登记的信息，截至 9 月底已有 276 家社会组织（包括民非、社团、基金会和企事业法人机构）3000 余人次来雅安灾区进行了物资发放、慰问灾民、灾区服务、灾情调研等活动。据四川尚明公益发展研究中心的调查，截至 9 月 30 日，雅安灾区共有来自四川、北京、重庆、云南、贵州、湖南、上海、甘肃、陕西、天津、河北、广西、广东、内蒙古以及香港等地的 93 家机构在灾区工作，在安置区、村组和学校设立了 98 个驻点工作站。这些工作站点的服务工作得到了壹基金、南都基金会、中华儿慈会、招商局慈善基金会、中国扶贫基金会、腾讯公益慈善基金会、中国青少年发展基金会、友成企业家扶贫基金会、中国妇女发展基金会、爱德基金会、随手公益基金会、中华社会救助基金会、国际美慈、赠予亚洲、乐施会、成都乐扶等公益机构的资助。

六 4・20 地震紧急救援中社会参与的特点

（一）响应及时、有序参与

面对五年后再次发生的大地震，4・20 灾援行动体现了 NGO 响应及时、有序参与的组织特点。生命救援、物资救援和社区陪伴，是灾援的三大支持体系，社会参与在任何一个环节都有不可替代的作用。由于没有行政审批等繁文缛节，社会组织的响应行动总是比政府更快，而社区民众的自救互救往往是拯救生命最及时的行动。物资的调集运输和发放，需要大量的志愿者去解决“最后一米”的问题，这也是社会组织所擅长的。灾后的社区陪伴对减轻灾害对灾后社区脆弱人群的影响，以及对重建社区的重要性越来越被人们认识，而能够坚持在社区陪伴的只有社会组织。我国社会组织在五年中逐渐锻炼形成的灾援能力和多样性的联合——合作网络，使得民间灾援的组织化程度大为提高，这是社会参与灾援行动能够有序且有效的重要保证。从 4・20 灾援实践中可以看出，组织化程度较高的社会组织，不仅可以迅速调集资源、采取行动，也更容易与政府的救灾部署对接，与其他社会组织合作，更容易深入社区为民众所接受。

（二）跨界合作、制度创新

4・20 的灾援实践展示了社会组织在实现跨界合作、推动制度创新的发展特点。跨界合作是当今经济社会发展的潮流，跨界合作既是社会行动，也是一种行动机制和行动能力。跨界合作的基础是参与各方基于共同利益最大化的合作共识，跨界合作的机制和能力也是在各方参与的合作行动中逐渐形成的。随着公益事业的发展，跨界合作也越来越成为公益行动的常态。尤其是在灾援领域，几乎没有哪个机构可以单枪匹马去救灾。对正在成长中的社会组织来说，各种形式的联合行动不仅使基金会筹集的善款能发挥更加有效的作用，也给正在成长中的社会组织提供了参与社会活动的资源和机会。跨界合作不仅可以整合更多的资源，增添新的力量，更能给社会组织提供更大的活动空间和更广阔的发展前景。跨界合作促使参与各方都要打破常规、破除障碍，由此也推动了我国的灾援制度创新。如“四川省雅安抗震救灾社会组织与志愿者服务中心”① 的建立，不仅是我国灾援行动中的一个标志性事件，也是政府与社会组织在重大社会公共事务中平等合作的制度创新。

（三）新生力量、新型传播

4·20 灾援中的 NGO 体现出了以新生力量为主力、以新型传播为手段的行动特点。参与灾援的绝大多数行动机构都是在 5·12 地震救援和重建过程中成长起来的，尤其是由志愿者团队转型而来的公益机构，更以职业化和专业化为组织建设目标，因而在紧急救援时能够根据自身的优势确定正确的行动。“资源共享、平等合作”的共识，以及联合执行的项目使得这些新生的组织能够“抱团行动”，在联合行动中各尽其能，在助力政府、协力社区、服务民众、倡导理念的多元化灾援格局中各得其所。新型传播也给新机构提供了大量的支持信息，既弥补了新机构能力不足的短处，也使得他们的行动得到了更多的关注、指导和帮助。② 传播是公益机构工作的重要内容，通过传播唤起公共意识，加强公民的社会责任感和使命感，汇集社会资源，最大限度地增进公共利益是公益机构的共同使命。4·20 灾援中的新型传播的功能体现在：①利用新手段、新方式在传播新信息的同时传播新理念；②通过使用新的传播手段（微信、微博、短信、视频……），不仅及时向社会提供了来自民间视野的灾区信息，使民间救援进入公众话题，使灾援从政府行为逐渐向社会公共事务转变；③这些传播手段正在成为 NGO 不可或缺的工作“利器”，促使 NGO 的专业化和职业化水准在灾援行动中得到进一步的提升。

（四）助力社区、在地发展

助力社区、在地发展是这次社会组织参与 4·20 灾援中带有普遍性的策略

① 雅安芦山地震救灾社会组织和志愿者服务中心，http://www.scgqt.org.cn/Special/2013/ser/zyz/NewsClass.asp?Classid=314。

② 6 月 25 日，心家园的张小红在成都公益圈微信群发出“亟须 6000 元人民币搭建工作用房”的信息，扶贫基金会王毅出谋划策，2 小时就在群内募集到 6815 元，其中 615 元指定用于这笔资金的管理费用。

特点。从灾援行动一开始，来自全国各地的NGO绝大多数都把工作站点设置到了村组及安置区。各公益基金会及时启动了“社区陪伴”“社区服务”等社区项目，资助100多家机构（团队）进驻雅安灾区的乡村社区为民众提供陪伴和服务。扎根社区的在地服务也创立了一些灾援新模式。如重大灾害中实施儿童保护的“壹乐园模式”、早期介入社区的“社区陪伴模式”和“救灾服务站模式”等，这些模式将有助于NGO在今后灾难援助中针对民众提供更有效的贴身服务。同时，在地发展的策略也使参与灾援的NGO更注重与在地机构的合作，通过资金、技术和能力的支持，也给在地机构提供了成长的机会，促进了灾害发生地区的社会组织培育和发展。

（五）以灾援推进当地的基层社会建设

以灾援服务推动当地基层社会建设，是这次社会组织参与芦山灾援最具倡导意义的新特点。灾难救援期间大批志愿者进入灾区，他们的言论和行动给灾区，尤其是地处边远的乡村灾区带来大量的新信息。灾后大批社会组织进村入户，驻点建站，做调研、发物资、搞活动、办培训，一些机构在本村组招募当地村民、返乡学生参与社区服务活动，招募为项目人员，组织村干部和积极分子到北川、汶川等5·12灾后重建地学习参观，给灾区带进许多全新的理念，也催生了一批本地的新社会组织。灾援机构全新的工作模式和方法也给灾区基层民主建设和社会管理造成了较大的冲击和影响。而大量公益捐助资金通过灾援进入社区，使得社会组织的这些新理念、新模式、新方法得以实现并得到推广。2013年11月，中国扶贫基金会与英特尔、加多宝共同筹资2500万元，已在雅安启动为期3年的“公益同行——社区发展计划”，致力于雅安地震灾区的社区人才培养、社区组织建设、社区文化支持和社区信息平台的建设，这一具有创新意义的灾援模式，将为“以灾援推进灾区社会发展”提供可持续的实践空间，并有可能成为今后社会参与灾害救援的一个新领域，成为社会组织和公民参与社会公共事务的新途径。（本文大量资料来自《4·20雅安地震华夏救灾简报》1～12期。特此感谢！）

年度十大热点事件篇

2013 Top Ten Topics

B.14

4·20 芦山抗震 促进民间应急与联合机制成型*

摘　要：

2013 年，中国民间力量迎来第三次大考。历经 2008 年汶川地震和 2010 年玉树地震洗礼，以社会组织为代表的中国民间救灾力量在芦山地震救灾中的表现可圈可点，反应迅速，联合行动，透明高效。一个有序、有效、专业、可持续、平等互助的社会力量参与救灾的应急与联合机制正在成型。

关键词：

芦山地震　联合救灾　机制　民间力量　社会组织

2013 年 4 月，中国遭遇近 5 年中的第三次重大地震灾害。发生在四川芦

* 初稿作者周如南，中山大学讲师；第二、第三稿作者刘丽波，北京师范大学中国公益研究院合作发展部副主任。

山的地震灾情牵动人心，救援刻不容缓，各方力量迅速集结。当日，包括共青团四川省委等传统官方力量在内，以数十家民间公益机构为主的“成都公益组织4·20联合救援行动”成立。随后，壹基金救灾联盟、南都公益基金会、乐施会等众多公益组织迅速加入。

不同于2008年汶川震后的仓促上阵，也不同于2010年玉树震后的杂乱无章，这一次，中国民间公益力量快速反应、联合行动，民间救灾的应急与联合机制在救灾实践与锻炼中建立、发展并不断成熟起来。

救灾的民间速度

2013年4月20日上午8时2分，四川省雅安市芦山县发生里氏7.0级地震，牵动全国民众的心。灾难发生后，国家和社会各界快速反应，积极投入抗震救灾工作中。8点40分，四川省政府启动抗震救灾一级响应，除救援外，将重心放在保持生命通道的畅通上。

民间力量也在第一时间做出反应。在汶川地震和玉树地震中都贡献了重要力量的红十字蓝天救援队，于8点10分即发布备勤信息启动救援。很快，来自全国22个省的257名队员在雅安集结并投入一线救援。深圳壹基金公益基金会在震后30分钟启动应急机制，1小时后凉山、贵阳、西安备灾仓库物资开始起运，9个小时后第一批大宗救灾物资开始发放。

一线救灾，后方募捐支援。震后，中国扶贫基金会、中国青少年发展基金会、中国妇女发展基金会等全国各大基金会迅速启动专项募捐活动，将物资源源不断送往灾区。据基金会中心网统计，截至5月7日，135家基金会共计为地震灾区募款12.2亿元。

无论是应急反应，还是救灾的组织程序和专业水准，民间救灾力量的表现都比汶川地震时有了明显提升。

民间力量的发挥，更重要的原因则在于政府姿态的转变。

2013年4月21日，芦山地震发生的第二天，民政部发出《关于四川芦山7.0级强烈地震抗震救灾捐赠活动的公告》，公告在捐赠渠道导向方面规定：个人、单位有向灾区捐赠意愿的，提倡通过依法登记、有救灾宗旨的公益慈善组织和灾区民政部门进行，捐赠以资金为主。

民政部的公告明确释放出放开劝募市场的信号，给了民间公益组织一个前所未有的资源空间。此前，无论是汶川地震还是玉树地震，政府和具有官方背景的红十字会、慈善会是接收社会捐赠的主要指定渠道。据中民慈善捐助信息中心的相关统计，汶川地震募集的社会捐赠资金中，58.1%流向了只可以接受社会捐赠的政府部门。

在业内人士看来，芦山地震救灾真正具有深远意义的，正是来自政府的决心。在芦山地震中，一些公信力较好的基金会呈强势发展，打破了政府、红会和慈善会三大获捐平台垄断的局面。公众以及社会组织的成长成为推动此次变革的重要力量，中国公益捐赠资源正面临着洗牌和格局重构。

联合成为主流

在芦山，民间救灾力量不再是各自为战，而是从一开始就联合行动。如深圳壹基金公益基金会与28家民间机构一同在雅安建立的“民间联合救灾工作站”、以成都本土几十家草根NGO为主成立的“成都公益组织4·20联合救援行动”（简称“4·20联合救援”）、170多家NGO加入成立的“华夏公益四川雅安联合救灾”，以及NGO备灾中心、重庆公益组织联合救灾小组等。

以震后迅速成立的“4·20联合救援”为例，4月20日地震当天，成都云公益发展促进会、成都根与芽环境交流中心、北京地球村成都乐和社区服务中心等14家公益组织发起成立“4·20联合救援”并达成共识：“以实际行动推动促进灾区救援和重建中的社会协同、公众参与。协助政府、协力灾区；有序参与、有效服务；资源共享、平等合作；各尽其能、各得其所。”

第一组4·20联合救援成员于当天赶赴灾区。随后，壹基金救灾联盟、南都公益基金会、乐施会、凤凰网公益、北京红枫妇女心理咨询服务中心、广东启创社工服务中心等全国各地的公益组织陆续加入。至4月28日，4·20联合救援成员伙伴机构达到68家。

截至5月2日，4·20联合救援仅参与后方支持工作的志愿者就超过1500

余人次；在芦山县成立村级工作站 4 个；根据灾区需求定向发出物资 38 车……

社会组织一线救灾联盟的背后，也链接着学界、企业、基金会等多方资源的支持和联合的探索。中国红十字会、北京师范大学、4·20 联合救援及南都公益基金会一起发起了“4·20 中国社会组织灾害应对平台”。2013 年 4 月 28 日，在雅安还成立了由中国青少年发展基金会、中国扶贫基金会、深圳壹基金公益基金会、南都公益基金会、腾讯公益慈善基金联合四川雅安社会组织与志愿者服务中心、北京师范大学等机构发起的基金会救灾协调会。此外，还有 42 家基金会发起雅安救灾自律联盟以实现救灾过程中的社会组织行业自律和社会监督。

在后方，各种支援力量也在联合。如在广东省，千禾社区基金会等组织组成粤界公益联盟，以各种方式给前方救援队伍以物质和精神支持。政府力量、商业力量、公民社会力量共同介入和参与的有机立体救灾模式正在形成和完善。

一个非常显著的特征是，在芦山地震救灾过程中，社会组织表现出一种互相协作、联合行动的主流趋势。其实，早在汶川地震救灾期间，社会组织的联合已经出现，但尚未形成主要力量。从汶川到芦山，社会组织联合救灾的主体更加多元化、模式更加多样化、规模更加扩大化、能力更加专业化。

联合的力量

从 2008 到 2013 年，中国救灾体系接连迎接大考，而在灾后救援的制度构建上，在动员和发挥公益组织和民间力量参与灾后救援和重建的实践中，中国在不断反思，也在不断进步。

2008 年以前的中国救灾历史，基本是政府单一主导的救灾体制。2008 年汶川地震，民间首次展开大规模志愿救灾行动，使得政府的救灾得到了多方面的配合，也促使中国进入“公益元年”。政府单一救灾的行政模型向政府与民间救灾互相支持与配合的复合模型转变。而随着政府对社会力量不断开放的姿态和政策的扶持，一个政府与民间共赢的良性互动模式正在形成。

在灾后救援的第一阶段，作为民间机构，更多的是参与和配合，以及监督援助资金和物资的使用。而这些经验的获取，在5年前的汶川地震时算是开始起步，到3年前的玉树地震时已基本成熟，芦山地震促成民间救灾的应急与联合机制成型。①

联合可以使资源的配置更加合理，工作更加高效。与此同时，联合的不只是行动，还有管理机制。比如联席会议制、商量对话机制等，形成了公平、公开的合作机制，成为民间公益组织今后参与救灾的借鉴范本。此外，联合还进一步促进了透明度的提升。②

勃兴于汶川地震后民间公益组织迸发出的巨大能量，在芦山震后迅速统筹有致，形成了一股民间救援的合力，尤其是在救灾信息沟通和协调层面显示出强大的作用，成为政府救灾的有力补充。

有人这样评价：民间的特色是机动性，政府的特色是谋定而后动。毫无疑问，民间力量需要与政府一同努力，进一步建设科学、高效的灾害应急救援体系。

① 王振耀：《中国灾难应变与公益五年史》，原载于《中国慈善家》2013年6月，该文作者王振耀系中国公益研究院院长。

② 中国扶贫基金会品牌传播部主任王鹏，《蓟门决策》第22期。

B.15

袁厉害事件　折射儿童福利困境*

摘　要：

一场大火烧出中国儿童福利之殇。“袁厉害事件”是对中国儿童福利制度的一次拷问，同时也是对民间救助力量和政策导向的一次检验。加之后来发生的“南京饿死女婴案”，使儿童福利成为2013年全社会最关注的焦点问题之一。国家须建立完整系统的儿童福利制度，出台《儿童福利法》，承担起应该承担的责任。

关键词：

袁厉害　孤儿　民间收养　儿童救助　儿童福利

2013年1月4日，发生在河南省兰考县一个民间儿童收养院的一场大火，致使7名儿童不幸丧生，也使中国儿童收养救助的制度缺陷暴露在公众面前。我国儿童救助体系严重缺位，儿童福利缺乏政府兜底的制度设计，民间公益力量尚待扶持和规范。5个多月后，6月21日，南京两名女童饿死家中，再次提醒人们：建立儿童救助体系，完善儿童福利制度设计和政策落实，发展社会服务已刻不容缓。

一场震动全国的火灾

2013年1月4日清晨8时许，河南兰考县一个收养孤儿和弃婴的私人场所发生火灾，“爱心妈妈”袁厉害收养的孩童中7人不幸丧生。起火地点为兰

---

* 初稿作者孙增平，北京大学社会学系社会工作研究生；第二、第三稿作者刘丽波，北京师范大学中国公益研究院合作发展部副主任。

考人袁厉害家，在经过现场调查与勘验后，认定这起火灾的起火部位位于袁厉害住宅的一楼客厅内，起火原因是其住宅内的儿童因缺乏安全意识玩火所致。媒体常用“袁厉害事件”指代这次火灾。

袁厉害是兰考县的一名村妇，此前一直在当地县人民医院门前摆摊为生。从1986年起，袁厉害收养弃婴超过100名，其中年龄大的已经工作结婚离开，有的被人领养，有的则在被收养后死亡，剩下的则在袁厉害打造的“弃婴王国”里得以存活下来，年龄小的只有几个月。在长达20多年的时间里，政府部门对袁厉害的收养行为持默许态度，但是给予的实质而有力的支持并不多。

直至2013年1月4日火灾发生时，兰考县全县尚无一家儿童福利院。事后，剩下的孤儿们被全部送到开封市儿童福利院，袁厉害也接受警方讯问调查。

火灾发生的次日下午，兰考县召开“1·4”火灾事件新闻通气会。兰考县副县长吴长胜表示，袁厉害自己有子女，没有足够的抚养能力，也没在民政局登记，不符合《收养法》，不具备收养条件，但民政部门鉴于其善举，默许其继续收养。这跟有关部门监管不力、有意放松监管有关，有关部门有着不可推卸的责任。

火灾发生2天后，1月6日，民政部紧急下发通知，要求各地民政部门深刻吸取河南兰考“1·4”火灾事件教训，主动做好对个人和民办机构收留孤儿的管理工作。3天后，1月7日，兰考县政府部门6名官员被停职。5天后，1月9日，民政部回应称，兰考火灾事件暴露了孤儿救助体系存在漏洞。民政部门将从中吸取深刻教训，依法履行职责，主动做好对个人和民办机构收留孤儿的管理，全面提高孤儿收留养育能力。半年后，民政部开始在全国推行“婴儿安全岛”试点工作。

“婴儿安全岛”是收容被遗弃婴儿的保护场所，内设有保温箱等设施，一般由儿童福利院设立。2013年7月26日，民政部办公厅下发通知，要求各地根据实际情况开展“婴儿安全岛”试点工作。之后，包括天津、昆明、内蒙古的乌兰察布、福建的三明等地在内，全国10个省份（自治区/直辖市）先后建成25个婴儿安全岛，成为民政部对儿童福利的一次改革尝试。此外，民政部开始在20个城市试点建立儿童社会保护体系，协调不同部门，整合不同层级的资源，建立一个对困境孩子的发现、监测、报告、转介、处置机制，逐步建立以家庭监护为主体，以社区、学校等有关单位和人员监督为保障，以国家监护为补充的监护制度，便于及时对困境儿童进行救助保护。

袁厉害本人也深陷舆论的风口浪尖：她的收养行为被官方称为“非法收养”；有媒体在事后刊出一篇“多面”袁厉害的报道——称她有骗低保嫌疑，甚至借由“爱心妈妈”获得的威信，从事调解纠纷、协助承包工程等中介工作并从中敛财；而更多的人对她报以同情并为之辩护——这个文盲的农村妇女在20多年的时间里，凭着一己之力挽救了一个又一个被遗弃的小生命，这实在是一件有爱又艰难的慈善义举。

一时间，关于袁厉害收养弃婴举动的功过、政府部门在儿童救助方面的责任、孤儿收养与儿童福利的话题引发了广泛关注和热议。

儿童福利之困

谁来保护那些失去家庭庇护的儿童？政府应该承担怎样的责任？民间儿童收养去向何方？由兰考火灾事件引发的儿童福利话题持续了数月之久。

我国孤儿数量庞大。据爱心无限（Love Without Boundry）组织透露的数据，中国每天有2000名儿童等待被收养，其中有90%的儿童需要医疗服务，这些儿童中很多是有兔唇、心脏病或脊椎肿瘤等疾病的患病儿童。

一面是与日俱增的弃婴，一面是儿童福利制度缺位。至兰考大火发生时，80多万人口的兰考县尚没有一家儿童福利院。“为什么不建呢？”民政局官员回答说：“（儿童福利院）很有必要，但是还没有纳入到县政府优先发展的规划里。”与之形成鲜明对比的是，兰考县财政局却自筹经费2000万建立一座财税服务大厅。而在孤儿救助的硬件设施建设上，兰考县长期处于“欠账”的状态。基层在应对孤儿救助、民间收养行为时还存在监管不力、执行不到位等问题。兰考县民政局对于袁厉害实际收养儿童的数量、已经办理低保的孤儿人数等重要信息都不甚清楚。

兰考只是全国儿童福利现状的一个缩影。兰考火灾后，民间更多的“袁厉害们”通过媒体报道浮出水面。河北有申敏——从1998年开始，家住河北省固安县的申敏与妻子李凤月先后收养了12名弃婴，其中有派出所民政部门送来的，也有直接被遗弃在申敏家门口的，这些孩子都有一定程度的残疾和先天性疾病。广东有张菲——过去20多年间，年过六旬的张菲相继收养了近40个孩子，其中部分孩子患有兔唇、白化病、唐氏综合征，年龄最大的现已25岁，最小的才几个月。还有揭阳紫峰寺的老和尚释耀凯——从1996年开始，释耀凯陆续收留了100余名孤儿残童，目前院里还有56个孩子，其中仅4个孩子肢体健全，其余均为残疾或脑瘫儿童，其中8个生活无法自理。①

《儿童福利法》呼声

“袁厉害事件”是对中国儿童福利制度的一次拷问，同时也是对民间救助力量和政策导向的一次检验，由此引发一系列交锋、思考和政策改良呼声。

儿童福利制度，主要指政府提供的旨在保障儿童安全、改善生活和发展状态的各种服务制度和津贴制度。我国没有完整的儿童福利制度，只是沿袭了计划体制下的民政福利。即国家对进入官办儿童福利院和社会福利院的孤儿实施全免费的照顾，而社会上的孤儿只作为社会救助制度的救助主体，以低保、五保等方式实施一般照顾。孤儿中的残疾、患重病者，没有专门的国家制度施以保障。而在袁厉害抚养的孩子当中，绝大多数属于这一类孩子。

显然，袁厉害及类似事件的背后，是我国在儿童福利制度上不可小窥的缺失。

首先是制度缺失。在残疾儿童的康复与就学、儿童保护与儿童安全等方面并未建立起有效的制度安排；社会提供儿童福利服务的机构发展不足，政府缺乏对儿童发展及其家庭的支持。

其次是管理缺失。我国儿童权益保护工作缺乏独立的儿童福利行政管理机构。在行政管理上，尽管有全国人大内务司法委员会妇女儿童青少年室，国务院妇女儿童工作委员会，分散于各部委内的儿童工作部门如民政部儿童福利处、文化部未成年人文化处、教育部基础教育司、卫生部妇幼保健司等，以及

① 据2013年1月12~13日《北京青年报》、《信息时报》、中新网等媒体报道。

具有一定行政色彩、肩负协助政府管理青少年和儿童事务职能的共青团、妇联组织，但是缺少国家一级的主管儿童福利事务的机构，客观上导致儿童行政管理处于虚化状态。

最后是法律缺失。儿童权利保障立法建设不完善，缺少一部统一的《儿童福利法》。现有的《未成年人保护法》虽有大的概念，但缺乏具体可操作性而难以落实，在法律和制度层面以及操作上都有待于进一步完善；现行的《收养法》很难完全覆盖民间自发收养弃婴、孤儿的权利和义务范围。[①]

北京师范大学中国公益研究院院长王振耀提出，国家应该建立完整系统的儿童福利制度。从孤儿、重残儿童的养护到儿童大病，都需要进行通盘的制度设计，突出国家责任和政府责任。

因为袁厉害事件，社会上关于加快出台《儿童福利法》的呼声日渐强烈。人们希望通过法律保底和制度规范，将袁厉害这类民间收养行为纳入社会救助的大范畴进行规范，全面完善社会福利制度体系。

① 北京师范大学中国公益研究院院长王振耀。

B.16

昆明反PX事件　民间组织联合行动开辟公众环保监督新途径*

摘　要：

2013年5月，云南省昆明市发生了反对PX项目的社会群体事件。之后北京和昆明的四家民间环保公益组织联合行动，通过多方法调查和问责该项目的环境决策过程，为公民理性参与环评行动、形成公众参与环境监督管理的正常程序和机制首次做出了组织化、制度化、法治化的努力。该事件的过程证明民间公益组织是引导公众理性参与环保行动的无可替代的力量。这正是需要引起政府部门和企业部门重视的昆明经验。

关键词：

公益组织　环境群体性事件　中石油安宁炼化项目　PX

2013年5月，昆明市民在两周内，两次以游行“散步”活动，强烈表达反对在昆明安宁新建的中石油炼油配套PX项目。民间公益环保组织联合行动，要求环评报告全文公开和对项目审批进行行政复议，尝试依法解决环境问题争议，理性引导公众的维权意识和维权行动。最终不仅对昆明PX项目的放弃起到了至关重要的作用，也对公众环境监督机制的建设做出了一次有益的探索，为今后同类事件的解决提供了范本。

---

* 初稿作者李波，自然之友理事，美国新校中印研究所访问学者，IUCN-CEESP委员会执委；二稿作者黄伟夫，《中国商界》编辑，中国红十字基金会生命天使基金总干事；三稿由本书主编杨团改定。

昆明 PX 项目引发群体事件

PX 项目即二甲苯化工项目是为炼油厂的深加工配套项目。PX 是对二甲苯的英文简称。这种有机化工合成原料可燃、有毒、有刺激性，高浓度时对中枢系统有麻醉作用。

昆明 PX 项目是中国石油云南石化千万吨炼油项目的下游配套项目。位于距离昆明市区 30 公里的安宁市草铺镇。炼油项目的建设内容包括年产 1000 万吨原油的加工成套工艺装置及与之配套的油品储运、公用工程及辅助工程等设施。在该项目审批过程中，下游产业项目 PX 专项也进入申请审批的程序。

炼油项目的环评报告始于 2009 年，而项目技术可行性研究应该更早，可是项目审批程序和环评报告一直不为昆明公众所知晓。直到 2013 年 2 月，昆明媒体刊发了国家正式批复中石油云南项目，安宁将成西南石油中枢的文章，公众才得知项目获批的消息。这立即引起公众的强烈关注，要求披露该计划中 PX 项目信息的呼声日渐高涨。

3 月 29 日，昆明市政府召开新闻发布会，4 月 18 日，昆明本地环保组织向当地政府和项目园区负责人要求公开环评报告。对此，相关负责人表示，该项目属国家战略，环评报告中的机密部分需要剥离之后才能向公众披露。这个表态引起了更多公众的疑虑。

5 月 4 日下午，近 3000 名昆明市民聚集在昆明市中心的南屏广场，抗议 PX 项目落户昆明，对环评信息不公开表示强烈不满，质疑该项目选址昆明的多重环境风险与水资源禀赋不匹配带来的不确定性。不少目睹或参与抗议的网友，将现场照片通过微博发布出来，由此迅速成为当日热点事件并持续发酵。

5 月 6 日，昆明市负责人回应说，PX 项目只是安宁炼油项目的下游配套项目，目前处于规划阶段，并未确定上马。5 月 10 日，昆明市政府召开新闻发布会，会上昆明市长李文荣和中石油云南公司负责人表示，已经获得国家批准的安宁炼油项目不含 PX 装置、不生产 PX 产品。李市长还承诺，政府将广泛听取社会各界的意见和建议，充分尊重广大群众的意愿，严格按照大多数群众的意愿办事。至于公众关心的 PX 项目，“大多数群众说上，市人民政府就决定上；大多数群众说不上，市人民政府就决定不上”。但是，公众的不满情绪仍难以遏制，之后，昆明又出现了一次市民自发的游行“散步”活动。

显然，在可能涉及重大环境隐患的工程项目从立项到审批的全过程中，公众一直缺席，毫不知情，直到突然公布项目让公众措手不及甚至求告无门才是引发昆明反 PX 事件的主因。

昆明 PX 事件背景

2012~2013 年，四川什邡、江苏南通和宁波、广东江门、福建漳州、山东青岛、上海松江、江苏江宁等地，相继发生了环境群体事件和重大污染或者爆炸事故。在该类事件中，因 PX 项目而爆发的群体事件是最为突出的一类。

厦门 PX 项目于 2004 年 2 月由国务院批准立项，2006 年 11 月开工建设，原计划 2008 年投产，总投资额 108 亿元人民币。2007 年 3 月，由全国政协委员、厦门大学教授赵玉芬联合 105 名全国政协委员签名发起“关于厦门海沧 PX 项目迁址建议的提案”，认为该项目区离居民区太近，若发生泄漏或爆炸，将导致厦门百万人口面临危险。但该提案并未得到相关部门的重视。同年 5 月起，PX 项目与环境污染的相关信息在厦门市民中流传，6 月 1~2 日两天，数千名市民以“散步”的名义上街游行，要求厦门市政府终止该计划。6 月 7 日，国家环保总局就厦门 PX 项目进行总体规划环评，认为该项目选址不合理，并于 12 月 5 日对外公布该环评报告。12 月 13 日，厦门市政府针对 PX 项目召开市民座谈会，与会的市民代表中，绝大多数明确表示反对该项目建设。2008 年 12 月 16 日，福建省政府根据总体环评、民意调查结果，决定迁建 PX 项目。

位于大连金州开发区的福佳 PX 项目于 2007 年 10 月开始施工，2009 年 6 月 21 日正式运营。2011 年 8 月 8 日上午，受台风影响，海水冲击致使 PX 工厂的堤坝出现两段垮塌，在当地引发恐慌。8 月 14 日，约有 12000 多名大连市民到大连市政府门前集会，要求政府将该项目搬出大连。8 月 14 日下午，大连市政府做出决定，福佳大化 PX 项目停产并搬迁，示威活动逐渐平息。

镇海炼化一体化扩建项目（包括配套的 PX）位于宁波石化经济技术开发

区内，总投资约 558.73 亿元，是国家生产力布局重点战略项目。项目建成后，镇海炼化将成为全国乃至全亚洲最大的综合炼油石化企业。从 2012 年 10 月初开始，镇海炼化一体化扩建项目区周边的部分村民，就 PX 项目落户后的环保及搬迁问题到镇海区政府信访，引起市区市民对该项目的关注，并引发市区居民的群体抗议事件，甚至出现部分群众冲击国家机关的现象。2012 年 10 月 28 日，宁波市政府明确宣布坚决不上 PX 项目。炼化一体化项目前期工作停止推进。

从厦门、大连、宁波相继发生由 PX 项目引发的大规模群体事件可以看出，PX 项目可能引起严重污染，不宜在生活地域附近建设，已经成为公众共识。这就是昆明市民为何对处于规划阶段的 PX 项目发起抗议行动的原因。同时，多地集中爆发反 PX 事件也是一个重要标志，即中国经济改革开放的政策开始从不计代价，牺牲环境、快速发展，过渡到必须考虑公众环境利益多元化表达的阶段。

民间公益组织联合行动参与环保监督

2013 年 4 月 18 日，云南省大众流域管理研究及推广中心（绿色流域）这个当地的环保组织，就对安宁石化项目进行了首次现场调查，并提出在项目推进中，中石化和政府的信息披露都不充分，且没有建立与公众进行信息沟通的渠道。

5 月份昆明市民两次上街“散步”之后，一批公益组织深感如果不希望重复以往各地反 PX 的老路，就要认真思考、另辟蹊径。

我国的经济与社会发展走到现在，环境问题越来越突出，非常需要公众去推动政府和企业做出改变。尽管我国的环保法规定，公民和其他组织对环境污染的情况有检举权和控告权，但是仅仅停留在宏观表述上，没有具体规定来保障公民的这种权利。而要让公民的这个检举权和控告权落到实处，落实公民的知情权显然是前提条件。

公众不了解建设项目可能存在的环境隐患，即便参与环保行动也是随大流、非理性的，而要了解，就需要打开公众获取信息的社会渠道。信息公开要申请，向哪里申请？哪个部门能获取哪类信息目前没有明确规定，也没有公示。还有申请表如何填写？对披露的信息如何解读？对于政府已经批准但是有关键疑点的项目能不能提起行政复议甚至行政诉讼？这些在没有明确规定和专业帮助之前都成为阻碍公众参与环保监管的障碍。加上目前政府对公众申请的信息有效回复率十分有限，就更加阻挡了公众获取信息和参与环保行动的热忱。

要改变现状，要突破大闹大解决、不闹不解决、零和博弈的中国式环境群体事件解决方式的老路，就需要发起一场社会性学习运动，并在具体渠道和方式方法上下功夫，以此推动公众理性参与环保监管。于是，联合起来寻找新途径的想法萌发了，新途径在集体讨论中孕育成熟了。一个各地民间环保公益组织及科技界、研究界一批学者共同参与的松散平台形成了。大家公推四家民间环保公益机构——北京市朝阳区自然之友环境研究所、北京市丰台区源头爱好者环境研究所（自然大学）、北京市公众环境研究中心、云南省大众流域管理研究及推广中心（绿色流域）联合介入昆明反 PX 的群体事件，找寻新的解决之道。

四家联合小组把联合行动的目标定位于以信息公开为重心，以多种方式推动公众参与环境监督管理的机制建设，同时探讨环保组织在环境冲突和环境决策中的创新作用。他们共同议定了详细的行动与产出计划，并根据这个计划做了大量的工作。

第一步是申请获得该项目环境评估报告全本和相关资料。公众与环境研究中心向昆明市环保局提交申请后，6 月 25 日下午，昆明市环保局做出回复。该回复只针对炼油项目给出环评报告的主要内容链接。6 月底，多位公民申请到了项目环评全本。

第二步是对环评报告予以公开广泛的传播并邀请专业人士进行报告解读。经过公民志愿者和环保组织运用网络载体进行合作，该环评报告全本很快上传至自然之友、公众环境研究中心、自然大学和绿色流域的网页，供公众下载和学习。四家联合小组还在昆明和北京两地，举行了多场有关石化环评报告的讲座和研讨会，对环评报告进行专业解析。

第三步是针对环评报告的关键疑点要求行政复议。在昆明，公益组织对昆明和云南省的多家政府部门进行了实地拜访，直接就环评报告中的具体审批程序求证政府机构人员。但是并未得到合理、清晰的解释。7 月 2 日起，四家联合小组针对环评报告中的疑点，分三个批次向国家环保部提起行政复议。复议的主要诉求是撤销环境保护部关于这个项目的环境影响报告书的批复，责令中石油停止涉案项目的建设，重新编写环评报告。联合小组尤其强调，环保部在编写环评报告的过程中，应十分重视与项目息息相关的公众参与，广泛、深入地征求公众意见。7 月 30 号，环保组织还发起了“万人签名呼吁中石油停止云南项目”的行动，引起社会广泛关注。自 8 ~ 12 月，他们以各种形式对相关政府部门、中石油天然气股份有限公司等机构连续发出行政复议申请材料或行政诉讼，要求政府介入该事件。8 月 22 日，环保部政策法规司向环保组织回函，认为环保组织与该项目没有利害关系，因此不受理此行政复议的申请。不过，在北京和昆明两地的行政诉讼案成功立案。

就在四家联合小组介入环评报告弊病期间，从 2013 年 8 月到年底，连续爆出中石油顶层的惊人弊案。四位现任高管和一位已经调离中石油高层，就任国资委主任和中央委员的高官相继落马，而且弊案仍然在不断发酵。其中媒体报道中提到，中石油在重庆等地建设的几个炼油厂所需的原油都需要从外地，甚至是境外运来，成本巨大。而重庆的原油与昆明安宁的炼化厂使用的原油极有可能是同一个来源。究竟昆明安宁的石化项目在决策过程中是否违反市场和资源价格的规律盲目上马尚不得而知。但是，这次中石油的弊案再次提醒社会，不受监督的国有企业会伤害国家利益。大型国企的项目审批和上马绝不能随意披上国家利益的外衣，而免于生态环境和社会负面影响的严格考察与论证。

据 21 世纪网报道，中石油总部已决定云南昆明石化的投产时间较原计划推后 2 ~4 年。无论延期投产的原因如何，民间公益组织推动公众参与环境监管、以期促成更健康的环境决策和更和谐的社会建设是无须质疑的。公众参与环保监管的行动仍在持续中。

建立公众参与的环境监管机制任重道远

近年来，在全国信访总量、集体上访量、群体性事件发生量下降的情况下，环境信访量和群体事件发生量却以每年30%以上的速度上升。在众多环境挑战面前，因开发项目引起自然资源破坏、环境污染和公共健康损害，进而导致的社会群体性冲突事件，已经成为一个具有代表性和普遍性的社会维稳课题。要解决好这类人民内部的矛盾冲突，最为关键的就是让公众成为环境保护的主体力量，建立公众参与环境监督管理的正常机制，给予公众充分的知情权，让公众有机会通过正常渠道表达自己的意见。

当各地的环保群体事件从发生到收场几乎沿袭同一路径，最终以政府迫于公众压力不得已取消相关项目的同时，昆明事件的发展历程却很不一样。四家环保组织和一批学者联合介入，通过多方法调查和问责该项目的环境决策过程，为公民理性参与环评行动、形成公众参与环境监督管理的正常程序和机制首次做出了组织化、制度化、法治化的努力。

据悉，历经全国人大三次审议并将破例进行四审的环境保护法修订草案将于2014年出台。修订后的环保法加大了对环境违法行为的惩治力度，扩大了公益诉讼主体范围，将保护公众监督环保的积极性、形成遏制和制裁环境污染的社会氛围提到新的高度。

显然，依法解决环境问题争议和达成政社共识，避免非理性维权给全社会造成无法弥补的伤害是我国社会建设和社会治理的重大主题。尽管未来的探索之路还很漫长，不过，昆明反PX事件的过程起码证明了民间公益团体是引导公众理性参与环保监管行动无可替代的力量。这，正是需要引起政府部门和企业部门重视的昆明经验。

B.17

百家NGO评价基金会以榜单促平等互信*

摘　要：

2013年年末，由5家公益组织联合发起，100多家NGO参与的中国基金会评价榜发布。这是我国首个NGO针对基金会的评价榜单，对于推动基金会加强与草根组织合作有重要意义。

关键词：

NGO　基金会　评价榜　首个　互信　合作

2013年11月，中国基金会评价榜（2013）正式发布。一个月后，该评价榜荣获由《南方都市报》主办的“责任中国”公益盛典年度“公益行动奖”。

中国基金会评价榜是由爱聚公益创新机构（多背一公斤）、罕见病发展中心（CORD）、乐龄合作社、社会资源研究所（SRI）、新公民计划五家民间公益组织于2013年联合发起的一项倡导活动，首次基于民间公益组织的视角，大规模对境内外基金会和资助方进行评价，将基金会与NGO的合作关系摆在公众面前，引发了公益行业、媒体和公众的广泛思考和讨论。

首个NGO评价基金会的榜单

2013年11月11日，中国基金会评价榜（2013）发布会在北京举行。会上，举办方发布了“中国基金会评价榜（2013）报告”，并正式揭晓了获得本

* 初稿作者刘涛，社会资源研究所研究员；第二、第三稿作者刘丽波，北京师范大学中国公益研究院合作发展部副主任。

年度“金桔奖”的10名境内外机构名单。

评价榜活动于2013年7月正式启动。经过一个月的讨论，五家发起机构确定了平等合作、行政支持、资源共建、权变管理、恰当干预等民间公益组织普遍关心的五个方面指标，这五方面的指标也是基金会评价榜想要倡导的五个方向，即资助方在合作前后和合作过程中是否对民间组织保持尊重；资助方是否为民间组织提供维持民间组织运营和发展的行政费用和发展资金；资助方是否为民间组织引介外部其他资源；资助方是否对合作内容和形式保持适度的弹性，以适应多变的现实情况；资助方是否对合作事项保持适当关心的同时，既不过度干预，也不撒手不管。

2013年8月，主办方发起了评价榜的首个调研活动——“百家NGO眼中的基金会”。调研以中国发展简报《中国公益组织名录》为基础数据，随机抽取了150家本土NGO并邮件邀请其对近三年内的资助方展开评价。

每家被调研的NGO被要求做两件事：一是列举从2010年1月1日到调研为止，所有与其有资金支持关系的基金会或资助方名单；二是对这些资助过他们的机构做主观评价。评价内容涉及上述五个指标以及“总体满意度”。

在五家机构通力协作下，问卷调研工作在10月完成。最终有109家机构填写问卷，其中有效问卷103份，顺利完成了预定调研百家NGO的目标。共有22家基金会获得超过5家及以上的NGO评价，其中境内14家，境外8家。

出于数据的可比性，评价榜只对获得5家及以上NGO反馈的基金会进行评价，按分值高低进行排列，据此产生总榜单和分榜单。

根据总榜单，主办方为分列评价榜境内外前5名的机构颁发了竖起大拇指标志的水晶奖杯，并将之命名为“金桔奖”。其中境外获奖机构为：洛克菲勒兄弟基金会、福特基金会、社区伙伴、全球绿色资助基金、米索尔；境内获奖机构为：广东省千禾社区公益基金会、北京西部阳光基金会、南都公益基金会、中国扶贫基金会、心平公益基金会。

发布会上，主办方用“梦游”和“完败”来描述NGO的境遇，用“充电宝”和“红娘”来表达对基金会的期盼。根据评价榜发布会发布的报告，接受调研的103家民间公益组织，过去三年获得50家境内基金会的支持。这一数字仅占当时全国基金会总数 3417 家①的 1.5%。值得注意的是，这一表述是针对调研样本而言，不是针对所有民间公益组织。考虑到参与调研的大多数是较为活跃的 NGO，实际上，草根组织获得的基金会资助可能更少。

为鼓励更多资助方加入支持中国民间公益组织行列中来，主办方在报告附录部分列出了所有被提到的 148 家境内外资助方名单（其中境内 50 家，境外 98 家），以赞赏他们资助中国民间公益组织的行为。

榜单背后的诉求表达

中国基金会评价榜是中国 NGO 首次对基金会进行大规模的公开评价，并给予奖项鼓励。这被视为中国民间 NGO 争取平等地位，建立互信、合作的积极行动。

基金会和 NGO 是公益领域不可或缺的两个主体，对于公益生态圈良性发展而言，除了要促进双方各自发展壮大之外，很重要的一点在于促进双方的互信合作。但由于基金会掌握资源，处在公益生态链上游，加之民间公益组织缺乏生存资源，使得基金会在双方关系中占据优势地位。

根据第四届中国非公募基金会发展论坛的数据，资助草根组织的非公募基金会仅占 8.9%，而在非公募基金会所支出的资金当中，62.9% 被赠予高校等事业单位，6.5% 被用于资助政府机关，用在草根组织身上的资金非常少。在此背景下，通过引入第三方评价来促进双方的沟通与合作，显得尤为重要。

正是基于这些考虑，平时关系就比较密切的爱聚公益创新机构（多背一公斤）、罕见病发展中心（CORD）、乐龄合作社、社会资源研究所（SRI）、新公民计划五家机构负责人决定采取一项联合评价行动，以推动基金会与 NGO 建立互信合作的关系，倡导更多基金会资助民间公益组织。

首届基金会评价榜取得了较大的反响，获得草根组织、基金会以及社会公众的广泛好评，媒体也进行了广泛报道。对于草根组织而言，评价榜被视为“集体发声，平等对话”的典范，是“草根组织对基金会的一次漂亮逆袭”；

---

① 据基金会中心网数据，截至 2013 年 10 月 31 日，全国共有基金会的数量是 3417 家。

对基金会而言，这是一次难得的对基金会资助理念和专业能力的反思机会。榜单公布后，主办方也收到不少基金会的反馈，主动了解各自得分情况。这也初步实现了评价榜期待达成促进基金会与NGO之间建立良好合作关系的初衷。

在随后举办的第五届中国非公募基金会发展论坛上，评价榜的主办方与论坛组委会合作，邀请基金会和NGO举办了一场题为“我们需要怎样的基金会—NGO合作关系”的分论坛。基金会与NGO的合作关系再次成为与会者谈论讨论的焦点，该分论坛也成为同期最火爆的一场。

新关系的建立

一直以来，多见基金会评价并表彰NGO，此番，百家NGO反过来评价并表彰基金会，在国内尚属首次。在很多人看来，中国基金会评价榜与其说是表彰，不如说是激励和呼吁基金会提升支持民间公益组织的积极性和资助行为的有效性。

站在公益行业发展和构建良好产业链的角度，要推进基金会与NGO的互信合作，需要改变现有不合理的资源配置结构。这需要两方面的变革：首先是基金会的转型，向资助型、扶持型转型，用更多资源支持民间组织；其次是以政策支持提升民间组织能力，使其能够多渠道募集资源。而随着双方资源结构的变化，两者的合作关系又会发生新的变化。

实际上，通过评价榜表彰先进，客观上已经对基金会形成了一定外部压力。中国基金会评价榜的出现，为我们提供了一种以第三方的身份推动基金会转型的可能。

B.18

救助公益人马克 公益界成立首个自救基金*

摘　要：

2013 年 9 月起，一场针对公益人马克的救助行动取得巨大成功，并进一步引发公益人对自身生存状况的思考。这场公益人的自救行动，直接催生了以帮扶救助遭遇困难的公益人为宗旨的“恩久关爱基金”的诞生，这是中国公益人在自我保护、促进行业可持续发展方面的一个制度性探索。

关键词：

公益人　自救　互助　权益保障　基金

2013 年 9 月起，一场救助公益人马克（真名祝启武）的爱心行动，牵动了中国公益界的神经。投身公益领域 11 年的马克突发重病，而他却无钱医治。公益伙伴们发起了“救助马克”的爱心行动，引起社会的强烈反响，最终社会各界为他捐款 130 余万元。而这场公益人的自救行动，也直接催生了“恩久关爱基金”的诞生——中国首个以帮扶、救助公益领域从业人员为目的的公益基金。

独立公益人马克罹患重病

马克，即祝启武，广西资深独立公益人，积极投身公益慈善工作 11 年。因为他的英文名字叫马克，因此孩子们都亲切地称呼他为“马克叔叔”。

---

* 作者黄伟夫，中国商界杂志社记者、中国红十字基金会生命天使基金总干事。

2002 年 8 月，马克加入爱加倍基金会，一家创立于美国田纳西州的民间慈善机构，开展助养孤儿的工作，并由此开始了自己的公益之路。此时的马克与很多公益人一样，只有不高的收入，并且没有五险一金。这种情况下，马克在云南省昭通市永善县，与地方政府紧密合作，助养了 110 多名孤儿。此后马克又在河南驻马店、湖南邵阳、安徽阜阳、江西萍乡、广西百色崇左等地参与领导孤儿助养项目，与政府合作将福利机构的废旧学校改造为孤儿院，并担任多家孤儿院的管理及筹款工作。

此后，马克离开了爱加倍基金会。作为独立的公益人，马克通过与壹基金、明日基金会等公益机构合作的方式，参与领导公益项目。其间马克曾短暂买过商业医疗保险，但没有持续下来。

2013 年 4 月，马克开始筹建自己的广西青少年单车营，组织学生“骑行”，用公益户外行动来帮助青少年，特别是孤儿、留守儿童的健康、快乐成长。马克在骑行活动中，加入环保教育、自然体验、乡土乡情教育等内容，使得骑行活动成为“单车大学”，让孩子们在欢乐之中，不知不觉也接受公民社会教育。

2013 年 8 月，马克带领十多位青少年学生与志愿者，从广西天等县关爱中心骑行到北海市，并沿途为 5 个麻风康复村的老人送爱心。骑行活动刚结束，马克的身体便出现不适反应。9 月 5 日，马克出现难以讲话、发烧等症状，前往诊所打吊针却始终不见好转，医生建议住院治疗。当晚，他的公益伙伴黄益杰陪同他到广西中医药大学第一附属医院住院治疗，病情依然不见好转。7 日早上，马克突然出现呼吸困难、高烧、休克等症状，并发生心搏骤停等状况，后虽经抢救恢复心跳，但仍陷入深度昏迷状态。后确诊为过度疲劳导致的多功能衰竭引发并发症。

当了解到马克的公益人身份后，在医疗费用尚未到位的情况下，医院开设绿色通道，将马克紧急转入 ICU（重症加强护理病房）进行气管插管、血透等手术积极抢救。但马克依然面临着巨额的医疗费用（当时医生预估为四五十万元人民币），而马克却因投身公益，收入一直不高，积蓄非常少。巨额的治疗费，对马克来说，成为一道无法逾越的鸿沟。

一直帮助别人的人，此刻需要别人的帮助。

“爱马克”行动

2013年9月7日上午9时多，马克的大姐接到了马克病危电话。大姐连忙与70多岁的老父亲一起赶往南宁。赶到医院，他们在重症室看到的马克，情况非常不乐观——马克没有意识，手脚冰冷。而横在他们面前的更严峻的挑战是，如何筹措到巨额的医疗费。马克家里条件艰苦，父亲70高龄还要靠种地养家，母亲身体一直不好，兄弟姐妹们也都不宽裕。看着生命垂危的马克，他们一时间不知所措。

这时，马克的公益伙伴和朋友们站了出来，为他凑了1万余元的治疗费用。但他们知道，这点钱只是杯水车薪。马克遭此不幸，公益伙伴们感同身受。最终，大家决定用公益的方式，为马克搞一次募款行动。2013年9月7日，10家曾与马克合作、共同开展过公益活动的广西公益组织，共同发起成立了“爱马克小组”（亦称“爱马克支持团队”），合力拯救战友。

“爱马克小组”成立之后，立即高速运转起来。当天，小组即发出《为爱加油——为公益人马克募捐的紧急呼吁信》，呼吁社会各界关心、帮助马克。小组建立了多渠道、立体的传播渠道，通过微博、微信、报纸、广播、电视等途经，为马克募捐。

凭借着良好的媒体资源与项目运行经验，救助行动迅速引起社会各界的积极关注。马克帮助过的人们，麻风病村的老人、孤儿院的孩子，以及无数的陌生人，纷纷向马克捐款。广西福彩公益金、新浪公益、腾讯公益、壹基金、爱德基金会等机构也纷纷伸出援手，或捐款资助，或开通捐助渠道。这一刻，帮助别人的人，成为大家爱心汇聚的对象。

募捐仅3天时间，社会各界便为马克捐献款项超过20万元。

被马克的事迹所感动的，还有马克所在的医院。他们不但在马克医疗费用尚未到位的情况下，先行开通ICU绿色通道进行急救，医院的医护人员更是自发地为马克捐款。

“马克苏醒了，马克能写字了，马克能说话了，马克能站起来了，马克能走路了……”在微博上、微信群里、论坛里，人们更是时时刻刻关注着他的一举一动。同时，“爱马克小组”每天发布两条募款信息，将募款情况及时通告大家。

最终，救助马克行动创造了爱心奇迹。9 月 19 日，“爱马克支持团队”在马克及家人的支持下宣布，社会各界为马克捐款超过百万，业已超出募款的目标以及可预期的马克治疗所需，募款行动圆满结束。在善款的支持下，马克苏醒过来，身体也逐渐康复。

12 月 9 日下午，“爱马克支持团队”在广西中医一附院召开答谢会。答谢会上，团队将马克生病以来收到的捐款向社会公示。公示显示，善款共计 1112 笔，合计 1286792. 90 元人民币。截至 11 月 30 日，马克住院治疗费用合计 614829. 86 元人民币，尚余 671963. 04 元人民币。马克将于 12 月底出院，但之后仍需休养康复 1 ~2 年。善款除了支付马克医疗费用之外，剩余善款将转给爱德基金会恩久基金，用于公益人的紧急救助。

促生“恩久关爱”行业自救基金

在救助马克的行动中，爱德基金会的表现尤为引人关注。“不能让公益人倒在这条自己曾经为之奉献的公益路上。”得知马克的情况后，爱德基金会副董事长兼秘书长丘仲辉决定以此为契机，成立专项基金，来帮助遭受大病等意外困难的公益领域从业人员。9 月 9 日，在北京恩玖信息咨询中心的支持下，爱德基金会“恩久关爱基金”在南京正式成立，这是国内首个以“为公益组织从业人员在自身和家庭遭遇突发事件或特殊困难时提供帮助”为宗旨的专项基金。

随着中国公益事业的发展，公益组织如雨后春笋般涌现，公益领域从业人员快速增加。相关统计数据显示，截至 2012 年年底，在民政部门登记注册的各类社会组织数量由 2005 年年底的 31 万个增加到 49. 9 万个，吸纳社会各类人员就业 613. 3 万人。其中，基金会数量从 975 个增加到 3029 个。[①] 除此之外，还有不少其他社会组织也将公益慈善作为服务宗旨。公益领域从业人员，

---

① 据民政部《2012 年社会服务发展统计公报》。

已经成为一个庞大的群体。

马克突遭大病，他是不幸的；但他又是幸运的，他得到了社会各界，尤其是公益界的广泛关注与支持，募得了足够的医疗费用。救助马克，显示出中国公益人，开始有了业界意识。

凡有人处，必有生老病死。像马克这样的突遭困难的人，在公益领域也非个例。有的公益人在灾害救援时遭遇险境，有的公益人出差期间遇上车祸，有的公益人因长久的劳累而病倒不起。公益人常常为了帮助他人而辛劳着，而他们自己深陷困境的时候，却少有人能够像马克一样得到足够的救助与支持。丘仲辉指出，公益这个行业本身就比较穷，不少公益从业人员，尤其是草根组织的从业人员，没有任何的社会保障，公益机构自身也鲜有能力去解决员工的困难。2010 年南都公益基金会发布的《中国公益人才发展及需求调研报告》指出，中国约 90% 的 NGO 从业者的月薪在 5000 元以下，18.4% 的 NGO 从业者无固定收入或月薪在 1000 元以下，近 40% 的中国 NGO 组织未给员工提供社会保险，而在提供社会保险的 NGO 中，提供完整五险一金的不到 20%。这严重影响了公益事业的可持续发展。

只有给予公益人足够的保障，才能使他们更坚定地行走在公益之路上，进而更好地帮助弱势人群，推动社会进步。而给予公益人的保障，除了纳入国家和机构的社会保障体系外，也还需要一个常设渠道和机构来提供个案的救助与支持。

也正因为如此，“恩久关爱基金”的成立，更显珍贵。爱德基金会要把恩久基金做成公益界自己的基金，并希望获得各基金会、草根 NGO 的支持，从而实现公益人的自助自救。基金管委会也由公益机构、业内专家及资助方等共同组成，共同制订方案，监督管理，为自己服务。

公益人救助公益人，“恩久关爱基金”是第一支公益从业者的自助基金，在公益从业者社会保障制度尚不完善的当下，该基金的成立成为中国公益人在自我保护、促进行业可持续发展方面的一个制度性探索，也引起社会各界对公益人权益保障的关注，有利于促进公益从业者社会保障制度的建立和完善。

B.19

首个社团法人业委会成立推进社区自治探索*

摘　要：

2013年注定是中国社区治理发展里程中的重要一年。全国首个具有社团法人资格的业主委员会成立，打破了我国现行社区业委会长期不具法人地位的历史，将物业与业主的权责和关系重新界定，具有破冰意义。而北京一小区的一场“百日维新”民主实验，也为中国的社区民主自治之路提供了难得的参考样本。

关键词：

社团法人　业委会　社区自治　民主实验

2013年的3月，浙江省温州市鹿城区南塘五组团小区获得民政局授予的“社团证”和“法人资格代码证”，成为全国首个具有社团法人资格的业主委员会。对于这一破冰之举，国内舆论和相关专家评价颇高，认为这是“温州的一小步，国家的一大步”。

业委会“法人化”

2013年3月8日，浙江省温州市鹿城区南塘五组团小区业主委员会主任金巧娒接过鹿城区民政局颁发的社团证，成为全国第一个取得独立民事主体资

* 初稿作者张杰，原社会创业家杂志编辑；第二、第三稿作者刘丽波，北京师范大学中国公益研究院合作发展部副主任。

格的业委会。自此，业委会获得与物业同等的民事主体资格，真正实现了“自己的家自己管”。

具有法人地位的业委会对于开发商和物业公司都是一种全新姿态，发生纠纷后如果沟通不成则有权诉诸法律。

业委会是现代城市住宅公寓化和物业管理发展过程中出现的一种新型社会组织。20 世纪 90 年代后期，随着我国房改的逐步深入，私人产权房日益增多，业委会的重要性凸显。然而，在我国现行的《物业管理条例》中规定，业主大会是以会议的形式存在，业主委员会是业主大会这种会议形式的执行机构，没有独立的组织机构和财产，并不具备组织的特征。不是法人，就无法独立开立账户，也不能作为诉讼主体。

业委会因缺乏明确的法律地位，致使房改十余年来，都没有一个具有法人地位的业主委员会出现。小区与物业的纠纷往往缺乏法律解决途径，甚至因此矛盾激化。

在温州就有这样的典型案例。2004 年，温州一小区“百名富豪业主向开发商索赔 5000 万”一案就闹得沸沸扬扬，双方之间的争议，源自业主发现开发商擅自将小区俱乐部等公共设施租给他人开酒店，后业委会起诉开发商。最后法院认定，业主委员会在案件中作为原告，“诉讼主体不适格”，不能代表业主提出诉讼。

直至 2012 年 10 月，民政部有关领导到温州考察调研，要求鹿城区民政局加大社会管理创新力度。随后，温州市委市政府出台了《关于加快推进社会组织培育发展的意见》一系列政策文件。2013 年 1 月，民政部、浙江省政府决定共建温州市民政综合改革试验区，探索新形势下发挥民政在社会建设中骨干作用的新机制。为此，鹿城区民政局多次邀请房管部门以及律师、资深物业管理专家等进行专题论证，决定依据我国现行法律法规，对符合成立社团登记条件的小区业主大会准予社团登记，解决其民事主体地位。

经过几个月的调研，鹿城区民政局决定“吃螃蟹”，对符合成立社团登记条件的小区业主大会准予社团登记。经过筛选，条件最成熟的南塘五组团小区成为第一个，不但是温州第一，还成为了全国第一。

可推广的范本

全国首个法人资格业主大会社会组织的成立，是民政部在温州试点的民政综合改革发展试验区取得的重大突破。

而民政部门的锐意改革背后，则缘于国家创新社会管理模式、扩大社区自治内容和范围的顺应时势之举。根据2013年初党的十八届二中全会和十二届全国人大一次会议审议通过的《国务院机构改革和职能转变方案》，行业协会商会类、科技类、公益慈善类、城乡社区服务类等四类社会组织，今后可直接向民政部门申请登记，不再需要业务主管单位审查同意。

第一个法人业委会正逢其时。更有评论认为，在中国出现第一个商品房小区的31年后，终于诞生了第一个被法律承认的业主大会组织，终结了少数人管理多数人的局面，具有跨时代的意义。

伴随着全国媒体的广泛报道，“法人业委会”这个新生词汇很快传遍大江南北。在经过广泛传播和热议之后，人们关注的焦点开始聚焦于温州的破冰之举能否向全国推广。

在温州鹿城区南塘五组团小区业委会取得“社团法人”身份后，鹿城区另外一个小区“嘉鸿花园”小区也获得了社团法人资格。鹿城区根据相关的法律法规修订完善了社团章程，并将结合《社会团体登记管理条例》《物权法》《物业管理条例》等有关法律法规进一步规范财务管理、议事规则、工作规则等制度。

鹿城区政府表示，在运行一段时间后，将组织相关部门、专家进行总结评估，视情况进行推广。温州市民政局民间组织管理局的负责人也透露，如果南塘五组团小区摸索成功，业主大会取得民事主体资格的工作还将在全温州推广。

温州的“试水”让其他城市看到了希望。2013年4月，第七届北京市业主委员会年会召开，与会人数成为历年来最多的一次。会上，百余业委会成员签署联名信，呼吁业主团体应被允许登记为法人。

一场社区自治实验

社区自治的困境当然不只是身份问题，如何搞好自治才是关键。长期以来，中国的社区民主自治一直是“弱中之弱”。

就在温州诞生第一个社团法人业委会的7个月后，2013年10月15日，北京世茂奥临花园小区业主成功中断原业委会连任，推选出代表广大业主利益的新业委会。与以往的被动换届不同，这一次，业主们“主动出击”，依靠自治组织的自主自立实现业委会改选，这在北京乃至全国都不多见。

世茂奥临花园小区是北京市北城的一座高档小区，共约1200户业主，据估算，该小区每月物业费可达2000万元。小区上届业委会成立于2010年7月，成员7人，至2013年7月即满三年任期。根据规定应进行换届选举，重新投票产生新的业委会成员。

业委会的态度是继续连任，并且希望连任六年。但小区业主对于业委会上任以来的工作并不认可，甚至怀疑其中成员有徇私可能，同时质疑业委会环境管理不善、小区不安全、财务不透明、不按规定召开业主大会等四大管理问题。

针对业委会可能存在的问题，世茂奥临花园小区的业主并不接受现任业委会继续连任，而要求重新组织投票选举。而为了消除部分业主可能存在的顾虑，此次维权活动的发起业主表示，自己会避嫌不参加选举。

业主们的民主意识逐渐觉醒。从2013年6月下旬开始，到10月初完成投票，选出新一届业委会和监事会，这期间历经不成功的交流会、成功的竞选演说会以及矛盾的冲突与和解，世茂奥临用了三个多月时间。

这场被业主们称为“百日维新，民主改选”的小区民主自治实验，在北京掀起了不小的涟漪。很多专家学者和媒体记者受邀参与其中进行建议和监督，也使社区自治的话题持续发酵。

在“百日维新”过程中，小区业主和受邀参与的人们，一同见证了一个社区从漠然到相识、从陌生人变成战友的过程，一个大都市里的熟人社会正在养成。

这场实验的更深价值还在于，民主自治从社区开始。通过实践，从依法维权到民主监督，一系列社会规则与规范意识正逐渐植入参与者的心田。这对于社区民主实践经验非常缺乏的我国社区自治而言，无疑是一个难得的参考样本。

远未结束的自治之路

世茂奥临业委会的换届风波并非孤立个案，而是具有相当的普遍性。它反映了现阶段业主群体自身的不成熟，但同时也是业主们维护自己民主权利意识的觉醒。可以预见，今后，这样的维权活动或将成为解决此类业主和业委会或物业公司纠纷的常态。

以北京为例，近年来，北京市物业纠纷案件量大约每年增长20%，小区管理的规范化已成为社区治理的一个重大问题。2010 年，北京市政府推出《北京市物业管理办法》，推崇小区建立业主自治组织，北京的业委会如雨后春笋般冒出来。有关数据显示，在北京市 2000 多个小区中，目前约有 900 个小区业委会。

在业主维权专家、中国人民大学制度分析与公共政策研究中心研究员舒可心看来，如果只是换届选举，把现任的业委会选下去，再上来新的业委会，不做过多的改变，以前出现的问题以后还有可能会出现。因此，规矩很重要，要建立合理规范的体制才是根本。

作为世茂奥临“百日维新”的发起业主之一，一手推动了中国扶贫基金会去行政化改革的该会执行会长何道峰也提倡公开的程序和有效的监督。无疑，对于北京世茂奥临花园小区的业主来说，民主之路才刚刚开始。

而对于刚刚起步的我国现代社区治理来说，2013 年，无论是全国首个具有社团法人资格的业主委员会成立，还是北京世茂奥临花园小区的“百日维新”的民主实验，都是对城市社区自治的有益探索。越来越多的人意识到，作为业主权利的代表，业委会不但需要法定身份的授权，还需要业主民主参与的自我授权。

B.20

民间公益组织基础数据库面世促进公益资源对接*

摘　要：

2013年9月，由三家民间社会组织合力开发的中国民间公益组织基础数据库建成面世，成为解决中国民间公益组织由于缺乏公开、公正的信息平台，与基金会等资助型组织资源难以对接、发展受阻问题的一次有益尝试。

关键词：

民间公益组织　数据库　公开　平台　资源对接

2013年9月，由中山大学中国公益慈善研究院、中国公益2.0、南都公益基金会共同发起的中国民间公益组织基础数据库，经过半年的筹备与开发，正式对外发布。这是我国第一个聚焦民间公益组织的基础信息数据库，该数据库希望搭建起与基金会等资助型组织的信息沟通和资源对接平台，以期解决资助机构找不到资助对象（民间公益组织和项目），而民间公益组织和优秀项目找不到资助机构的“老大难”问题。

截至2013年12月31日，在库“民间公益组织”总量为3602家（含原始数据库和新入库的810家），信息除了机构的基本信息，还包括业务领域、规模及联系人等信息。

数据库的定位

近年来，随着民间公益组织的数量与日俱增，其在国家转型和公共领域参

* 初稿作者周如南，中山大学讲师；第二、第三稿作者刘丽波，北京师范大学中国公益研究院合作发展部副主任。

与方面扮演着日益重要的角色。对国内民间公益组织发展状况进行更全面了解，形成更准确和有效的行业决策和政策倡导，成了行内人士的一个迫切需求。

目前，公益领域已有几个初具规模的行业性数据库。但除了聚焦于基金会的基金会中心网（CFC），其他数据库虽各具特色，但对象边界相对宽泛，不但涵盖国外发起的民间组织，同时囊括了包括基金会在内的各种性质的组织。目前，尚没有一个专门的民间公益组织（不含基金会）数据库。

建立中国民间公益组织基础数据库的构想正是在这样的背景下产生的。中山大学中国公益慈善研究院、中国公益 2.0 和南都基金会三家机构相聚一堂，由研究机构、服务机构与基金会三方共同发起中国民间公益组织基础数据库项目，希望集学术、技术和业界优势于一体，锁定民间公益组织这个对象，力图建立起一个信息完整的行业性基础数据库，进而影响资助方决策，让基金会等资助方更高效地找到合适的资助对象。

6 个月诞生

2013 年 3 月 15 日，三家发起机构召开了第一次讨论会。后经多次共商，中国民间公益组织基础数据库的定位日渐明晰：努力汇总国内民间公益组织的基本信息，做最基础性的工作，成果主要面向业内资助型和研究型机构，提高资助效率与研究质量。

数据库的目标是涵盖国内民间公益组织的基础信息，为行业内资助型组织发展项目、研究型组织开展民间组织研究提供信息支持，希望借此促进资助型组织更有效地与民间公益组织实现资源对接，亦令研究型组织可更全面把握国内民间公益组织的整体发展格局。

对“国内民间公益组织”的界定，该项目组确立了 4 条标准：在中国大陆境内发起，不包括在港、澳、台及海外发起的组织；由中国大陆民间个人/团体自发成立，非官办的组织；致力于公益慈善事业，包括公益性质（帮助社会大众）和互益性质（组织成员互相帮助），不以营利为目的；不论是否注册和注册性质，但不包括基金会。

自4月开始筹备，经过3个月搜集整理，数据库得到一个近3000个组织名称的初始名单。同时，数据收集系统亦开发完成，可进行用户管理、内容录入、复核和数据导出等，并进行了两个月测试。

数据库希望涵盖全国范围的民间公益组织，因此组织数量成了首要目标。考虑到内容过多会阻碍公益组织填写的积极性，因此，数据库仅保留了反映组织最重要特征的内容。9月17日，数据库正式上线接受信息录入。9月21日，项目组在深圳慈展会上正式举行发布会。

数据库的发布引起业界关注和讨论，此外，数据库也进入了官方视野。民政部新闻办官方微博对数据库项目的动态进行了转发，在一定程度上拓展了数据库的宣传广度。

用数据促进资源对接

虽然很多公益组织或个人都肯定了数据库的价值，但在自9月开始的三个月集中推广期中，数据的有效搜集及其准确性一直困扰着工作人员。为吸引公益组织入库，数据库也制定了一系列激励机制，依然收效甚微，入库的公益组织数量增长依然有限。截至2013年12月31日，包括初始整理名单中近3000个组织在内，在库组织总量为3602家。

不仅如此，数据库本身也面临一些疑问和质疑。目前数据库的形式是一个公益组织信息的收录系统，而并非一个组织信息公开展示的平台。入库组织可以查看并修改本组织信息，但无法查看其他组织信息。再者，由于填写的信息简单，有人怀疑这样的数据能否满足资助或研究的需要。此外，在技术层面，也有IT人士指出用户录入体验不好，全封闭数据搜集方式“太学术”。

数据库正根据这些意见不断完善。集中推广期结束后，数据库项目组将根据该阶段的数据收录情况撰写详细的分析报告并免费发送公益组织入库。后续的数据收录流程、开放机制等具体操作问题也已提到议程上来。

虽然起步艰难，但数据的价值已经显现。致力于对接公益资源的数据库，汇集了3602家民间公益组织的基本信息，相当于将这些组织摆上了“展示架”，需要寻找资助对象的基金会等资助机构可以通过数据库进行挑选，向公益资源的供求对接迈出了重要一步。

在此之前，中国的民间公益组织（民办非企业单位）由于缺乏公开、公正的信息平台，与基金会等资助型组织的资源难以对接、发展受阻。汇集了民间公益组织信息的数据库，无疑是解决信息不对称难题的一次有益尝试。当然，如何更有效地对接资源，除了公开的信息，还需要民间公益组织公信力和自身能力的建设。

数据库是个好的开始，但显然，前路依然漫长。

B.21

首支社会价值投资基金设立 金融助力公益*

摘　要：

2013年11月，国内第一支以社会价值为导向的股权投资基金——社会价值投资基金成立，该基金将社会企业的概念运用到商业投资领域，要建设一个包括公益创投基金和商业性产业投资基金在内的组合基金群。力图从战略性公益的视角，发现有长远社会价值的投资机会，通过所投资企业的产品和服务，应对转型期中国社会可持续发展的需求和挑战。

关键词：

社会价值　基金　天使投资　社会创新　金融属性　社会企业

2013年11月16日，国内第一支以社会价值为导向的股权投资基金——社会价值投资基金在深圳发起，该基金由友成企业家扶贫基金会、气候组织、绿色创新实验室共同设立，是国内首支社会价值投资基金。该基金系中国第一个带有金融属性的社会投资平台，首倡投资领域的社会创新和商业支持公益、公益融合商业的新理念。并从战略性公益的视角，发现有长远社会价值的投资机会，通过所投资企业的产品和服务，应对转型期中国社会可持续发展的需求和挑战。基金首轮计划募资额为5亿元。

社会价值投资基金由来

追溯社会价值投资基金的由来，与其发起者之一，友成企业家扶贫基金会

---

* 作者宋宗合，《社会福利》杂志总编助理。

（以下简称友成）的成长不无关系。

2007 年，初始命名为“中国社会企业家基金会（China Social Entrepreneur Foundation）”的友成获批成立，这家国内首个由中国大陆、香港和台湾的著名企业家共同发起的基金会先天具备了国际发展经验，从基金会运营甫始，就创造性地提出了类似于商业投资中的天使投资、风险投资和股权投资的“参与式资助”的概念和模式，特别是强调通过对种子期与初创期的公益组织和“社会企业”进行类似天使投资的“新公益创投”，发现和支持新公益领袖。

2007～2013 年，友成在新公益创投的道路上一直在摸索。其间形成了自我特色的公益创投模式。比如公益创投也会借鉴商业领域天使投资的方式，投入资金和智力等非资金支持，所不同的是公益天使的回报强调解决社会问题的社会组织财务可持续和社会影响力可持续，而不是商业天使倍增的财务回报。

2009 年，友成设立“友成优秀社会企业奖”，成为国内最早支持社会企业创业的机构，以每家机构 5 万元的资助额度支持了采桑子、花旦工作室、科学松鼠会等 26 家机构，培育了中国第一批社会企业家。2011 年，友成又开发设立“友成咖啡”和“小鹰计划”。其中“友成咖啡”项目与北京大学合作社会企业创业学分课，启蒙大学生的社会企业家精神，在培养创业能力的基础上，倡导关注和解决社会问题。“小鹰计划”则旨在让青年在一年全职的基层实践中磨砺意志、发现自我、增强公益及社会企业家精神，并培养基层工作与社会协作能力，成长为具公益视角的跨界领袖型人才。截至 2013 年年底，友成以推动社会创新为目的，以类似于天使投资的方式发现和支持新公益领袖，搭建社会创新的网络支持平台，累计公益支出 1.52 亿元，资助各类社会组织和社会企业总计 148 个。

正是基于这样的背景，友成总结了国际上关于社会影响力投资、社会责任投资、绿色信贷等概念和模式，并结合中国社会企业发展现状，大胆尝试将社会企业的理念及其交叉补贴的业务模式引入商业投资领域，提出成立“社会价值投资基金”（Social Impact Fund，简称 SIF）的设想，并在 2013 年年底联合气候组织、绿色创新实验室共同发起。

建设中的基金

2013 年 11 月 16 日社会价值投资基金发布会后，立即获得各方的高度认同。深圳市长许勤称“这是目前投向的一个创新点”，给予了积极的评价，并热情邀请该基金落户深圳。深创投董事长靳海涛从投资家的视角对社会价值投资基金给予了极大的肯定和积极的建议，强调“着眼于长远的社会价值才更有可能获得长远的巨大的商业价值”。友成基金会理事、著名财经评论员、社会价值投资基金筹委会发言人吴伯凡强调，“社会价值投资是真正的智慧投资”。

在三家发起者的共同推动下，将于 2014 年第一季度完成首批基石投资者确认，并签署《基金设立协议》，随即组建基金管理团队，择地注册投资基金管理公司。预计 2014 年年底之前完成搭建跨越欧洲、北美和以色列等地的全球合作伙伴网络，并完成首轮募资。社会价值投资基金首轮计划募资额为 5 亿元。

该基金将通过均衡的商业运作实现社会价值。即投资与经济、社会、环境相统一，实现以人为本的社会公共价值与市场商业价值的双赢。考虑到当下情况，该基金初期的投资方向将首先考虑那些对国内社会发展需求最迫切、挑战最严峻的领域，例如环境、食品安全、健康与老龄化以及文教创意产业等。

基金的募集将吸纳有公益情怀和成功经验的投资人。目前已确认的首批基石投资者包括友成基金会发起人、副理事长，中国台湾富兰克林坦伯顿基金管理公司创始人、董事长，吉富集团有限公司董事总经理刘吉人先生，成美基金会创始人、理事长，第一投资招商股份有限公司董事长蒋会成先生等。

基金将通过投资参股于欧洲、北美、以色列等地的研究机构、风险投资基金和创新型企业的方式，以优秀的知识产权管理和运营整合国内所需的科技创新资源，和国内的商业机构及社会公益组织相结合，重点培育一批面向创新领域的投资项目。

基金还将与社会公益组织协同，通过支持例如 Youth Lead You Change 系列青年创新项目，凝聚青年领军型创新力量，通过开展创新竞赛、培训、国际双向交流、孵化等活动，发掘、培育中国青年人中最具潜力的创业项目和人才，并搭建中外青年学习和交流的平台，推动中国青年社会价值创业走向成功之路。

社会价值投资基金的探索和实践，对于推动商业与公益的融合将具有示范意义；对于推动政府、企业和社会各界对价值投资的关注和重视，也将起到倡导作用。更重要的是，对于在全社会建立以人为本的多维度的价值评价体系，有着更为积极和重大的价值。目前，已有多支商业基金在模式形成阶段。

除了传统的基金形式投资，友成还与新晋的互联网众筹平台在进行积极洽谈，共建新公益—社会价值众筹平台，发布展示符合新公益理念的社会价值筹资项目，开设“新公益”品类，提供网络平台和筹资项目编辑展示、筹资技术支持、资金划转等服务；对需要重点推广的新公益筹资项目，投入专项市场推广力量，加大推广力度。

基金的价值

友成等几家组织在发起社会价值投资基金之后，又举办了“投资未来”论坛，在继续提出社会价值投资理念、倡导建立社会价值投资联盟的同时，把投资未来和投资社会价值联系起来，倡导投资人要投资青年、投资环境、投资社会、投资创新等，共同创造更大的社会价值。

该基金的发起人不仅建设一支基金，还打算建立一个社会价值投资基金（SIF）的平台。这个平台是包括公益创投基金和商业性产业投资基金的组合基金群。资金来源于商业部分的捐赠以及其他捐赠资源。公益创投资金主要在基金会范围内运作，致力于做不追求商业回报的社会创新的天使投资。资助方向是对种子期社会创新组织和社会企业的孵化，目的在于解决中国社会创新动力不足（缺乏好项目）和商业性天使投资不足（缺乏敢于打水漂的钱）的恶性循环问题，鼓励更多有创新能力的人创业，形成项目库。商业性产业投资基金要做创新领域的投资项目，其利润又可以充实到公益创投资金中去。

社会价值投资是投资领域的社会创新，通过培育、投资、支持真正应对最严峻社会挑战、解决最迫切社会问题的企业（社会企业），达到经济、社会和环境价值的统一，实现人类社会的可持续发展。社会价值投资的建立同时也是发现真正具有社会使命的投资人和企业家，重新定义和倡导社会企业、社会企业家等理念的过程。

这一路径进一步融合公益和商业的关系，使商业附着上社会价值色彩，为公益领域提供持续的资源支持。同时也使金融理念渗透公益领域，使一些基金会回归应有的金融属性，提升了慈善机构的专业市场能力。这一创新也激发了公益慈善行业对公益创投生态链的进一步畅想，全国政协委员、清华大学公共管理学院 NGO 研究所所长王名甚至提出要借鉴国际经验成立公益银行，一方面形成完整的现代金融体系，一方面实现向公益慈善事业提供长期、稳定的资源。

B BLUE BOOK . 22

新媒体筹款全面开花　激活公众参与*

摘　要：

2013年，在“4·20芦山地震”救灾募款、大病救助、扶贫助学等公益募捐活动中，阿里巴巴、腾讯、新浪微公益等新媒体平台全面开花、大放异彩，成为开展公益捐赠活动中极重要和最活跃的筹款渠道。这表明，经过几年的孕育、发酵，以社交网络和电子支付为依托的新媒体公益，成为公益慈善领域越来越重要的一分子。渠道的畅通也大大促进了公众参与。

关键词：

新媒体　公益募款　微公益　公益网店　公众参与

2013年，以“4·20芦山地震”救灾募捐为代表的众多公益项目，在其运营筹款中，越来越重视新媒体的作用。公益项目通过微博、微信、公益网店等新媒体进行募捐，已经成为众多公益机构开展公益活动或公益项目的重要方式和内容。

由阿里巴巴和瑞森德联合发布的《中国网络捐赠研究报告》数据显示，截至2013年9月10日，新浪微公益、腾讯公益平台、支付宝E公益平台、淘宝公益平台等公益平台，已累计吸引5.6亿人次捐助，筹集善款超过5.2亿元。

新媒体募款的力量

2013年4月20日8时2分，在四川省雅安市芦山县发生7.0级地震。芦

---

* 作者黄伟夫，《中国商界》杂志社记者、中国红十字基金会生命天使基金总干事。

山地震（亦称“雅安地震”）迅速成为社会关注的焦点，各个公益机构迅速开展救灾募捐行动。其中，以微博、淘宝等新媒体平台为依托而进行的筹款活动，反应最为迅速，表现最为活跃。

当日9时18分，新浪微博上的“新浪微公益”发起“为四川雅安人们祈福”的公益项目，这是雅安地震发生后的第一个公益项目，而此时距离地震发生不过64分钟，新媒体募款反应之快，令人惊叹。截至22日18时，微公益平台协助相关机构，发起了36个公益项目，累计募款突破1亿元，其中网友个人捐款近10万人次，捐款额逾900万元。

腾讯乐捐和支付宝平台也发挥了极大的作用。截至4月22日中午12时，在腾讯的乐捐网络捐赠平台上，超过214万人次参与，募款额达到1078万元；通过支付宝平台向四川雅安灾区捐赠的网友也达到了45万人，捐款总额超过2100万元。除此之外，各个公益机构通过在淘宝网平台上开设的“公益网店”，销售“爱心产品”募集善款，亦是重要的筹款渠道之一。

其实，雅安救灾募捐，只是公益机构通过新媒体迅速、便捷、高效筹款的集中体现。以新浪微公益为例，截至2013年年底，除为雅安灾区募款外，新浪微公益还累计发起了8000多个公益项目。其中，于2013年10月17日启动的“微博益起来”活动，吸引了上百个企业、公益组织和媒体的参与，捐赠总额超过1500万元。

新媒体募款发展史

自2005年两家草根组织在淘宝网平台上开设公益网店，由此开启了新媒体筹款的序幕以来，经过8年的发展，至2013年，新媒体募款取得了极为可贵的成绩。

新媒体募款能够壮大，得益于新媒体的迅速崛起。其中社交媒体作为新媒体的中坚力量，为新媒体募款的发展起了决定性作用。截至2013年年底，新浪微博中名称含“公益”或“慈善”这两个词的微博数量分别是2.32亿条和6733万条。在这两个数字的背后，是3亿多新浪微博账号。这些用户，便是新浪微公益平台得以发挥巨大作用的基石——这3亿多新浪微博账号中，仅正式认证“公益”“慈善”的用户，就分别有1.5万个和3900个。

在微信方面，腾讯的数据显示，到2013年10月，微信的国内外月活跃用户总数已高达2.7亿。微信公众平台上拥有200多万的公众账号，且每天保持8000个的增长速度，每天有超过亿次的信息交互。这使得微信公众账号成为公益高效传播新平台。2013年11月30日，以“公益”或“慈善”为关键词，搜到约150个名称含“公益”和100个含“慈善”的公众账号。

与社交媒体的普及交相辉映的，是电子商务的快速发展。测算显示，2013年我国电子商务交易总额超过10万亿元，其中网络零售交易额大约1.85万亿元，乐观估计我国业已超过美国，成为世界上最大的网络零售市场。我国的网络购物用户规模也达到3.02亿，使用率提升至48.9%。

阿里巴巴旗下的淘宝网，作为国内最大、覆盖人口最多的电子商务平台，交易量剧增，仅2013年“双十一”一日，淘宝的交易额便高达350亿元，其市场能量可见一斑。如此巨大的交易额及其广泛的人口覆盖，为公益机构的筹款提供了绝好的条件。根据阿里巴巴集团的数据，截至2013年6月，共有266家公益机构开设了公益网店；仅2013年1～8月，各公益网店销售总额即超过3000万元，消费笔数超过54万笔。

新媒体募款，主要通过以下几种方式进行。

一是在新浪微公益平台发起微公益项目。微公益平台是新浪网于2012年为新浪微博用户提供的自主互助平台，其捐助流程由“求助、核实、认领、筹款、信息公开”等组成。经核实认领之后，求助者或志愿者便可通过发布微博，广泛传播求助信息，从而为公益项目筹款。这种方式，极大地提高了参与群体的容量，使得所有微博用户皆可或发起微公益项目，或传播微公益项目，或向微公益项目捐款，将微博这一社交媒体的转发传播功效快速变现，成为行之有效的募款渠道之一。

除此之外，部分企业进行“公益营销”，许诺根据某条微博的转发量来捐赠相应额度的善款或物品，从而支持某项公益项目的行为，也可视作新浪微公益的筹款方式之一。

二是在淘宝网开设公益网店销售虚拟产品。2013年7月，志愿者陈昕、黄伟夫等人发起了“白雪可乐”公益项目，便是通过淘宝平台进行公益筹款的典型案例。志愿者们开设公益网店，销售一种以患者名字命名的虚拟可乐，为患者募集了150多万元善款。

三是通过腾讯公益平台进行募捐。腾讯公益平台有乐捐和月捐两类参与捐赠的形式，其中乐捐系统是公益项目自主发布平台，与新浪微公益类似。月捐则是发布法定的慈善机构开展的公益项目，供网友自主选择每月给其捐10元予以支持。除此之外，腾讯还开设了与新浪微博“转发捐款”相类似的微爱平台。

四是通过支付宝E公益平台、易宝公益圈、百付宝公益平台、微信支付等第三方支付平台募款。

助推“全民公益”

以微博、淘宝等新平台进行募捐的行为，也因新媒体的特质而与传统公益行为有所不同。第一，新媒体募捐，往往只需要一两个员工或志愿者与捐助人沟通，从而大大减少了人力投入，降低了筹款成本。第二，新媒体筹款，依托于微博、淘宝等第三方，其捐赠额度及执行情况，较传统公益筹款活动更为公开透明，有助于取得捐助人的信任。第三，新媒体公益所面向的主要捐助群体是普通网友，而非大企业、大额捐助人，这使得公益慈善事业更加贴近普通民众，有利于“全民公益”局面的形成。

“新媒体”是一个相对于“传统媒体”而言的概念，其本身内容就处在不断变化之中。当前人们认为，基于数字信息技术进行传播的媒体，属于新媒体。在某种程度上，新媒体等同于网络媒体。随着信息技术的进一步发展，互联网移动化的趋势日益明显，新媒体筹款也将紧随其变化，更加便捷。

2014年1月，由中国互联网络信息中心（CNNIC）发布的33次《中国互联网发展统计报告》数据显示，截至2013年12月，我国网民规模达6.18亿，互联网普及率为45.8%。得益于智能终端的快速普及、智能终端应用的不断完善、网络资费的下调和Wi-Fi的广泛应用，2013年我国手机网民规模高达5亿，网民中使用手机上网的人群占比达81.0%。手机在线支付更是增长迅猛，用户规模达到1.25亿，仅2013年第二季度，我国远程移动互联网支付交易规模即达到852.4亿元，环比增长90.7%。

手机即时通信的普及，使得公益信息无时不在、无处不在，而手机支付工具的应用，则使得公益募款更加便捷。据统计，“4·20芦山地震”的网络捐赠中，有近三成的网友的捐款是通过手机进行的。以微信捐赠为例，2013年10月18日，“腾讯公益”服务号正式上线，微信用户只要订阅“腾讯公益”，便可选择自己喜欢的公益项目，点击数下进行捐助，其便捷度堪称惊艳。

新媒体的发展、普及，大大拓宽了公益募款的渠道，扩大了公益的参与群体，使得公益慈善由少部分精英的悲悯情怀，变为人人皆可参与的日常行为。在新媒体公益的强力作用下，“全民公益”已然形成，这正是新媒体募款的最大价值之所在。

B.23

主流媒体传播公益　公益成主流话语*

摘　要：

2013 年，以中央电视台为代表的主流媒体，展开了对公益慈善领域的全面传播，公益慈善成为主流媒体的重要传播内容。这些传播，提升了公益慈善传播的整体水平。这既是公益慈善事业发展到一定阶段的必然产物，也将进一步推动公益慈善事业的发展。

关键词：

主流媒体　公益节目　公益传播　社会价值

2013 年，中央电视台以前所未有的力度，推出了一批以公益慈善为内容的电视栏目。“CCTV 慈善之夜”“梦想合唱团”“公益的力量”等争相闪耀。与此同时，其他主流媒体创办的公益栏目也集中井喷。越来越多的主流媒体设立公益慈善类专栏专刊以及特别节目，举办形式多样的公益活动。公益慈善日益成为主流媒体的重要传播内容。

央视公益栏目井喷

2013 年 10 月 22 日，由央视举办的大型公益宣传活动“CCTV 慈善之夜”正式启动。第十届全国人大常委会副委员长、中国关心下一代工作委员会主任顾秀莲，民政部副部长窦玉沛，公益慈善组织和基金会代表，慈善领域权威专家以及知名学者一起，见证了这一公益盛举的落地。

---

* 作者黄伟夫，《中国商界》杂志社记者、中国红十字基金会生命天使基金总干事。

启动仪式上，央视主持人刘建宏等人宣读了慈善倡议书，呼吁更多的人加入慈善队伍，让慈善融入生活，让慈善成为习惯。在主题曲《有你就有奇迹》的歌声中，顾秀莲、窦玉沛等嘉宾一起，点亮了“中国慈善版图”。

2013 年 12 月 14 日，随着曹德旺、李连杰、邓飞、濮存昕、古润金、杨团、苏芒、郑卫宁、徐升莲、迪亚拉等 10 人荣获 2013 “CCTV 年度慈善人物”殊荣，并揭晓 20 位提名奖获得者，“CCTV 慈善之夜”颁奖晚会圆满落下帷幕。

这并非央视首次举办公益性质的节目。自 1987 年 10 月 26 日，中央电视台推出全国首个电视公益广告栏目《广而告之》以来，央视多次播放公益广告，也举办过“最美乡村教师”“最美乡村医生”“感动中国”等与公益高度契合的节目。但是，以“致敬中国慈善践行者，关怀中国慈善受助者，引领中国慈善发展方向，构建中国慈善文化”为主题，明确地以服务慈善、传播公益为主旨，并将该项目（“CCTV 慈善之夜”）列为“中央电视台 2013 年重点大型节目”的举动，尚属首次。

而在 2013 年中央电视台的节目单里，以公益为主题的栏目，不只是“CCTV 慈善之夜”一个。中央电视台举办的大型公益类节目——“梦想合唱团”，同样也获得了巨大的成功。该节目由八位明星选手，回到自己的家乡，寻找 20 位心怀歌唱梦想的普通人，组建一支梦想合唱团，用歌声来实现他们的公益梦想。该节目的最高收视率达到 2. 15%，居全国同时段首位。

“梦想合唱团”的姊妹栏目“梦想星搭档”，也是公益节目成功的案例。自 2013 年 10 月 25 日在央视综合频道播出以来，“梦想星搭档”共开启了 6 个公益项目，并立意鲜明地将公益主题聚焦在儿童安全、儿童健康和儿童教育等领域，近三个月便募集善款近 2 亿元，在传播慈善公益理念的同时，切实地帮到了栏目的关注对象，深受好评。

央视外主流媒体的公益传播

不只是中央电视台，不少地方主流电视媒体也将公益作为电视台的重要传播内容。四川卫视的“中国正能量”、安徽卫视的“全星全意”、山东齐鲁频道的“小溪办事”等栏目，也深得广大观众的信赖与喜爱。浙江卫视的“中国梦想秀”，由明星参与，帮助平民圆梦，从而实践慈善精神的节目，在探索公益栏目新路径上，取得了极大的成功。

包括一些娱乐节目，亦将公益性作为栏目的宗旨之一。浙江卫视的王牌节目“中国好声音”，便联合“壹基金”共同发起了“壹基金壹乐园——好声音音乐教室”公益计划，将向100所灾后地区小学校捐助100间音乐教室。

娱乐节目高度重视宣扬公益、慈善等理念，传播正能量，成为2013年电视节目的一大亮点。

2013年，国家新闻出版广电总局下发通知，规定上星综合频道的公益性节目播出比例要达到30%。在这一政策的推动下，各电视台推出了一系列公益慈善节目。从中央电视台综合频道的“为你而战”、中国教育电视台的“点燃希望”“公益”，到省级卫视中北京电视台的“青年公益”、四川卫视的“公益中国”，纷纷涌现。据统计，2013年道德建设节目由2012年的每周36档增加到了每周40档。

其他媒体也加大了对慈善公益事业的支持力度

2013年，中央人民广播电台根据文明办〔2013〕1号文件，牵头成立了广播类公益广告制作中心，并建立了全国广播公益广告作品库，以供地方媒体免费下载、刊播。随后，在十八大有关精神的指导下，中央人民广播电台陆续制作播出了以光盘行动、文明旅游、勤俭节约等为内容的公益广告，传播正能量，发挥了独特的作用。

《人民日报》《光明日报》等中央报纸，从2012年年底开始，每个月固定拿出6个整版以上，用于刊登公益广告。除此之外，《光明日报》还与中央电视台联合主办了“寻找最美乡村教师”等大型系列公益活动，并主办了乡村教师摄影展。《光明日报》在摄影展的基础上，将一些优秀的照片，配上照片中主人翁的感人故事，作为公益广告刊登，促进了读者关注、关心乡村教师的意识，形成了良好的社会反响。

以往，报纸在慈善公益领域的参与度，比电视媒体更早、更多，但往往以个例报道，尤其是困难群体的个人求助为主。到了2013年，这一情况有了明显的改变，越来越多的地方日报、晚报、都市报开设了公益慈善周刊或专版。2010年，全国开设公益慈善周刊或专版的报纸仅有6家，相关的新闻报道仅71篇。而到了2013年，全国有36家报纸开设了公益周刊或慈善公益专版，是2010年的6倍；相关新闻报道15139篇，这一数字是2010年的200多倍、2012年的2.5倍。

近年来，随着互联网，尤其是移动互联网的发展，新兴媒体日益成为公益慈善的重要战场。新浪、搜狐、腾讯、网易四大门户网站均开设了公益频道，搜索类网站百度、电商类网站淘宝也都设立了相关的公益项目。随着微博、微信等社交工具的迅速崛起，其低限度的准入资格、全方面的话语权、开放和及时的信息互动等特性，给不少“缺钱、缺人、缺粮”的公益机构或慈善项目，提供了良好的操作平台。网络公益快速发展。

以新浪微博为例。自2009年新浪微博首次试水公益之后，微博在慈善公益领域异军突起，并对中国的公益慈善事业产生了深远的影响。2011年“郭美美事件”掀起了公众对红十字会等慈善机构的质询浪潮，至今未退；而“微公益”“免费午餐”“大爱清尘”等项目，则成功地通过透明、便捷的运营，为慈善公益事业开拓了新的平台与领域，甚至推动了国家政策的变革。这些以新浪微博为平台而引发的公益事件，打破了传统公益不温不火的状况，开创了公益慈善的新时代。

根据相关统计数据，目前全国大约有1900余张报纸、900多家杂志、940多个广播电台以及2000个电视频道——这是“主流媒体”的主要组成；与此同时，全国有330万个网站、2.2亿个博客、3亿多微博账号（其中含有“公益”或“慈善”关键词的认证用户数量分别为1.5万名和3900名）和6亿微信账号。

在数量上，主流媒体已居劣势。而此前主流媒体对慈善公益的支持、传播，依然停留在个例报道和事件跟踪等内容上，远不及网络公益的深入和持续。电视媒体的某些公益栏目，也存在娱乐化倾向过重、商业宣传过多、价值内涵缺乏等问题，备受非议。

面对网络媒体的巨大冲击，传统媒体在度过了一开始的迷茫期后，开始迅速适应并积极应对。依托强大的信息支撑，以及众多的读者观众群，主流媒体的官方微博成为受关注度最高、影响最大的微博用户之一。而这些主流媒体官方微博所发布的信息之中有相当一部分属于公益类微博。

假如说，主流媒体通过官方微博传播公益慈善或开展公益项目，还属于“取巧”的话，那么，纸媒高密度宣扬慈善公益、电视推出众多公益节目，则属于传统媒体对慈善公益的“标准化”作业了。

主流媒体的社会价值

中央电视台、中央人民广播电台、《人民日报》《光明日报》等主流媒体，作为党、政府和人民的“喉舌”，其传播的内容和方向，往往代表着政府乃至社会的价值取向。主流媒体将慈善公益作为重要的传播内容，既是慈善公益事业发展到一定阶段的必然产物，也是政策导向的直接体现，尤其是十八大精神的贯彻更是促进了这一进程。

媒体本身具有公共性，实现社会价值是媒体的重要使命之一。近年来，受社会的浮躁气息和经济利益的驱使，不少媒体迎合“审丑”文化，误导了社会价值导向。2013 年，主流媒体适时站出来，借助其强大的话语权，倡导和推动慈善公益事业，是其社会属性和公共属性的重要体现。

主流媒体在传播慈善公益理念的同时，还通过多种多样、形式各异的公益活动深度地参与慈善公益，带动更多的人参与慈善，并提供参与慈善公益活动或项目的渠道与平台，帮助部分困难群体，也充分印证了主流媒体的价值之所在。

境外慈善篇

Overseas Philanthropy

B.24
英国社会企业的制度框架

黄西谊*

摘　要：

在公共服务转型、应对社会经济问题的过程中，英国政府将社会企业发展作为社会政策的核心，逐步建立了一套较为完整的包括一系列政策措施、组织机构、法律法规、经营支持、资金投入、社会企业文化为内容的社会企业制度框架，为社会企业部门的形成和社会企业的成长营造了有利的制度环境。

关键词：

英国社会　企业社会　企业部门　制度框架　公共服务

社会企业是以企业方式运作、以提高社会和社区福祉以及环境质量为目标的组织（Department for Trade and Industry，2002）。在过去 15 年间，英国的社

* 黄西谊，伦敦国王大学中国研究所研究员。

会企业逐渐发展成为社会企业部门。2011 年，全英约有社会企业 6.8 万个，包括各类合作社、发展信托、社区企业、社会住房协会、社会商业、从事商业活动的慈善机构。其产权形式多种多样，如股份制、合作制、互利制、社区利益公司、公共公司等。它们规模不等，小到乡村商店，大至全国商业机构，从事教育、公共服务、医护照顾、绿色行动等，产值达 240 亿英镑（Social Enterprise UK，2012）。社会企业部门中还包括全国性社会企业庇护组织，如信托、基金会、协会等。它们既是社会企业的保护组织，也是政府的智囊库，与有关部门一起草拟、制定、推行社会企业政策、法律规定、衡量指标等。它们对英国社会企业发展的话语、特征、趋势产生了积极的影响。社会企业部门中最后一类为社会企业联合组织，如社区行动联盟（CommunityAction Network）、社会企业委员会（Social Enterprise Commission）。它们主要通过传媒、研究、倡导等大型活动分享社会企业的优秀实践、提升社会企业的创新能力、提高社会企业的公众影响力、预警社会企业的困境与挑战，达到促进社会企业发展的目的。

如果说合作社运动激励了英国社会企业的早期发展，它们近十五年的成长则由三个相互关联的趋势所拉动，即政府关于社会企业制度的建立和演化、社会对企业道德标准的关注、慈善部门组织大举从事企（商）业活动。本文旨在详述第一个趋势，即英国政府如何形成它的社会企业制度框架，为社会企业成长营造一个有利的政策和法律环境。

一 背景

在经济发达国家当中，英国政府以在公民社会和公共服务部门中推崇企业精神、耕耘企业经营而著称，这突出体现在它的两大战略中，即“第三条路”（the Third Way）和“大社会”（the Big Society）。

（一）从“第三条路”到“大社会”

作为英国工党政府的政治哲学，“第三条路”寻求解决自由主义与社会主义在意识形态上的分歧。受新自由主义影响，“第三条路”认为，在满足社会需求方面，国家的职责在于提升公民活动和力挺包括慈善组织、志愿和社区组织、社会企业在内的第三部门。其中，社会企业在第三部门中举足轻重，政府关于社会企业的政策不仅要支持社会企业本身，而且要促进慈善、志愿和社区组织向社会商业（social business）或社会经济（social economy）转化。[①]

2010年英国保守党与自由民主党联合政府上台之后，“大社会”迅速变成新政府社会和公共政策的旗舰。“大社会”代表着联合政府分权（decentralisation）的政治方略，即给予地方和社区更大的权力和更多的责任，以促使它们创造更好的邻里环境和服务，进而改善国家与公民的关系。虽然与“第三条路”的政治理念有别，“大社会”同样期待社会企业与其他公民组织一道将大社会变为现实，因而社会企业在联合政府的政策议题中具有不可替代的位置。

（二）为何提倡社会企业

源于三个原因，“第三条路”和“大社会”都将社会企业作为公共政策的核心。

第一，公共服务转型。英国的公共服务包括福利津贴、社会照护、免费教育、公众安全、健康服务。自第二次世界大战后福利国家形成以来，英国的公共服务一直采用混合模式，借用已故英国首相撒切尔夫人的语言，那就是“自由市场与强大的国家”相并行（见 Gamble，1994）。一方面，英国奉行自由主义经济模式，相对庞大的志愿和慈善部门依赖于私人资源提供了相当比例的公共服务。另一方面，国家在医疗健康、儿童福利、住房、交通、废物处理等服务中也扮演着重要角色。对于市场自由主义倡导者，这是一种非经济的模式。依据相关民主理论（Associative democracy），由规模大、等级繁复的官僚体制提供社会福利和服务，其结果是成本高、公信度低，公民对为其提供的服务缺乏知情权和发言权（Hirst，1994：20）。这正是英国的现实。如同卡梅隆总理所指出的：“英国政府的规模和角色已达到一个临界点，使它难以吸纳公

① 社会经济指由各类社区、志愿和非营利组织基于企业、商业原则所提供的社会产品、服务和价值。附加于经济盈利之上的社会盈利，使它们有别于传统的商业企业（European Commission，2010）。

众意见，在消除贫困和增进社会福祉方面少有所为。”（Cameron，2010）取而代之，引进“新公共管理”的概念，政府应从公共服务的提供者转变为规定者和促进者，将公共服务的市场对所有的企业、公司和团体开放，通过竞争获得提供服务的权利和收益（Smith，Teasdales&Alcock，2012）。英国公共服务转型已经经历了两个阶段，即公共服务现代化、服务种类和提供方式多样性。目前，这一转型正处于第三阶段，即扩展第三部门在提供公共服务中的份额。其中，社会企业被给予特别的强调。

第二，社会经济问题凸显。近 15 年来，英国面临着一系列社会、经济困境：年轻人失业率居高不下、房价脱离收入水平飞涨、贫富差距加大等。2007年爆发的经济危机进一步加剧了这些困境，使政府不得不寻求更为持续的方式对付挑战。

第三，社会企业自身优势。许多英国政治家认为，社会企业本身具有多种优势，如关注服务对象的需求、易于获取他们的信任、适宜提供有效和灵活的服务、有潜力获取更多的资源，其服务和产品附加了社会价值，等等。因此，英国政府将第三部门，特别是社会企业，视为提供社会和公共服务的最佳组织选择。他们还相信，社会企业部门与传统的商贸企业和公共部门合作，它们有望改变社会：增加就业和个人机会、提高社会公平、促进经济发展、鼓励道德经营。

二　英国社会企业的制度框架

从 21 世纪以来，在上述背景下以强调社会企业提供公共服务为主调的社会企业制度开始启动并逐渐形成了一个相对完善的框架。这个制度框架由一系列政策措施、组织机构、法律法规、经营和资金支持、社会企业文化组成。

（一）社会企业战略与政策

《社会企业——走向成功的战略》（Social enterprise：a strategy for success）由总理内阁办公室于 2002 年发布，它成为英国社会企业由零星分布到蓬勃发展的转折点。在此之后，一系列鼓励社会企业发展的政策措施相继出台。

《私人行动、公众受益——慈善和非营利部门回顾》(Private action, public benefit: a review of charities and the wider not-for-profit sector) 由总理内阁办公室于同年发布，它建议出台一套旨在鼓励非营利部门经济活动的法律和法规，内容包括更新慈善法、强调慈善组织在公众利益中的角色，促进现存慈善和非营利组织的经营活动，提高它们的公信力和透明度以提升公众对之的信任和信心，确保它们的独立性、公正地位。

《公共采购——社会企业专用工具箱》(Public procurement: a toolkit for social enterprises) 于2003年由贸易工业部颁布，它为社会企业购买公共服务提供了的全方位的指导。

《社会企业行动计划——飞跃新高度》(Social enterprise action plan: scaling new heights) 由第三部门办公室于2006年发布。该计划明确指出，政府的作用在于营造社会企业文化、提供所需的信息咨询、确保资金渠道畅通、增加沟通的渠道，以便促进社会企业长足发展。

《全国慈善与社会企业调查》(National survey of charities and social enterprises) 和《全国社会企业调查》(National survey of social enterprises) 由公民社会办公室分别于2010年和2013在全英开展。两个调查汇集了慈善、志愿组织领导者和社会企业家的观点，详述了社会企业成功的因素以及面临的种种困境，提出了政府决策的新思路。

(二)组织机构建设

英国中央政府有四个部门涉及社会经济和社会企业的事物，它们分别是内政部，负责志愿和社区部门相关事务；财政部，主要负责与社会企业有关的财政、金融和税收政策措施；贸易工业部，主要负责领导和协调关于社会企业的战略规划；总理内阁办公室下属的战略局，主要负责制定第三部门和社会企业的具体政策。自2000年以来，英国政府还设立了若干新机构，专司社会企业事务。

1. 贸易与工业部于2001年设立了社会企业处 (Social Enterprise Unit)，负责推行政府的《社会企业战略》，协调跨部门的社会企业政策。

2. 全英社会企业 (Social Enterprise UK) 是一个全国性组织，其成员包括从事社会企业经营的社会企业、私人企业、慈善团体、公共部门组织。

3. 2006 年，总理内阁办公室成立了第三部门办公室，其职责是协调政府各部门与志愿、社区、慈善组织、社会企业、合作社的有关工作。现任英国工党领袖埃德．米利班德（Ed Miliband）担任第一任第三部门办公室主任。

4. 2011 年，公民社会办公室成立。

这些官方机构构成了世界上最为完善的支持社会企业的政府组织网，它不仅易于制定、调整、推行中央政府的社会企业政策，而且创造了跨部门合作以及中央与地方协作的空间，为推行社会企业战略方针和行动计划提供了组织保证。

（三）法律法规建设

在英国，相当数量的社会企业的前身是慈善组织，因而缺乏与新角色相匹配的法律地位。通过更新现存的法律以及出台新的法律法规，英国政府致力于为社会企业提供一个法律支持框架。其中，有三个法律法规特别值得一提。

1. 《契约》。1998 年，英国工党政府出台了政府与第三部门之间的《契约》（Compact）。超越一般的合同关系，《契约》规定了政府部门与志愿和社区组织在从事公共服务中如何分工合作。

2. 社区利益公司（Community Interest Company）作为社会企业最为创新的组织形式于 2005 年正式生效。《社区利益公司法》明确规定，社会企业、慈善团体、有限责任公司、股份公司等均可注册成为社区利益公司，它们须持有固定资产，允许发行股票，但在经营活动中必须将社区利益置于首位，并由监督机构确认证明其透明度。至 2009 年 6 月，全英共有 2855 个各类经营团体注册为社区利益公司，经营范围跨越服务（35%）、教育（19%）、房屋租赁（17%）、健康和社会工作（15%）等 17 个行业（Nicolls，2010：396）。英国最大的社区利益公司“伊林社区交通集团”以提高社区利益和环境质量为终极目标，拥有 1100 个雇员，年经营额达 5000 万英镑。它经营的公共交通、街道清洁、废物再循环、健康照护、地方铁路、铁路工程等以高质量、高效益被公众称颂。

3.《地方法案》（Localism Bill）规定了政府放权的范围和方法。作为公共服务转型的一个重要方面，中央政府要将有关权力归还地方和社区，从而确保地方政府和社区组织为居民提供设计灵活、适宜到位的服务。

（四）资金环境

英国政府和社会企业本身都将资金环境视为重要的经营条件和要素。自2003年《社会企业资金：英格兰银行特别报告》（The Financing of Social Enterprises：A Special Report by the Bank of England）发表以后，英国政府从多方面着手改善社会企业的资金环境、拓展资金渠道，其措施包括直接投资、发放无息贷款、干预资金市场、减免税收等。这些措施确实扶持了一批新的社会企业，帮助已有的社会企业扩大了经营规模。

国家对社会企业的投资是政府改善社会企业资金环境的综合举措。截至2009年年底，国家投向社会企业部门的资金达7.32亿英镑（Nicholls，2010：618）。这些资金以直接拨款、项目资助、补贴、奖励、小额贷款、无息贷款、采购服务等形式发放，分别由全英社会企业、社会投资商务、社会企业基金会、大社会资本及政府有关部门管理。为了确保国家投资的效益，政府强调将资金发放与结果相挂钩。这里详细介绍一下社会企业基金会和大社会资本两个代理机构的管理运作方式。社会企业基金会于2002年成立，以扶持社会企业家进而促进社会变化为主旨。截至2009年年底，它将1亿英镑以“世纪拨款”的名义授予社会企业家5000人（Nicholls，2010：619）。大社会资本于2012年4月成立，它是全球第一家社会投资银行，其宗旨在于对社会经济进行长期投资，以满足其持续发展的需要。它的资助对象包括慈善团体、社会企业和社区组织。目前，一个6亿英镑的投资项目已经得到批准，准备投向那些能够证明其还贷能力的第三部门组织。

减免税政策是英国政府改善社会企业资金环境的另一项重要措施。例如，政府的企业投资计划和创投信托两大项目免除包括社会企业在内的小企业20%的收入税和资本增值税，已经成功地鼓励它们将经营所得投入再生产之中。社区投资税收减免计划则刺激了相对落后地区的商贸企业和社会企业的发展（The Third Sector Office，2006：47－48）。

（五）经营支持

在许多方面，社会企业需要与私人企业同样的经营支持。在初步涉猎市场的情况下，它们在提升产品质量和服务水平及经营效绩方面，还需要一些特殊的支持。英国政府为社会企业提供的经营支持正是集中在这些方面。

1. 第三部门办公室与商业、创新和技能部，儿童、学校和家庭部，地区发展代理，商务链（Business Link）携手，鉴别社会企业和第三部门组织经营中最需要的支持以及怎样满足这些需要。通过地区发展代理，2011 年第三部门办公室为社会企业商务链注入了 6 亿英镑。

2. 德洛特社会创新开拓者项目（Deloitte Social Innovation Pioneers Programme）于 2012 年由大社会联盟（The Big Society Networks）发起。此项目成立了一个由专家组成的团队，在英格兰地区投入了 150 万英镑，为 30 个最具社会创新的经营项目提供定制的经营支持，内容包括从市场竞争到迎接成长的挑战，扶持它们发挥其潜力。①

3. 后来者（Nexters）也是大社会联盟发起的项目，目的在于培养英国最有才华的社会企业家和创业者。首先通过一套评判标准鉴别出这样的社会企业家和创业者，然后通过参与实践支持他们发展自己的创新思路，其措施包括提供个人辅导、强化商业性思维、组织其参与社会企业事件等。

4. 推广复制。在政府的鼓励下，一些全国性的社会企业组织，如英国合作社协会、发展信托协会、全英社会商行，采用特许经营和经营许可证的方式，在不同的行业中推广复制一些成功的社会企业模式和经营方法，有效地帮助了刚刚起步的社会企业。

值得一提的是，英国政府旨在经营支持的项目和措施大都通过政府部门之间、政府部门与私人企业之间、私人部门与社会企业部门之间合作展开的。

（六）培育社会企业文化

通过社会企业事件、教育、培训以及加强社会企业和公共与私人部门之

① 这 30 个开拓者项目受益者年收入从 12.5 万到 2600 万英镑不等。

间的联系，英国政府注重在全社会培育社会企业文化。例如，第三部门办公室设立了社会企业日、社会企业大使、社会企业奖。社会企业奖的获得者受到邀请出席首相府招待会，在招待会前还有机会与享有盛誉的企业家和社会企业家座谈。又如，“国家公民服务”是一个为期两个月、专门为16岁青少年设立的暑期项目，政府授权独立的慈善组织、社会企业、合作商务出面组织，以社区的实际挑战为题目，培养参加者的创新思维和解决问题的能力。

综上所述，英国社会企业的制度框架具有如下特点：①政府扮演着“推手”（Enabler）的角色，为社会企业的蓬勃发展和提升它们的经营水平营造一个有利的政策、法律、社会环境，以使社会企业在发展过程中面临较少的制度困扰。②社会企业政策与商贸、金融、文化、教育政策相互衔接，避免了单一政策孤军奋战的问题。③由专职机构协调、政府各部门之间有效合作，进而促使第三部门组织和私人部门企业都参与到社会经济的发展过程中来。④大多数政策法律的制定和推广以事实为依据、以实践为标准。

三　中央与地方政府综合实施社会企业政策

在推行社会企业战略与政策的过程中，英国中央政府注重与地方政府协同合作。除了政府职能部门通过地方机构推行具体的政策和法规之外，中央与地方政府的合作主要通过“电子政府”（Electronic Government）的方式和地区发展代理（Regional Development Agencies）这一专设结构得以实现。

电子政府指中央和地方政府部门通过电子设施和网络为公民传递信息和服务（Irani and Elliman，2008）。在21世纪之初，英国中央政府通过副首相办公室和内阁办公室发起了多个项目，资助地方政府发展电子基础设施。[①] 截至2002年年底，中央政府共为地方政府拨款60亿英镑，用于建设地方政府的电

① 这一举措最初是回应公众对政府的批评，即政府对公众的意见反应迟缓，普通公民缺少与政府沟通的渠道。

子基础设施。随着电子政务的开展，各地方政府将凡是能以网络为媒介提供的服务都通过计算机操作来完成，并在它们的网页上设立了博客、推特、脸书、网上论坛等。

电子政府的做法也被应用于扶持和发展地方社会企业。这里介绍一下由中央和地方政府 2003 ~2005 年发起的电子创新项目。

电子创新项目以网络为平台来发现、扶持最优社会企业计划。它由三个阶段组成：第一阶段，参与电子创新项目的地方政府通过官方网页收集创新思路，由企业家和社会企业家对创新思路做初步筛选，地方政府甄别这些初步筛选出的思路是否与其发展战略和规划相关。第二阶段，经甄别后的创新思路在地方政府专门的网页上全文公布，邀请商界领袖、社会企业家、地方官员、科技专家和普通公民给予评论和建议。地方政府将这些评论和建议整理、分类，举办网上工作室和论坛，培训并指导提交者将它们融合进自己的创业计划之中。在最后的阶段，由专家选择出最优秀的创新计划，然后由地方政府有关机构审核，做出资助的最后决定。从这三个阶段可以看到，电子创新项目的绝大部分环节在因特网和计算机系统上操作并完成。在此过程中，各部门有效配合，多方参与，创立了运用电子技术扶持社会企业的新模式。

地区发展代理在中央和地方政府合作促进社会企业方面功能独特。英格兰地区发展代理于 1999 年成立，主要功能是推进地方经济的持续发展。就社会企业业务而言，它负责在所在地区协调、推进中央政府关于社会企业的战略、政策和措施，鼓励创新和投资。基于地区经济水平和相对贫困度等标准，每个地区发展代理从中央政府收到一定比例的发展基金。2006 年，第三部门办公室为地区发展代理签署了《社会企业经营支持》条例，地区发展代理据此与地方政府携手合作，采取一系列措施改善社会企业经营环节、为之提供信息支持和专家咨询、加强基础设施，帮助开发新产品和拓宽资金渠道等。为提高社会企业的竞争能力，地区发展代理在它的行动计划中将鉴别地方和全国的关键市场及克服社会企业发展的阻碍作为重点。

英国中央政府与地方政府的联合行动构成了英国社会企业制度框架的一部分，被证明具有很强的政策和实践意义。

四 问题与挑战

虽然英国社会企业在有利的制度环境中获得了长足发展，但比较私人企业和公司，就其经济贡献和所提供的服务而言，社会企业仍处于边缘地位。这与它所面临的一系列挑战不无相关，这里仅就与制度和政策环境相关的挑战做一简述。

（一）资金困难

与商业企业相比较，社会企业面临更严峻的融资挑战，全社会尚未形成向社会企业投资的风尚。一般而言，较大规模的社会企业资金不足，占绝大多数的小型社会企业更受制于有限的资金来源。如何激发社会多渠道向具有社会与经济双重回报的社会企业投资是一个亟待研究并需要提出证据的政策课题。目前，社会企业有三个资金来源。一是来自它们自身的经营活动。作为具有社会目标的企业，它们的服务和产品利润率大都低于纯粹的商业企业，在缺乏第二投资市场的情况下，社会企业难以扩大再生产，严重者甚至难以维系简单再生产和服务（Office of the Third Sector，2006：46）。

第二个渠道是公共服务采购合同。通过市场竞争的方式，政府向社会采购公共服务，慈善团体、社会企业、商业公司以平等的身份参与竞争。实力雄厚的商业公司因其到位的经营策略、技术力量、人力资源、资本实力更具竞争优势，而包括社会企业和慈善团体在内的第三部门组织则受制于规模、人力、物力，获得公共服务合同的机会远远少于前者。显然，这种自由竞争的办法在现实中将社会企业置于劣势地位。

第三个渠道是各种项目经费。近年来，面临旷日持久的经济危机，无论政府还是非政府部门可利用的项目资源都大大减少。例如，2011～2013 年，公民社会办公室的预算缩减了 60%；志愿组织的经费仅 2011 年一年就减少了 33 亿英镑。无疑，项目经费缩减抑制了社会企业承担社会服务的能力（Finance News of the Office for Civil Societyhttp：//www. civilsociety. co. uk/governance/news/）。

（二）竞争机制与竞争能力

前文提到，政府公共服务采购通过竞争机制向社会招募最优购买者。如同其他行业，公共服务作为一个新兴的“产业”，其市场竞争十分激烈，市场导向偏爱经验丰富、财力雄厚的商业公司和企业，第三部门组织和社会企业在事实上被置于非公平竞争的位置。即便有的社会企业取得了政府外包合同，为了满足合同条款，它们不得不将注意力转向降低成本、提高效益。其结果，一方面影响了社会企业的士气；另一方面，公共服务的目的变得模糊，服务质量受到影响，致使服务对象中的弱势群体，如老年人、儿童、低收入者、失业者，处于更加弱势的地位。在这些方面，“第三条路”和“大社会”战略中都未制定相应的措施，培育社会企业和第三部门组织的竞争能力。此处凸显了政府在扶持社会企业政策与运用竞争机制采购公共服务上的矛盾。为了达到通过发展社会企业实现公共服务转型的战略目标，政府的社会企业政策应当将社会企业的市场能力建设作为重点，以提高其竞争能力。此外，政府有必要对公共服务市场进行一定程度的干预。为确保社会企业和第三部门组织成为提供公共服务的生力军，政府采取某些特殊政策，对委托和采购过程的细节做出相应的规定，并在法律上明确下来。

（三）效率与服务质量

由于社会企业大多为草根组织，比较了解服务对象的要求，在逻辑上应当能够向他们提供高质量的社会服务。但是，由于英国政府未能制定相关政策措施以发挥社会企业特有的长处、克服其短处，这一优势并未发挥出来。我们注意到，在提供公共服务过程中，社会企业有时遭遇相互冲突的选择。例如，强调公信力可能会减缓提供服务的速度，受合同关系束缚可能会阻碍创新能力，扩大经营规模可能会偏离社区导向、降低灵活性。很多社会企业都被这些矛盾所困扰，加之公共服务采购合同一味强调效率，进而放大了这些矛盾。对公众而言，在社会服务中强调质量、公民权利、公信力、透明度较之于效率和效益更为重要。此外，一流的服务建立在专业培训、优良的设备、足够的资金的基础上。缺乏这些条件，社会企业的比较优势同样难以发挥。近年来，随着财政支出大幅度缩减，政府用于采购公共服务的拨款也相应减少，外包企业往往在获得较少资金的情况下提供同等数量的服务，进而影响了服务水准。

（四）自上而下的社会企业推广战略

迄今为止，英国主要采取自上而下的社会企业推广战略。这一战略在创造了促进社会企业成长的制度环境的同时，也产生了一些负面效果，如对社会企业过度规定、社会企业自身的使命和价值受到忽视等。目前，对社会企业做出规定的政府机构包括职能部门和协调部门，前者如各业务部，后者如第三部门办公室、全国慈善委员会。由于对社会企业的规定政出多门，致使某些规定或条款重复甚至相互矛盾，结果使社会企业无所适从。在社会企业的使命方面，前文已经提到，公共服务采购的方法过于强调市场竞争和商业取向，使社会企业的独立性、创新性受到影响。对提供社会服务的标准做出严格规定是合理的，但仔细审视各项规定的矛盾之处，市场竞争可能产生的负面影响，并采取瞻前措施将影响减少到最低限度，同样是政府政策实施的一个重要内容。

（五）培育社会企业与私人部门之间的伙伴关系

在一个良好的制度环境下，社会企业能否得到长足发展，还取决于它们是否能在市场竞争中运用合适的商业经营模式、有效的内部治理和问责体系。德洛特认为社会企业在五个方面需要行业专家的辅导和支持：制定和推广成长战略，金融和投资战略，品牌和市场战略，以效率为导向的经营战略，领导力培训和人事管理（Deloitte，2013）。社会企业要在市场竞争中扩展，从私人部门中寻找企业伙伴是得到这些指导和支持的捷径。私人企业和公司同样可以从这种伙伴关系中受益，比如，有效地履行企业的社会责任、提高企业的伦理水准、扩大企业的公众影响。一些商业公司已经开始与一些大型的社会企业（如杨基金会、德谟斯）开展这样的尝试。在这方面，政府同样可以有所作为，那就是清除社会企业与私人部门之间合作的障碍，为中、小型社会企业与商业企业建立伙伴关系搭桥铺路。

（六）国家与社会企业的关系

从本质上讲，英国政府发展社会企业是其政治方略中的一枚棋子。但若要将社会企业纳入其主流政策的轨道，确保社会企业的持续发展，政府与社会企业部门的关系应当是建设性的互动关系。目前，全国性社会企业庇护组织作为智囊库参与社会企业发展战略和制度过程仍远远不够，而应鼓励普通社会企业参与政策的制定和推行过程，保证社会企业有效影响决策，提升社会企业的政治机会，最终使社会企业成为政策网络中的积极元素。吸引普通社会企业参与决策过程可以从具体项目或公共服务采购合同入手，形成以社区为导向、社会企业、地方政府和服务对象共同参与的政策制定和推广的局面。

参考资料

Alcock, P. (2010) Building the Big Society: a new policy environment for the third sector in England, *Voluntary Sector Review*, 1 (3): 379 – 90.

Alcock, P. (2011) New policy space: the impact of development on Third Sector Policy in the UK, *Social Policy and Administration*, 46 (2): 219 – 238.

Big Society Network (2012) *Social enterprises can join the mainstream but need more support from Government and business to get there*, http://www.thebigsociety.co.uk/blog/social-enterprises-can-join-the-mainstream-but-need-more-support-from-government-and-business-to-get-there/.

Cabinet Office (2006) *Government's Approach to Public Service Reform*, http://webarchive.nationalarchives.gov.uk/+/http://www.cabinetoffice.gov.uk/media/cabinetoffice/strategy/assets/sj_ report.pdf.

Cameron, David (2010) *Big Society Speech*, Transcript available on http://www.number10.gov.uk/news/transcript-press-conference-launching-big-society-capital-at-the-london-stock-exchange/.

The Deloitte Social Innovation Pioneers programme (2013) www.deloitte.co.uk/pioneers.

Department for Trade and Industry (2002) *Social Enterprise: A Strategy for Success*, http://www.cabinetoffice.gov.uk/third_ sector/documents/social_ enterprise/se_ strategy_2002.pdf.

Department for Trade and Industry (2010) *Social Enterprise Strategy*, 2010 – 2011, http://www.detini.gov.uk/social_ economy_ strategy_ 2010 – 2011_ 15 – 03_ – 4.pdf.

European Commission (2010) *European Union Definition and Statement on the Importance of Social Economy Enterprises*, http://www.caledonia.org.uk/eu-see.htm.

Gamble, Andrew (1994, 2nd ed) *The Free Economy and the Strong State: The Politics of Thatcherism*, London: Palgrave Macmillan.

Haugh, Helen and Michael Kitson (2007) The Third Way and the third sector: New Labour's economic policy and the social economy, *Cambridge Journal of Economics*, 31: 973-994.

Hirst, P (1994), *Associative Democracy*, Cambridge: Polity Press.

Irani, Z. and Tony Elliman (2008) Creating social entrepreneurship in local government. *European Journal of Information System*, 17: 336-342.

Mulgan, Geoff (2006) Cultivating the other invisible hand of social entrepreneurship: comparative advantage, public policy and future research priorities, *Social Entrepreneurship: A New Model for Sustainable Development*, Oxford: Oxford University Press. pp. 74-95.

Nicholls, Alex (2006) *Social Entrepreneurship: New Models of Sustainable Social Change*, Oxford: Oxford University Press.

Nicholls, Alex (2010) Institutionalizing social entrepreneurship in regular space: reporting and disclosure by community interest companies, *Accounting, Organizations and Society*, 35: 394-415.

Office of the Third Sector (2006) *Social Enterprise Business Support: Guidance for Regional Development Agencies* (http://webarchive.nationalarchives.gov.uk/+/http://www.cabinetoffice.gov.uk/media/cabinetoffice/third_sector/assets/business_support.pdf).

Office of the Third Sector (2010) *Social enterprise business support: Guidance for Regional Development Agencies* (http://webarchive.nationalarchives.gov.uk/+/http://www.cabinetoffice.gov.uk/media/cabinetoffice/third_sector/assets/business_support.pdf).

Social Enterprise UK (2012) *The Social Enterprise Guide: For People in Local Government*, http://www.socialenterprise.org.uk/uploads/files/2012/05/local_authority_guide_online.pdf.

Teasdale, S., Pete Alcock and G. Smith (2012) Legislating for the big society? The case of the Public Services (Social Value) Bill, *Public Money and Management*, May 2012: 201-208.

Thompson, John (2011) Reflections on Social Enterprise and the Big Society, *Social Enterprise Journal*, 7 (3): 219-223.

附　　录

Appendix

B.25

2013年公益慈善年度大事记

1月

福建首个国有企业出资并自主运营的非公募公益基金成立

1月1日，由厦门翔业集团有限公司出资千万元设立的“翔业爱心基金”正式成立，成为全省首个由国有企业出资并自主运营的非公募公益基金，也是福建省民政厅下放审批权后厦门市首家由市级民政部门登记管理的非公募基金会。

儿童权益保障制度引发各界关注

1月4日，河南兰考县一家收养孤儿和弃婴的私人场所发生火灾，造成7名儿童死亡。1月6日，南京两名幼女被发现饿死在家中，她们的父亲正在服刑，母亲因为吸毒基本丧失了抚养能力。儿童救助、民办儿童福利院的合理合法性等议题一时间被政府与社会广泛关注。

珠海市政府为社会工作立法

1月6日，珠海市人民政府八届十五次市政府常务会议审议通过了《珠海市社会工作促进办法》，开展地方政府社会工作立法进程，为全国社会工作发展起到了示范作用。

安徽省非公募基金会登记管理权限全面下放

1 月 17 日，安徽省民间组织管理局传出消息，2013 年起该省非公募基金会登记管理权限全面下放。非公募基金会及其分支机构和代表机构设立、变更、注销登记在市级民政主管部门就可进行，无须再到省民间组织管理局办理。

慈善组织首次公布资金使用计划

1 月 19 日，46 家公益组织首次公布了年度筹资、捐资情况及资金使用计划，共包括 264 个慈善项目、62.49 亿元。今后，慈善组织捐资使用计划提前公布接受监督将成为常态。

《中国社会组织》杂志在京创刊

1 月 25 日，《中国社会组织》创刊发布会在京举行。《中国社会组织》是民政部主管、中国社会组织促进会主办的面向全国社会组织的唯一专业杂志，突出实用性、权威性、前瞻性、可读性。

北京 8000 万元购买社会组织服务

1 月 27 日，北京市社会建设工作领导小组办公室启动 2013 年利用市社会建设专项资金向社会组织购买服务项目申报工作。工作将围绕五个方面 45 个小类别进行网上申报，北京市财政将安排 8000 万元购买由社会组织提供的 500 个公共服务项目。

2 月

国内基金会突破 3000 家

2 月 4 日上午 11 时，全国范围内登记注册的基金会总数达 3023 家，其中公募基金会 1322 家，非公募基金会 1701 家。

民政部公布 2013 年中央财政支持社会组织参与社会服务项目的立项情况

2 月 8 日，民政部网站公布了 2013 年中央财政支持社会组织参与社会服务项目的立项情况，2013 年，中央财政拨款 2 亿元用于政府购买服务。

温州市首家基金会登记注册成立

2 月 20 日，“温州市鹿城社会组织发展基金会”在温州市行政审批中心民政窗口获准审批，成为温州市民政局批准成立的首家基金会。该基金会将资助社会组织解决启动资金和办公经费困难，资助社会组织开展公益活动。

3 月

首个社团法人业委会成立

3 月 8 日，浙江省温州市鹿城区“南塘五组团小区业主大会”正式成立。成为全国首个直接在民政注册的具有社团法人资格的业主委员会。这意味着在我国现行社区中，业委会长期不具法人地位的状况被打破，物业与业主间的权责和关系将重新界定以推进社区自治探索。

四大类公益组织可直接向民政部门依法申请登记

3 月 10 日，《国务院机构改革和职能转变方案》发布，明确提出公益慈善类等四大类公益组织可直接向民政部门依法申请登记，不再需要业务主管单位审查同意。

民政部将着力培育发展慈善组织

3 月 13 日，在十二届全国人大一次会议记者会上民政部表示，正在进行关于慈善立法、培育发展慈善组织、创新慈善事业发展的体制、机制，包括一些形式以及进一步营造有利于慈善发展的氛围，弘扬慈善文化的相关工作。

第四届中国社工年会在京召开

3 月 31 日，第四届中国社工年会在北京召开。年会盘点了中国社会工作 2012 年度工作，发布《2012 年度全国社会工作发展报告》，揭晓了“2012 年度全国社会工作领域十件大事”和“2012 年度中国社工人物”。

4 月

北京市四类社会组织直接登记

4 月 1 日起，北京市区两级民政部门将全面接受四大类社会组织的直接登记申请。备受诟病的社会组织“双头管理”政策，将逐渐被废止。

胡润研究院发布《2013 胡润慈善榜》

4 月 10 日，胡润研究院发布《2013 胡润慈善榜》。黄如论以 5.8 亿元的捐赠额成为 2013 年度“中国最慷慨的慈善家”。52 岁的南京房地产开发商杨休以 4 亿元的捐赠额位列第二；55 岁的许家印以 3.9 亿元的捐赠额位列第三。

第八届“中华慈善奖”表彰大会在京举行

4 月 19 日，第八届“中华慈善奖”获奖名单在京揭晓，共有 99 个在 2012 年为我国慈善事业做出较大贡献的个人、企业及项目获奖。

中国慈善联合会在京成立

4 月 19 日，中国慈善联合会在人民大会堂正式宣告成立。中国慈善联合会的宗旨为：联合慈善力量，沟通社会各方，促进行业自律，推动行业发展；号召做“廉洁的慈善”“透明的慈善”“参与的慈善”“合作的慈善”“专业的慈善”“创新的慈善”。

雅安、芦山发生地震，中国灾难应急机制走向成熟

4 月 20 日，四川雅安、芦山发生 7.0 级强震，中国政府与民间立即启动救援措施。相比于之前中国应对灾害的能力，“4·20 芦山抗震”从政府到社会组织再到民间对地震的反应及抗灾能力均大大提升。

中国获得海外最大单项公益捐赠

4 月 21 日，美国黑石集团总裁苏世民向清华大学捐赠资金 3 亿美元，启动“清华大学苏世民学者项目”，将面向全球顶尖大学选拔优秀本科毕业生到清华进行研究生学习。这是中国迄今为止从海外获得的最大单项公益捐赠。

“北京社会组织公益行”系列活动正式启动

4 月 27 日上午，2013 年“北京社会组织公益行”系列活动正式启动。活动以“践行公益、服务社会”为主题，努力营造“天天有公益、人人做公益”的良好社会氛围。

《2012 年中国慈善捐赠发展蓝皮书》发布

4 月 27 日，《2012 年中国慈善捐赠发展蓝皮书》在雅安抗震主题慈善晚会现场宣告正式发布。

5 月

第二届中国国际养老服务业发展论坛举行

5 月 1 日，第二届中国国际养老服务业博览会主论坛——第二届中国国际养老服务业发展论坛在北京国家会议中心举行。此次论坛以“凝智聚力、创新服务、人人共享、和谐发展”为主题，重点研讨国家政策支持和制度保障、老年人健康管理和专业服务。

昆明 PX 事件推动民间环保走向新阶段

5 月 4 日下午，昆明民众戴着写有黑色 PX、红色叉的口罩，举着“PX……滚出昆明”“春城拒绝污染项目”等走上昆明市街头，在南屏街广场抗议，抗议有争议的中国石油 PX 项目在当地落户，此次抗议由于立意为和平进行且有效疏导，并没有发生人员之间的冲突。

雅安抗震救灾社会组织和志愿者服务中心成立

5 月 12 日，四川省、雅安市两级抗震救灾指挥部社会管理服务组在雅安市雨城区共建的雅安抗震救灾社会组织和志愿者服务中心挂牌成立，标志着雅安抗震救灾社会组织和志愿者服务体系全面建立。

红监会被指实为红会公关部，中国红会面临新一轮信誉危机

5 月 13 日，网络人周筱赟爆料称，红会社会监督委员会的实质就是红会养的公关部，而其实际控制人王永和中国红十字会总会之间涉嫌商业利益交换关系。继“郭美美事件”之后，红会与红监会的业务透明性再次受到各方质疑。

中国首个国家级慈善专题博物馆开建

5 月 17 日，中华慈善博物馆在江苏南通正式开工建设。中华慈善博物馆将建成中华慈善文化的展示窗口，先进慈善理念的教育课堂，慈善名人名企的交流平台，公益慈善事业的活动阵地，慈善学术理论的研究基地。

“2013 中国慈善名人榜”在京发布

5 月 19 日，由《中国慈善家》评比和制作的“美即 2013 中国慈善名人榜”在北京瑞吉酒店隆重发布，李亚鹏、王菲夫妇荣登榜首，李连杰居第二，成龙居第三。

《农村义务教育学生营养改善计划评估报告》发布

5 月 20 日，《农村义务教育学生营养改善计划评估报告》正式发布。“农村义务教育学生营养改善计划”覆盖了 680 个集中连片贫困地区的 2300 万义务教育阶段的中小学生。

第三届中国社会管理论坛在京举行

5 月 25 日，“第三届中国社会管理论坛：贯彻十八大精神，加快社会体制改革”在北京师范大学英东学术会堂举行。与会专家、学者就社会体制改革的理论和实践问题展开深入研讨，对社会组织的发展提出了宝贵建议。

中国社会福利基金会联合劝募中心正式成立

5 月 28 日，中国社会福利基金会联合劝募中心宣告成立，该中心将通过项目合作将全国性公募平台向更多民间公益机构放开。

2013《慈善蓝皮书》发布

5 月 31 日，慈善蓝皮书《中国慈善发展报告（2013）》发布暨中国慈善事业发展研讨会在中国社会科学院举行。会议深入分析了中国慈善事业 2012 年的发展状况，并对慈善未来发展趋势进行了研讨。

6 月

第一届中国民生发展论坛在北京召开

6 月 6 日，“2013 年公共政策国际研讨会暨第一届中国民生发展论坛”在北京召开，并同时发布了《2013 中国民生发展报告》。该报告针对城市化进程中新环境下的各项民生隐忧，开拓了民生发展的新道路。

首届全国大学生微公益大赛启动

6 月 7 日，主题为“圆梦中国公益我先行”的首届全国大学生微公益大赛新闻发布会在京举行。此活动以“微公益”的形式推动中国大学生投身公益活动，鼓励人们从自己、身边的点滴做起。

第五届海峡论坛·两岸公益论坛在厦门举行

6 月 15 日，以“携手公益，惠泽两岸”为主旨的第五届海峡论坛·两岸公益论坛在厦门开幕。论坛随即启动微公益项目“温暖远征军老兵”，即通过网络，利用新浪微公益平台，发动两岸爱心人士募集资金，在每年重要节日和远征军老兵的生日，向他们送上物质关怀和精神慰问。

“第二届中华女性公益慈善典范”在京颁奖

6 月 25 日，“第二届中华女性公益慈善典范”颁奖典礼在京举办。许淑清、王少华、方黄吉雯等人获奖。

首届广州市慈善项目推介会开幕

6 月 26 日，首届广州市慈善项目推介会在广州市白云国际会议中心开幕。首届广州市慈善项目推介会以“牵手、凝聚、关怀、共享”为主题，按照“政府搭台、社会参与、慈善组织运作”的模式，通过项目认捐形式，积极引导社会各界参与慈善活动。

全国登记社会组织数量超 50 万

6 月 30 日，全国依法登记的社会组织有 50.67 万个，其中社会团体 27.3 万个，民办非企业单位 23 万个，基金会 3713 个，从业人员超过 1200 万人。

7 月

浙江民政厅下放非公募基金会登记管理权限

7 月 1 日起，浙江省民政厅向所有设区市及义乌市民政局下放由内地居民担任法定代表人的非公募基金会登记管理权限，以及涉及民政领域的非公募基金会的业务主管单位职责。

民政部将制定慈善法

7 月 4 日，民政部部长李立国表示，今年将配合全国人大、国务院制定“社会救助法”和“慈善事业法”。此外还将制定“收养子女登记条例”等法律。

2013 年民政论坛在北京举行

7 月 5 日，2013 年民政论坛在北京举办。民政部部长李立国强调指出：民政论坛在新形势下要为民政事业发展发挥更大的作用，必须在三个方面下功夫，一是要更加开放；二是要着力创新；三是要注重求是。

中国公益研究院主办中国慈善立法研讨会

7月16~17日，“以法促善——中国慈善立法研讨会”在北京召开。来自全国人大内务司法委员会、中央及地方民政部门、公益行业代表、学者及多家媒体就中国慈善立法的进程、地方慈善立法的创新经验等重点议题进行了讨论。

国务院常务会研究推进政府向社会力量购买公共服务

7月31日，国务院研究推进政府购买公共服务，明确指出将适合市场化方式提供的公共服务事项交由社会组织、机构和企业等承担，并要求各地方制定政府购买服务指导性目录。

8月

崔永元成立北京市首家无主管单位公募基金会

8月6日，由崔永元发起的永源公益基金会在北京成立。北京市永源公益基金会是北京市第一家无主管单位登记的地方性公募基金会，主要致力于口述历史资料收集、乡村教育支持和文化交流方面的社会公益。

《人体捐献器官获取与分配管理规定（试行)》发布

8月13日，国家卫生计生委印发《人体捐献器官获取与分配管理规定（试行)》。规定提出：每一个捐献出的人体器官，必须进入中国人体器官分配与共享计算机系统，综合等待患者的病情、血型、年龄、地域等因素，接受公平的自动分配。

中国社会组织首次获得银行信贷支持

8月14日，“融益贷”公益金融创新项目新闻发布会在中国建设银行深圳市分行会议厅举行。龙岗区正阳社工服务中心等6家社工机构获得建行颁发的首批合作机构证书。

中国社区发展协会在京成立

8月30日，中国社区发展协会在北京成立。协会将围绕社区发展创新，打造理论研究平台，开展对社区治理领域重大理论和实践问题的研究。

9月

前总理朱镕基捐资设立的助学基金会项目启动仪式举行

9 月 4 日，由原国务院总理朱镕基捐赠设立的实事助学基金会项目启动暨首批项目签字仪式在吉首举行。实事助学基金会的基金主要用于义务教育特困生救助和杰出教师奖励，并帮助部分中小学改善学生营养。

国务院印发《关于加快发展养老服务业的若干意见》

9 月 6 日，国务院印发《关于加快发展养老服务业的若干意见》。该意见提出，加快发展养老服务业，到 2020 年，全面建成以居家为基础、社区为依托、机构为支撑，功能完善、规模适度、覆盖城乡的养老服务体系。

中国公益界成立首个自救基金

“基督徒马克”的事件使得公益人的生存问题受到关注。9 月 9 日，由爱德基金会、原北京恩玖信息咨询中心等组织共同发起的恩久关爱基金正式成立，这是国内首个关注和救助公益人的基金，以帮助突遭重大疾病、意外伤害或其他特殊困难的公益从业人员渡过难关。

第二届中国公益慈善项目交流展示会在深圳开幕

9 月 21 日，第二届中国公益慈善项目交流展示会在深圳开幕，342 个项目共吸引 17.08 亿元资金。

中国民间公益组织基础数据库面世

9 月 21 日，中国民间公益组织基础数据库在深圳发布，此数据库是首家专门以民间公益组织为对象的数据库，覆盖全国范围，将有望为草根民间组织提供技术传播、资金募集等多方面的支持。

银川穆斯林孤儿院“最透明”

9 月 22 日，中民慈善捐助信息中心在深圳发布的《2013 年度中国慈善透明报告》显示，银川市穆斯林孤儿院信息完成度分值为 99.4 分，位居国内 1000 家公益慈善组织之首，荣获“中国慈善透明榜样”奖。

“中华慈善新闻网”正式上线

9 月 27 日，中华慈善新闻网正式上线。中华慈善新闻网将通过发布公益慈善重要新闻、权威解读政策法规，宣传慈善公益精神，颂扬中华民族传统美德，号召全社会爱心人士携起手来，关心、帮助社会上的弱势群体，扶危济困，为建设美丽中国贡献力量。

《国务院办公厅关于政府向社会力量购买服务的指导意见》发布

9月30日，《国务院办公厅关于政府向社会力量购买服务的指导意见》发布。该意见指出，到2020年，将在全国基本建立比较完善的政府向社会力量购买服务制度。

10月

广州市慈善监督委员会首次独立发布监督报告

10月10日，广州首创的社会第三方慈善监察组织——广州市慈善监督委员会召开成立以来的首次新闻通报会，并首次独立发布监督报告，对捐赠资金的落实及到位情况尤为关注，进行了详细的分析。

环境保护法修订案（三审）提交

10月21日，环境保护法修正案草案第三次提交全国人大常委会会议审议（三审），拟扩大环境公益诉讼主体范围。民间进一步扩大诉讼主体范围的呼声对政策的审定产生了一定的推动，但有关的讨论仍未停止。

北京新阳光慈善基金会正式转型成为公募基金会

10月30日，北京新阳光慈善基金会“公募”发布会召开。成为北京市民政局在2011年初提出北京地区四类社会组织可“直接登记”后成功转型的首例。

11月

中国大学生社会公益奖金奖得主揭晓

11月4日，2013年中国大学生社会公益奖五位金奖得主产生。经过严格的评选，在全国41座城市83所大学163个社团的200多个申报项目中脱颖而出。

百家 NGO 评价基金会以榜单促平等互信

11 月 11 日，5 家本土草根公益组织联合发起的百家 NGO 参与“中国基金会评价榜”发布会将举行。这是国内草根公益组织首次大规模对基金会进行评价，对于推动基金会加强与草根组织合作有重要意义。

全国社会工作标准化技术委员会在京成立

11 月 13 日，全国社会工作标准化技术委员会在京成立。委员会的主要任务是制定社会工作标准管理、标准研制、标准审查、标准实施与评估，从而提升社会工作服务质量，强化社会工作管理成效。

第五届中国非公募基金会发展论坛年会在京召开

11 月 14～15 日，以“理性公益，多元发展——非公募基金会在社会建设中的角色和定位”为主题，第五届中国非公募基金会发展论坛在北京举行。

《中共中央关于全面深化改革若干重大问题的决定》发布

11 月 15 日，《中共中央关于全面深化改革若干重大问题的决定》发布，该决定指出要激发社会组织活力，正确处理政府和社会关系，加快实施政社分开，推进社会组织明确权责、依法自治、发挥作用。

国内首支社会价值投资基金设立

11 月 16 日，国内第一支以社会价值为导向的股权投资基金——社会价值投资基金（The Impact Fund）设立，旨在响应中国“创新驱动发展”战略的实施。也标志着金融资本将助力公益。

《2014 年中央财政支持社会组织参与社会服务项目实施方案》发布

11 月 21 日，民政部印发《2014 年中央财政支持社会组织参与社会服务项目实施方案》，2014 年中央财政再次拨付 2 亿元用于支持社会组织参与社会服务。

2013 年世界艾滋病日主题宣传活动在京举行

11 月 30 日，宣传主题为“行动起来，向‘零’艾滋迈进——共抗艾滋 共担责任 共享未来”的 2013 年世界艾滋病日主题宣传活动在京举行。WHO 艾滋病/结核病防治亲善大使、国家卫生计生委预防艾滋病宣传员彭丽媛等公益人士参与了宣传活动。

12月

中国志愿服务联合会在京成立

12月5日，中国志愿服务联合会在京登记成立。该联合会是由志愿者组织、志愿者自愿组成的全国性、联合性、非营利性社会组织。联合会的宗旨是：普及志愿理念，弘扬志愿精神，培育志愿文化，组织开展志愿服务活动，推动形成我为人人、人人为我的社会风尚。

北京市慈善基金会正式成立

12月13日，北京市慈善基金会正式成立。该基金会将开展社会救助，服务困难群众。北京市慈善基金会作为公募基金会，将按照《基金会管理条例》运作，公开向社会募集资金。

“CCTV年度慈善人物”揭晓

12月14日，由中央电视台举办的大型公益宣传活动“CCTV慈善之夜”颁奖晚会顺利落下帷幕，10位“CCTV年度慈善人物”及20位提名奖揭晓。曹德旺、李连杰、邓飞、濮存昕、古润金、杨团、苏芒、郑卫宁、徐升莲、迪亚拉等获此殊荣。

北京出台《北京市促进慈善事业若干规定》

12月28日，《北京市促进慈善事业若干规定》公布，此规定对慈善事业的善款用途、信息公开及募捐流程、法律责任等多个方面提出要求。该规定将于2014年1月1日起正式施行。

北京拟2015年室内全面禁烟

12月29日，中共中央办公厅、国务院办公厅印发了《关于领导干部带头在公共场所禁烟有关事项的通知》，计划在2015年实行京版控烟条例，对室内场所实行全面无烟的新规。

B.26

2013 年公益慈善政策法规摘要

（一）全国

《民政部关于进一步支持和促进赣南等原中央苏区民政事业振兴发展的意见》

1 月，《民政部关于进一步支持和促进赣南等原中央苏区民政事业振兴发展的意见》发布。《意见》提出振兴的支持重点是健全完善综合防灾减灾应急体系；健全完善覆盖城乡的社会救助体系；加快推进社会福利体系建设；切实提高社会管理服务水平；健全完善优抚安置服务体系；积极支持调整优化行政区划格局等。

《农村五保供养档案管理办法》

2 月，《农村五保供养档案管理办法》印发，《办法》明确规定，县级人民政府民政部门、乡（民族乡、镇）人民政府、农村五保供养服务机构应当分工负责五保档案保管工作，明确保管人员，按照规定的方法进行妥善保管。

《国务院办公厅关于建立疾病应急救助制度的指导意见》

2 月，《国务院办公厅关于建立疾病应急救助制度的指导意见》发布，《意见》指明，应当分级设立疾病应急救助基金以及多渠道筹集资金，疾病应急救助基金由当地卫生部门管理，具体由地方政府确定，基金管理遵循公开、透明、专业化、规范化的原则，管理办法由卫生部门与财政部门协商制定。此外，医疗机构与基金管理机构还应建立多方联动的工作机制。

《中国残疾人事业“十二五”发展纲要》

3 月，《中国残疾人事业“十二五”发展纲要》发布，《纲要》明确指出了“十二五”期间残疾人事业发展的总目标和指导原则。总目标提出，残疾人生活总体达到小康，完善残疾人事业法律法规政策体系，加强残疾人组织和人才队伍建设，系统开展残疾预防等。《纲要》还明确了“十二五”期间残疾人事业在教育、就业等方面的主要任务和政策措施，公布了“十二五”“阳光助学计划”“阳光家园计划”等主要助残服务项目。

《国务院机构改革和职能转变方案》

3月，《国务院机构改革和职能转变方案》公布，《方案》提出，改革社会组织登记管理体制，降低了社会组织准入“门槛”，职能转变，简政放权，为社会组织发展提供了广阔空间；另外，公平对待社会力量，加大政府购买服务力度，必将促进社会力量提升社会服务水平。

《中国残疾人联合会关于残疾军人享受社会残疾人待遇有关问题的通知》

3月，《中国残疾人联合会关于残疾军人享受社会残疾人待遇有关问题的通知》出台，《通知》对“残疾军人”作了明确界定，此外，残疾军人除享受国家给予的特殊待遇外，同时也应享受当地社会残疾人的相应待遇，各地民政、残联部门要密切协作，加强有关政策宣传，加大工作力度，建立信息共享机制，确保残疾军人享受社会残疾人的相应待遇。

《民政部关于进一步推进志愿者注册工作的通知》

4月，《民政部关于进一步推进志愿者注册工作的通知》出台。《通知》指出，要以城乡社区和社会服务机构为依托，大力推进志愿者注册工作，加强对志愿者的培训和激励机制，提高工作人员对志愿者注册工作的认识和相应的能力水平；各地民政部门也要提高认识，明确责任，统筹规划志愿者队伍建设。

民政部印发《关于规范基金会行为的若干规定（试行）》

4月，民政部印发《关于规范基金会行为的若干规定（试行）》，对于规范基金会接收和使用捐赠行为，基金会的交易、合作以及保值增值行为及基金会的信息公开行为作了更为可操作性的指导。此外，《规定》还提出基金会内部制度的公开不再区分公募基金会和非公募基金会，都应当予以公开。

民政部关于印发《2013年国家专业技术人才知识更新工程社会组织领军人才高级研修项目和工作人员岗位培训项目实施方案》

6月，民政部印发《2013年国家专业技术人才知识更新工程社会组织领军人才高级研修项目和工作人员岗位培训项目实施方案》。《方案》决定，

2013 年，拟在行业协会商会类、科技类、公益慈善类、城乡社区服务类社会组织中，开展领军人才高级研修，培训 100 人，开展工作人员岗位培训，培训 3000 人，并在今后视具体情况逐步增加人员培训数量。

《民政部关于开展适度普惠型儿童福利制度建设试点工作的通知》

6 月，《民政部关于开展适度普惠型儿童福利制度建设试点工作的通知》出台。适度普惠型儿童福利制度总的思考是，本着“适度普惠、分层次、分类型、分标准、分区域”的理念，按照“分层推进、分类立标、分地立制、分标施保”的原则和要求，立足当地经济社会发展状况、儿童生存与发展需要和社会福利制度的发展，全面安排和设计儿童福利制度。

《民政部财政部关于做好 2013 年度中央专项彩票公益金支持农村幸福院项目管理工作的通知》

7 月，《民政部财政部关于做好 2013 年度中央专项彩票公益金支持农村幸福院项目管理工作的通知》发布。《通知》指出，欲在 2013 年内在全国农村社区建设 3.33 万个幸福院，为农村老年人提供就餐、文化娱乐等照料服务，推动建立形式多样、方便适用的农村居家和社区养老服务网络，帮助实现农村老年人老有所养。

《民政部办公厅关于确定首批企业社会工作试点地区和单位的通知》

8 月，《民政部办公厅关于确定首批企业社会工作试点地区和单位的通知》发布。《通知》确定了 18 个地区和 80 个单位进行试点，试点工作的主要内容包括 5 个方面，队伍建设、岗位开发、机构培育、服务开展和资金投入。

《民政部关于加强医疗救助与慈善事业衔接的指导意见》

8 月，《民政部关于加强医疗救助与慈善事业衔接的指导意见》发布。《意见》指出，要充分认识加强医疗救助与慈善事业衔接的重要意义，积极探索建立医疗救助与慈善事业的衔接机制，并从加强组织领导、强化经费保障、开展衔接试点、加大舆论宣传等几个方面做好其基础保障工作。

《国务院办公厅关于政府向社会力量购买服务的指导意见》

9 月，《国务院办公厅关于政府向社会力量购买服务的指导意见》发布。《意见》强调要在购买主体、承接主体、购买内容、购买机制、绩效管理、资金管理等方面做到规范有序开展，从组织领导、工作机制、监督管理、宣传引导等层面扎实推进政府向社会力量购买服务的进程。

《民政部关于建立健全社会救助监督检查长效机制的通知》

10月，《民政部关于建立健全社会救助监督检查长效机制的通知》出台。《通知》进一步明确了社会救助监督检查要以督促政策落实为目标，确保对象准确，促进资金安全，强化能力建设，实现廉洁高效。

《中共中央关于全面深化改革若干重大问题的决定》

11月，党的十八届三中全会通过《中共中央关于全面深化改革若干重大问题的决定》。在激发社会组织活力方面，《决定》提出，加快实施政社分开，推进社会组织明确权责、依法自治、发挥作用。适合由社会组织提供的公共服务和解决的事项，交由社会组织承担。支持和发展志愿服务组织。

《民政部财政部关于加快推进社区社会工作服务的意见》

11月，《民政部财政部关于加快推进社区社会工作服务的意见》出台。《意见》指出要充分认识加快推进社区社会工作服务的重要性与紧迫性、加快推进社区社会工作服务的总体要求，明确了这项工作的指导思想、基本原则和总体目标。

《民政部关于开展公办养老机构改革试点工作的通知》

12月，《民政部关于开展公办养老机构改革试点工作的通知》发布。《通知》明确了公办养老机构职能定位、增强公办养老机构服务功能、推行公办养老机构公建民营、探索提供经营性服务的公办养老机构改制等一系列试点任务，并对试点任务的条件和具体组织领导作了说明。

（二）地方

北京

《北京市民政局关于2013年利用福利彩票公益金资助社会组织开展公益服务项目的通知》

3月，《北京市民政局关于2013年利用福利彩票公益金资助社会组织开展公益服务项目的通知》出台。《通知》指出，2013年北京市福彩公益金将围绕公共服务、社区服务、社工服务，资助社会组织开展公益服务30项。重点资助扶老助老、扶残助残、赈灾济困、扶贫救孤、社区公益服务等项目。

《首都民政事业改革发展纲要》（2013～2015 年）

6 月，《首都民政事业改革发展纲要》（2013～2015 年）发布。《纲要》提出了指导民政事业改革发展的“十二字方针”。一是简政放权。二是开放搞活。三是转型增效。

《北京市民政局关于进一步深化慈善超市创新建设的指导意见》

9 月，《北京市民政局关于进一步深化慈善超市创新建设的指导意见》发布。《意见》表明，慈善超市是以社会公众自愿无偿的社会捐助为基础，借助超级市场的管理和运营模式，为困难群众提供物质帮助的公益慈善机构，是社会财富第三次分配的重要载体。

广东

《广东省城乡基层社会组织登记管理办法（草案送审稿）》

11 月，《广东省城乡基层社会组织登记管理办法（草案送审稿）》出台，公开向社会征求意见。根据《办法》，广东拟确立城乡基层社会组织登记和备案并行的制度，并打算将城乡基层社会组织的管理权限下放。同时，申请人可以直接向县级民政部门申请登记，也可直接向乡镇（街道办事处）申请备案；县（市、区）人民政府民政部门是城乡基层社会组织的登记管理机关。

《广东省民政厅修订促进公益服务类社会组织发展的若干规定》

11 月，《广东省民政厅修订促进公益服务类社会组织发展的若干规定》出台。《规定》在简化登记程序、下放登记权限等方面推出了一些不同以往的措施：首先，新政将非公募基金会的登记权限下放给已获授权的地级以上市民政部门；其次，城乡基层社区的公益服务类社会组织，可以采取登记和备案两种方式；最后，公益服务类社会组织应完善内部管理制度，建立健全财务管理制度，基金会和公益慈善类社会团体不得向服务对象收取任何费用。

深圳

《深圳经济特区救助人权益保护规定》

8 月，《深圳经济特区救助人权益保护规定》发布。《规定》是我国首部对救助人权益进行保护的专门法规。根据《规定》，在没有证据证明的情况下，应当认定施救者不是侵权行为人。同时，只要救助人尽到救助义务的，不对救助不成功的后果承担责任。

汕头

《关于进一步加强社会组织监管工作的意见》

6月，《关于进一步加强社会组织监管工作的意见》出台，《意见》提出了依法行政，加强引导，规范管理，努力构建经常性、制度化的社会组织监管工作机制，除了建立完善社会组织内部自律体系，加大日常监管力度以外，还需要建立预警监管网络，齐抓共管，各负其责，进一步形成社会组织监管的综合协调和联动机制。

《印发汕头市具备承接政府职能转移和购买服务资质的社会组织目录管理办法（试行）的通知》

10月，《印发汕头市具备承接政府职能转移和购买服务资质的社会组织目录管理办法（试行）的通知》正式实行。《通知》明确了本市具有承接政府职能转移和购买资质的社会组织目录管理的具体办法，社会组织的选择应当按照公平公开的原则优先确定，遵循自愿申报、分期编制、择优录入、公正公开的原则。

浙江省

《浙江省福利企业管理办法》

7月，《浙江省福利企业管理办法》正式施行。《办法》包括总则、资格认定、扶持措施、监督检查、法律责任等几个部分。《办法》规定，福利企业按照国家和省规定享受多项税收优惠，免征适合残疾人操作的生产设备进口税收、减征或者免征城镇土地使用税和房产税等。此外，《办法》规定符合条件的福利企业可以财政补贴和奖励。

山东省

《关于印发政府向社会力量购买服务办法的通知》

11月，《关于印发政府向社会力量购买服务办法的通知》发布，明确政府向社会力量购买的具体措施和指导目录。《办法》规定，自2014年1月1日起，山东省各级政府向包括在民政部门登记或经国务院批准免予登记的社会组织，以及依法在工商管理或行业主管部门登记成立的企业、机构等购买六大类

57 款 316 项服务项目。

济南

《济南市社会力量兴办福利机构资金资助暂行办法》

3 月，《济南市社会力量兴办福利机构资金资助暂行办法》出台，《办法》明确了社会力量兴办福利机构的资助方式和原则，努力形成政府引导、社会参与、公平竞争的良性发展机制和多形式、多层次、社会化兴办福利机构的发展模式。此外，《办法》还明确规定了资金的拨付与使用细则及监督管理方案。

山西

《山西省社区社会组织备案管理暂行办法》

7 月，《山西省社区社会组织备案管理暂行办法》发布。《办法》对社区社会组织的名称、负责人、业务范围、活动地域、住所等备案管理作了明确规定。此外，《办法》指出，社区社会组织的备案管理机关是所在地的街道办事处或乡镇人民政府，负责社区社会组织的成立、变更、注销等备案，并对社区社会组织备案证书进行年度检查。

《山西省低收入家庭认定办法》和《山西省低收入家庭经济状况核对办法》

11 月，《山西省低收入家庭认定办法》和《山西省低收入家庭经济状况核对办法》出台，《认定办法》明确指出了不计入认定对象的项目以及具体认定程序和监督管理细节。《核对办法》则强调了公安、人力资源社会保障、住房城乡建设、交通运输、金融、保险、工商、税务、住房公积金等部门和机构应向核对机构提供与核对对象家庭经济状况有关的信息。

福建

晋江

《关于进一步培育发展和规范管理社会组织的意见》

11 月，《关于进一步培育发展和规范管理社会组织的意见》出台。《意见》对社会组织的登记管理、培育重点、政策扶持、能力建设、服务机制、组织领导等六个方面进行了规范。《意见》强调晋江市将全力推动社会组织参与公共服务，建立政府购买社会组织服务制度，发挥社会组织在社会管理创新中的积极作用。

河北

《河北省农民工权益保障条例》

12月，《河北省农民工权益保障条例》正式施行。《条例》共设十章，分别就农民工就业服务、劳动合同、工资与支付、社会保险、劳动安全卫生、公共服务、权益救济七个方面进行了规范，并与赋予的职责内容相对应，明确了相关部门和用人单位的法律责任。《条例》将“权益救济”单独开列一章。对建立健全农民工诉求表达机制、利益协调机制、矛盾调处和权益保障机制等做出了明确规定。

江苏

无锡

《关于深化社区扁平化管理、提升社区建设水平的意见》

4月，《关于深化社区扁平化管理、提升社区建设水平的意见》发布。《意见》明确了深化社区扁平化管理、提升社区建设水平的总目标。《意见》提出以深化扁平化管理为抓手，形成社区政务、居务、服务“三务协同”机制；以优化资源配置为重点，夯实社区建设基础；以强化党的建设为引领，实现社区建设融合式发展等三个方面为工作重点。

南京

《关于加强社区专职工作者队伍建设的意见》

11月，《关于加强社区专职工作者队伍建设的意见》发布。《意见》指出，社区专职工作者的职责是依法开展自治，全力服务居民；依法做好与群众利益相关的各项工作；依法依规组织开展有关监督活动。此外，《意见》还规定了社区专职工作者的职业准入要求、保障激励制度及退出机制。

安徽

《安徽省关于从严控制和规范管理党政机关领导干部兼任社会组织领导职务的暂行规定》

11月，《安徽省关于从严控制和规范管理党政机关领导干部兼任社会组织领导职务的暂行规定》出台。《规定》要求，兼职领导干部应严格自律，严禁强行要求企业入会，严禁向企业索要赞助、乱收费、摊派以及强制服务。

B.27 后 记

今年，是慈善蓝皮书出版的第六个年头。如果以五年为一段，那么，慈善蓝皮书已经进入第二个成长期。

这五年，中国慈善事业的发展突飞猛进，反映这种发展的年度报告也开始成群结队，从五年前的一两本跃增到现在的十来本。在这种情势下，慈善蓝皮书必须迈过从无到有、进入从有到优的阶段，致力于建立自己的品牌形象，争取成为公众眼中的权威读本。

向权威读本的目标前进，须解决几个难题。

一是在数据部门持有、缺乏统一的统计制度条件下如何让社会捐款总额的年度统计和预测具有权威性？

二是在多元、多彩且迂回曲折的慈善事业成长中，如何始终保持中正理念，客观反映其年度变化和导致变化的原因？

三是在各类报告、各种文体充斥的当下，如何建树有别于通信和研究文体的慈善蓝皮书文体？

本年度蓝皮书力争在以上三个方面都做出新的尝试。

针对第一个难题，我们与专门阐释捐赠数据的四五位作者反复沟通，统一了在现实条件下对于数据进行客观处理的思路。鉴于捐赠数据的认定必须跨年度，那么，每年的蓝皮书只能认定上一年的数据，而对本年的数据做出预测。我们进而设置了数据公布的1（年）+1（年）模式。即2014年蓝皮书须根据各部门在2013年年底公布的2012年的确定数据，对2012年社会捐赠总额给出准确数据；并依据2013年年底至2014年年初各部门公布的2013年的初步数据，以各部门数据演变的历史趋势曲线为参考系数，对于2013年的社会捐赠总额做出预估。依此类推，在每年对上一年的数据修正中求得贴近真实的社会捐赠总额数据。不仅如此，为让全国捐赠总额数据在结构上更加完整，今年的蓝皮书还对志愿者捐赠的折算以及收集和估算政府购买社会组织服务这两个捐赠大项做出了首次尝试。

针对第二个难题，我们采取的方式主要是建设最适合蓝皮书写作的作者队伍。经过五年，我们已经筛选出一批较为合适的作者群。什么人最合适？我们选择的首要标准并非具有教授或研究员职称，而是对所写作领域的慈善实践有大量、长期深入的了解甚至身在其中，且具有个人独立见解和中正阐释的价值理念和能力。由此点，这本慈善蓝皮书不仅区别于其他多本公益界年度报告，也区别于其他领域的蓝皮书。以目标选人，以多次实践选人，坚持既定路线，这就是我们的方针。

针对第三个难题，我们将今年蓝皮书十大慈善热点事件的撰写作为探索蓝皮书文体的试验场地。努力做到：一是记录历史，而不是不加选择地摘抄报刊新闻，因此数据、事件叙述都求真、求实，甚至要做调查，绝不以讹传讹。二是要以对后世的责任心，立足于社会进步、大众福祉的历史观去观照刚刚发生过的事情，要让所记述的事情成为有据可查、中正客观的历史。那么，写作就不能迎合主流偏好，不能将历史叙述与政治宣传合二而一，也不能使用过多的形容词做过分渲染，防止夸大事实甚至偏离真相。真正要建树的，是中正思想指导下的新闻叙述体，讲求事实清楚、思想深邃、行文规范、文字简练。

总之，这些尝试还只是第二阶段迈出的第一步。现在，每年慈善蓝皮书的编写与出版已经成为催促我们一年要进一步的预设阶梯。我们相信，只要坚持不懈地努力，我们的梦想就会成为现实——将各年度的蓝皮书摞起来，就是一部中国慈善公益史。

感谢蓝皮书作者群体的齐心协力，感谢协助我编辑蓝皮书的季岚岚女士、刘丽波女士，感谢本书的责编王颉先生，感谢连续三年为蓝皮书摘要做英文翻译的志愿者白爱莲女士（Dr. Irene Bain），感谢支持本书出版的河仁慈善基金会和浙江敦和慈善公益基金会。

希望在明年，能给读者奉献更出色的精神大餐。

杨　团

2014 年 3 月 20 日

权威报告　热点资讯　海量资源

当代中国与世界发展的高端智库平台

皮书数据库　www.pishu.com.cn

皮书数据库是专业的人文社会科学综合学术资源总库，以大型连续性图书——皮书系列为基础，整合国内外相关资讯构建而成。该数据库包含七大子库，涵盖两百多个主题，囊括了近十几年间中国与世界经济社会发展报告，覆盖经济、社会、政治、文化、教育、国际问题等多个领域。

皮书数据库以篇章为基本单位，方便用户对皮书内容的阅读需求。用户可进行全文检索，也可对文献题目、内容提要、作者名称、作者单位、关键字等基本信息进行检索，还可对检索到的篇章再作二次筛选，进行在线阅读或下载阅读。智能多维度导航，可使用户根据自己熟知的分类标准进行分类导航筛选，使查找和检索更高效、便捷。

权威的研究报告、独特的调研数据、前沿的热点资讯，皮书数据库已发展成为国内最具影响力的关于中国与世界现实问题研究的成果库和资讯库。

皮书俱乐部会员服务指南

1. 谁能成为皮书俱乐部成员？

- 皮书作者自动成为俱乐部会员
- 购买了皮书产品（纸质皮书、电子书）的个人用户

2. 会员可以享受的增值服务

- 加入皮书俱乐部，免费获赠该纸质图书的电子书
- 免费获赠皮书数据库100元充值卡
- 免费定期获赠皮书电子期刊
- 优先参与各类皮书学术活动
- 优先享受皮书产品的最新优惠

3. 如何享受增值服务？

（1）加入皮书俱乐部，获赠该书的电子书

第1步 登录我社官网（www.ssap.com.cn），注册账号；

第2步 登录并进入“会员中心”—“皮书俱乐部”，提交加入皮书俱乐部申请；

第3步 审核通过后，自动进入俱乐部服务环节，填写相关购书信息即可自动兑换相应电子书。

（2）免费获赠皮书数据库100元充值卡

100元充值卡只能在皮书数据库中充值和使用

第1步 刮开附赠充值的涂层（左下）；

第2步 登录皮书数据库网站（www.pishu.com.cn），注册账号；

第3步 登录并进入“会员中心”—“在线充值”—“充值卡充值”，充值成功后即可使用。

4. 声明

解释权归社会科学文献出版社所有

皮书俱乐部会员可享受社会科学文献出版社其他相关免费增值服务，有任何疑问，均可与我们联系
联系电话：010-59367227　企业QQ：800045692　邮箱：pishuclub@ssap.cn
欢迎登录社会科学文献出版社官网（www.ssap.com.cn）和中国皮书网（www.pishu.cn）了解更多信息

法律声明